IP 知识产权专题研究

ZHUCE SHANGBIAO WUXIAO ZHIDU DE
JIAZHI JI SHIXIAN

# 注册商标无效制度的价值及实现

王广震 著

知识产权出版社

全国百佳图书出版单位

——北京——

**图书在版编目（CIP）数据**

注册商标无效制度的价值及实现/王广震著. —北京：知识产权出版社，2020.1
ISBN 978 - 7 - 5130 - 6629 - 7

Ⅰ. ①注… Ⅱ. ①王… Ⅲ. ①商标管理—研究—中国 Ⅳ. ①F760.5

中国版本图书馆 CIP 数据核字（2019）第 266003 号

**内容提要**

本书从注册商标无效制度的历史演进及背景出发，以正义价值和秩序价值为理念，阐释注册商标无效制度的法律价值，深入分析注册商标无效的相对事由和绝对事由的类型及成因；借助商标注册的复合行为性理论，讨论审核注册行为无效和注册商标专用权无效带来的法律后果，并以上述理论为基础，对我国注册商标无效宣告制度的完善提出建议。

| | |
|---|---|
| 责任编辑：可　为 | 责任校对：王　岩 |
| 封面设计：韩建文 | 责任印制：刘译文 |

**注册商标无效制度的价值及实现**

王广震　著

| | | | |
|---|---|---|---|
| 出版发行： | 知识产权出版社 有限责任公司 | 网　址： | http://www.ipph.cn |
| 社　址： | 北京市海淀区气象路 50 号院 | 邮　编： | 100081 |
| 责编电话： | 010 - 82000860 转 8335 | 责编邮箱： | keweicoca@163.com |
| 发行传真： | 010 - 82000893/82005070/82000270 | 发行电话： | 010 - 82000860 转 8101/8102 |
| 印　刷： | 三河市国英印务有限公司 | 经　销： | 各大网上书店、新华书店及相关专业书店 |
| 开　本： | 880mm×1230mm　1/32 | 印　张： | 7.75 |
| 版　次： | 2020 年 1 月第 1 版 | 印　次： | 2020 年 1 月第 1 次印刷 |
| 字　数： | 216 千字 | 定　价： | 39.00 元 |

ISBN 978 - 7 - 5130 - 6629 - 7

# 内容摘要

权利可以源于法律的规定，亦可因法律的规定而灭失。注册商标无效制度是各国商标法中均设立的一项基本制度，目的在于使欠缺法定注册条件的注册商标自始失去效力并彻底退出市场活动。注册商标无效既是商标注册取得制度的延续，也是注册商标灭失制度的重要内容，与其相关的法律条文占据我国《商标法》的近三分之一。而目前对该制度的研究过于注重具体的实践问题，对注册商标无效制度的价值等法理基础的研究存在明显的不足，导致理论界和实务界对我国的注册商标无效宣告制度在运行、完善和改革等实践问题上争议不断。

本书从注册商标无效制度的历史演进及背景出发，以正义价值和秩序价值为理念，阐释注册商标无效制度的法律价值，深入分析注册商标无效的相对事由和绝对事由的类型及成因；借助商标注册的复合行为性理论，讨论审核注册行为无效和注册商标专用权无效带来的法律后果；并以上述理论为基础，对我国注册商标无效宣告制度的完善提出建议。主要内容如下。

第一章考察了注册商标无效制度的历史演进，包括域外注册商标无效制度的演进、我国注册商标无效制度的发展脉络和注册商标无效制度的现状及背景三部分。

通过对各国早期商标法的历史梳理，可知注册商标无效制度是注册商标财产化之后的产物。商标注册制度宣告着注册商标财产权规则的确立，同时也导致市场主体利用该制度恶意抢注、不正当竞争行为加剧；注册商标专用权作为对世权，涉及社会公共利益、他人的在先权利和在先权益。这些都将影响注册商标的合法性，法律需要对此作出必要的回应，注册商标无效制度的必要性就此显现。

我国注册商标无效制度从登上历史的舞台时就呈现出形式比较完善的状态，但受制于公共权力，并受市场经济发展的现实影响一路曲折发展至今，才有了目前基本适应我国市场经济现状的注册商标无效宣告制度。现代的注册商标无效制度构造在各国呈现出一定的差异，主要表现在权力行使归属、无效事由的类别和无效的法律后果三个方面。认定注册商标无效的权力归属模式有三种，仅由商标行政管理机关行使、仅由法院行使及行政机关和法院均可行使。注册商标无效的事由可分为绝对事由和相对事由。

第二章论证注册商标无效制度的价值，以法律的正义价值和秩序价值为理论基础，分析注册商标无效制度的合理性。从注册商标无效制度法律价值的实现途径，即通过注册商标无效制度的结构设计、运行状况、无效的事由和法律后果来看，注册商标无效制度的价值主要体现为正义价值和秩序价值。

分配正义与矫正正义构成正义价值的主要内容。分配正义主要表现为：如果注册商标侵害了在先权利或在先权益（以下统称"在先法益"），法律应为利害关系人分配一种可以从根本上消解权利冲突或纠纷的制度；注册商标为绝对权，其存在的状态将影响社会不特定多数人的利益，权利的产生及其效力需要通过多程序性措施的检验，注册商标无效制度是检验注册商标专用权合法性的制度分配。矫正正义的价值体现为：由商标行政管理机关矫正错误的审核注册行为；以司法审查判决违法的审核注册行为或注册商标无效。注册商标无效制度的目的在于维护商标注册管理秩序和市场经济秩序，保障当事人的权益。其秩序价值体现为：维护市场公平竞争秩序、维护市场稳定的时间秩序。

第三章分析注册商标无效的绝对事由。注册商标侵害了公共利益是注册商标无效绝对事由的主要特征。具有绝对事由的，有权机关可依职权主动决定注册商标无效或起诉要求判决注册商标无效，任何人均可以要求确认注册商标无效。根据《巴黎公约》及各国商标法的规定，可将绝对事由归类为违反合法性的事由、不具有显著性的事由和违反公序良俗的事由三大类。

违反合法性事由包括申请注册的主体不合法、申请注册的标志不合理侵占公共符号资源和注册商标损害国家象征。显著性事由强调商标本身的识别性和区别性，禁止妨碍公平竞争的标志注册为商标。这类标志主要包括商品特征描述性标志和功能性标志。违反公序良俗作为绝对事由的兜底条款，以对民事主体主观心态的规制为着眼点，禁止违反社会公共秩序和善良风俗的标志予以注册，以维护诚实信用的社会生活和商业伦理道德，维护公平竞争的商业秩序。

第四章分析注册商标无效的相对事由，主要讨论四个方面的问题：在先法益对商标注册的影响；包含在先知识产权和在先人格权在内的在先权利；未注册商标及其他在先权益；商标注册共存协议构成注册商标无效事由的排除。注册商标损害了他人在先法益的，构成合法注册的商标专用权与其他私权之间的冲突，注册商标无效制度是从根本上解决该冲突的有效途径。

民法保护的客体为法益，法益包括权利和权益，相应地注册商标无效相对事由可分为侵害了在先权利的事由和侵害了在先权益的事由两类。我国未规定在先权利的范围，实际上能够构成注册商标无效相对事由的在先权利主要为两类：一是在先知识产权，在先知识产权范围的确定是判断构成注册商标无效相对事由的重要因素；二是在先人格权，如自然人的姓名、肖像，法人的名称、字号等，在先人格权能够阻却在后商标注册的法理在于民法商法化和商法民法化趋势下人格权客体产生财产性利益，该利益不受非法损害。各国商标法确定的在先权益具有共性：权益的客体是具有区别商品或服务来源功能的标志，理论上可统称为未注册商标。未注册商标的影响力不是构成相对事由的必要条件。地理标志、代理人或代表人抢注的标志、商品化权等属于特殊的在先权益。

商标注册共存协议是私权意思自治原则的体现，虽然它不能防止混淆的可能性，但却避免了可能产生的权利冲突及纠纷。注册商标无效的相对事由仅涉及特定主体的法益，在先法益人自主决定与在后商标注册人签订商标注册共存协议，其效力应得到法律的尊重，可排除注册商标无效的部分相对事由；但垄断公有资源的商标注册共存协议因侵害了公共利益，其法律效力不应得到认可。

第五章研究注册商标无效的法律后果，包括审核注册行为无效、注册商标专用权无效及注册商标无效后相关问题的处理三部分内容。

注册商标经法定程序被确认无效后将对审核注册行为和注册商标专用权产生影响，即行政机关的审核注册行为无效，注册商标脱下法律的外衣恢复成为纯粹的商业标记，商标专用权自始不存在。注册无效可以是全部的也可以是部分的，部分无效的条件是其余部分不违反注册的条件。注册商标无效后，将产生一系列相应的问题。比如追溯力的问题，一般说来注册商标无效的决定、裁定或司法判决不具有追溯力，但特殊情形下可根据公平原则作出给予赔偿金、返还商标转让费或使用费等裁决。注册商标无效的法律效力可以追溯到该审核注册行为开始启动时，注册商标被宣告无效且是全部无效的，并不意味着该符号组合成为公共资源而可以任意使用或再注册为商标。在注册商标因3年不使用而撤销、因使用违法而注销等情形下，利害关系人仍可申请宣告注册商标无效。商标权续展注册、商品重新分类注册和指定商品增补注册时都可能存在违反法律禁止性规定的情形，也可导致被续展、重新分类和增补注册的注册商标无效。

第六章对我国注册商标无效宣告制度的运行提出建议，分析我国注册商标无效宣告制度运行中的程序问题，对我国注册商标无效宣告制度提出改良建议，主张构建注册商标无效司法判决制度。

我国注册商标无效宣告制度存在的主要问题是，行政程序与司法程序纠结缠绕，程序复杂，无法尽快解决注册商标效力问题。依据正义价值中的效率原则，如果当事人通过诉讼并由法院判决注册商标侵犯在先法益的，商标评审委员会❶可直接宣告注册商标无效，这属于对司法判决的执行。为避免商标局和商标评审委员会对相同事由重复处理，依绝对事由启动注册商标无效宣告程序时，改良的路径有二：可由商标评审委员会统一行使注册商标无效宣告的权力，取消商标局直接作出无效决定的权力；或者是商标局宣告注册商标无效后，取消当事人向商标评审委员会提出复审的权利而直接进入司法程序。另外，在商标注册过程中已向商标局提出异议并被驳回的，当事人可直接向法院提起无效诉讼，不必再向商标评审委员会申请宣告注册商标无效。商标民事侵权诉讼中，当事人以注册商标无效抗辩时，可借鉴日本的做法，由法院判决排除个案中注册商标专用权的效力。除斥期间的适用范围可扩展至具有注册商标无效绝对事由的情形，另外以相对事由要求宣告注册商标无效的，只要商标注册者具有"恶意"的主观心态，在先法益人提起注册商标无效宣告的权利都不应受到除斥期间的限制，任何时候都可申请启动注册商标无效程序。

我国应建构注册商标无效司法判决制度，这是一种彻底的改革方式。国外的立法例表明由法院判决注册商标无效是主流模式，我国的法院事实上享有注册商标无效宣告的最终司法管辖权，具有判决行政行为无效的权力。目前，在各地已经开始建立知识产权法院、最高人民法院已经开始建立巡回法庭的背景下，在我国由法院直接判决商标注册行为无效并不存在法理与制度上的障碍。

**关键词：**正义价值　秩序价值　商标注册　自始无效　制度完善

---

❶ 根据 2018 年 11 月国家知识产权局机构改革方案，"商标评审委员会"（简称"商评委"）已取消，其职能由国家知识产权局商标局的评审处承担。考虑到本书评述时的客观历史事实，大多地方仍保留这一称谓。

# 目　录

# 引　言

## 一、研究意义

注册商标专用权经商标行政管理机关审核注册后产生，但这一权利的效力并非是无可辩驳的。经审核注册的商标可能违反了商标注册的实质条件，由此产生的权利应恢复到未产生之前的状态。注册商标无效制度就是使注册商标灭失的法律制度，但从某种意义上讲也是注册商标取得机制的延续，以矫正形式合法而实质不合法的注册商标。通过注册商标无效制度，将非法的注册商标清理出法律保护的范畴，才能保证市场上参与商业活动的注册商标的正当性，充分发挥注册商标识别商品或服务来源的功能，防止对公共利益、商业伦理等正义性价值的侵害，保障市场稳定、公平的竞争秩序。

2013 年我国《商标法》修改后，将"注册商标的无效宣告"单独列明为第五章，2019 年《商标法》修改时又增加了注册商标无效宣告的事由。目前《商标法》中与注册商标无效宣告制度相关的有第 4 条、第 10 条、第 11 条、第 12 条、第 13 条、第 15 条、第 16 条、第 19 条、第 30 条、第 31 条、第 32 条、第 35 条和第 50 条，加上第五章第 44 条至第 47 条，共 17 个条文是注册商标无效宣告制度的直接内容，占《商标法》全部 73 个条文的 23.3%。如果算上涉及显著性判断、驰名商标的认定、商标主管部门、商标使用、与异议制度的衔接等间接相关的条文，这一比例达到 30%，可见注册商标无效制度在商标法体系中的重要地位。

目前对注册商标无效制度中相关具体问题的研究比较多，但对注册商标无效制度构造的整体研究有所不足；对制度现象关注较多，而对基本理论研究有所不足。注册商标无效制度价值追求是什么，何种性质的事由、事实、权利或权益才能构成注册商标无效的绝对事由或相对事由，有权机关作出无效决定后究竟会引发商标注册无效还是注册商标无效的法律后果，决定注册商标无效权力行使模式的效率及法理是什么等，上述问题是解析注册商标无效法律制度的理论基础，就其进行深入的研究能够提升注册商标无效制度研究方面的理论品质。

本书以各国商标法及国际条约法律文本为镜鉴，立足注册商标无效制度的实定法，剖析相关经典案例，探寻注册商标无效制度的发展脉络，阐释注册商标无效制度的价值追求，揭示注册商标无效的事由、法律后果等内容的法理基础，为完善和改进我国的注册商标无效制度的运行提供理论支持。对注册商标无效制度基本理论的阐释和剖析，有助于完善我国注册商标无效宣告制度的运行规则及改革途径，有助于建立一个既能充分维护公共利益、商业伦理及在先法益，并能快速、高效解决注册商标效力问题，体现正义价值和秩序价值的注册商标无效法律制度体系。

## 二、研究综述

目前尚未发现有关于注册商标无效制度研究的著作公开出版，未有相关博士论文发表，国外的情况也是如此。

我国对注册商标无效制度的研究始于 1993 年《商标法》修改之后。针对该法第 41 条将注册商标撤销制度和无效制度混淆在一起的做法，学者们通过比较的研究方式，初步讨论了注册商标无效制度的相关理论问题，有代表性的是 1995 年华国庆的《建立我国商标注册无效审定制度刍议》和 1996 年赵永慧的《论商标注册无效审定制度的完善》。2001 年《商标法》再次修改后，出现了若干对商标无效问题的论文，如 2006 周泰山的《商标注册无效制度》、2008 年耿健的《对注册商标无效和可撤销制度的重新厘定》、2010 年史新章的《商标争议制度的反思与完善》、2011 年汪泽的《商标异议制度比较研究》和 2014 年崔立红的《商标无效宣告制度比较研究》等。上述文章的研究内容主要集中于注册商标无效宣告的主体、理由、期限、后果等几个方面，勾勒了注册商标无效法律制度研究的基本框架。其研究内容限于实践层面上的具体问题，对程序问题的关注多于对实体的关注，缺少注册商标无效法律制度基本理论问题的思考，甚至对一些基本概念，如研究的对象应称为"商标注册无效""注册商标无效""商标权无效""商标注册无效制度"❶ "宣告无效的商标""宣告注册的无效""商标权的无效宣告"❷ "注册商标权无效"❸ "商标注册无效的补正"❹ "注册商标无效审定""宣告商标注册无效"❺，还是应称为"商标注册无效审定制度"❻ 等都尚未达成共识。

从注册商标无效制度涉及的具体内容来看，对在先权利、抢注、通用名称、不正当手段、商标争议期限、商标的显著性、商标注册等具体问题的研究比较活跃，亦有相当的学术论文成果。如张玉敏的《在先使用商标的保护》、张耕的《试论第二含义商标》、李扬的《我国商标抢注法律界限之重新划定》、汪泽的《对"以其他不正当手段取得注册"的理解与适用——"Haupt"商标争议案评析》、臧宝清的《商标争议期限的法律性质》、冯术杰的《论注册商标的权利产生机制》、杜颖的《通用名称的商标权问题研究》和《在先使用的未注册商标保护论纲》等。由周云川所著 2014 年出版的《商标授权确权诉讼规则与判例》为注册商标无效法律制度

❶ 周泰山. 商标注册无效制度 [J]. 中华商标，2006（7）：43；赵丰华，谢焕斌. 论商标注册的无效制度 [J]. 辽宁行政学院学报，2009（3）：22；耿健. 对注册商标无效和可撤销制度的重新厘定 [J]. 中华商标，2008（4）：48.

❷ 汪泽. 商标权撤销和无效制度之区分及其意义 [J]. 中华商标，2007（10）：52.

❸ 张耕，李燕，张鹏飞. 商业标志法 [M]. 厦门：厦门大学出版社，2006：162.

❹ 商标注册无效的补正，是指商标不具备注册条件但取得注册时，商标局可以依职权撤销该注册商标，或由商标评审委员会根据第三人的请求撤销该注册商标的制度。吴汉东. 知识产权法 [M]. 北京：中国政法大学出版社，1999：323.

❺ 赵永慧，刘云. 论商标注册无效审定制度的完善 [J]. 中华商标，1996（4）：41.

❻ 华国庆. 建立我国商标注册无效审定制度刍议 [J]. 知识产权，1995（2）：28.

具体内容的研究提供了丰富的案例样本。

我国学者对德国、法国、意大利等国家的注册商标无效制度也有一些介绍，如2000年钟立国的《法国注册商标的争议制度及其借鉴意义》、2004年陈锦川的《法国工业产权授权、无效的诉讼制度对我国的启示》、2006年文学的《德国商标异议制度》、2014年金多才的《中德注册商标无效制度比较研究》和2015年的《中法意注册商标无效制度比较研究》等。这些研究的内容主要集中于对他国的注册商标无效制度立法现状的介绍，与国内的研究一样，限于对确定注册商标无效的权力归属、构成注册商标无效的具体事由、启动注册商标无效的时间、主体等具体问题的介绍。

从整体来看，我国对注册商标无效制度的研究不足之处表现为：一是未对注册商标无效制度的发展脉络予以梳理，该制度产生的法理背景、目前该制度的基本架构等没有清楚地呈现。二是未论及注册商标无效制度的价值追求，而法律价值才是决定该制度具体架构、事由、程序的根本，价值不明的制度设计将造成规范体系混乱或结构性缺陷。三是把我国的注册商标无效宣告制度与注册商标无效制度混为一谈，对相关术语的使用不够精确，造成众说纷纭而无法达成学术共识。四是对注册商标无效事由的阐释未能够提炼上升到共性的程度，缺少理论的统一性。五是对我国注册商标无效宣告制度的改革建议缺乏价值理念的统领，不符合追求效率优先的市场经济要求。

国外专门就注册商标无效制度进行整体性研究的学术成果不多，以"trade mark"加"invalid"为关键词从Heinonline、Westlaw两个专业外文法律数据库中搜索到的论文不足10篇，但涉及的相关案例数量不少。国外的研究主要集中在无效的事由和不服商标局无效决定后的救济程序，即诉讼程序方面。学者们对注册商标无效的具体事由，如什么是显著性、使用的含义、在先权利、公共利益、欺骗性手段等方面的阐释、案例分析比较多，对商标产生的历史等方面的研究也较丰富，这为梳理注册商标无效制度的发展脉络奠定了基础。除此之外，在商标民事侵权诉讼案例中还涉及注册商标无效抗辩及司法审查的问题，但国外的研究并未将注册商标无效作为一个具体的法律制度给予整体性的阐释。

### 三、研究范围及概念

本书梳理了注册商标无效制度的历史演进及相应的法理；以正义价值和秩序价值为基础，阐释注册商标无效制度的法律价值；深入分析注册商标无效的相对事由和绝对事由的类型及成因；借助商标注册的复合行为理论并借鉴各国注册商标无效制度的立法，讨论审核注册行为无效和注册商标专用权无效带来的法律后果；以上述理论为基础，对我国注册商标无效宣告制度的完善和改革提出建议。

在注册商标无效法律制度研究中，目前学界与实务界对相关术语的使用不够严谨，导致表面相似的学术讨论和研究不能形成实质有效的对话。这些差异一方面源于法律文化的时代性差异，另一方面与商标法理论和社会经济的发展阶段有关。但是我们不可能"解答一个其含义连我们都还不理解的问题"，[1] 为避免在看似"不言自明而又不甚明确的类概念上理解其它概念"，[2] 需要简要说明一下本书中所使用的术语。

商标在内含上为标志、对象和来源三要素的结合体，是未注册商标和注册商标的统称，包括在商业活动中使用的所有能够区别商品或服务来源的标志。标志或标识是指文字、图形、数字、字母等可视化的符号或符号组合。注册商标专用权简称为商标专用权或商标权，包括使用与禁止两方面的权能，是注册商标这种无形财产的权利表达形式。未注册商标上的权益不是商标权，通常其所有人不享有禁止方面的权能。注册商标无效制度的实质含义为，申请注册

---

❶　卡西尔. 人论 [M]. 甘阳，译. 上海：上海译文出版社，2004：45.
❷　刘星. 法律是什么 [M]. 北京：中国政法大学出版社，1998：7.

的标志在审核注册阶段不符合准予注册的积极要件或消极要件但却通过审核成为注册商标，为此法律配置了否定该注册商标法律地位的制度，因而相关学术研究中有关注册商标的撤销、注销、异议等制度均可能属于本书所指的注册商标无效制度的范畴。注册商标无效的司法判决是指法院有权直接判决注册商标无效的法律现象，不包含当事人对商标行政管理机关作出的注册商标无效的决定不服而提起的诉讼，除非此时法院也有权判决注册商标无效。注册商标无效制度与我国商标法上的"注册商标的无效宣告"制度略有不同，我国的注册商标无效宣告程序是行政程序和司法程序的结合体，但注册商标无效决定的权利由行政机关行使，司法程序仅提供一种行政诉讼法上的救济。

若无特别说明，本书中商标、标志、商标专用权、注册商标无效制度、注册商标无效司法判决、注册商标无效宣告制度等法律概念均在上述界定的范围内使用。

## 四、研究思路及方法

### （一）研究思路

基本思路是借助民法、行政法等相关学科的理论，通过借鉴域外注册商标无效制度的实践，解析注册商标无效制度的基本理论，阐释该制度的价值追求、制度构造，并解决我国注册商标无效宣告制度运行中存在的问题。

借助对注册商标的产生、商标权消灭制度演进的历史分析，探索注册商标无效制度产生的背景。通过对国际条约及域外注册商标无效制度比较分析，从整体上明晰目前注册商标无效制度的构造。注册商标无效制度的构造必然是由该制度的法律价值所决定的，该价值究竟是什么，又是如何具体展现的？注册商标无效的事由是该制度最重要的内容，各国对构成注册商标无效事由的规定有何异同，绝对事由和相对事由分类标准的法理基础是什么？注册商标无效制度可以说是注册商标产生机制的延续，那么注册商标无效后所引发的法律后果是什么？在笔者提出一连串疑问并加以研究后，对我国的注册商标无效宣告制度运行进行评价并提出改良或改革建议。

**（二）研究方法**

1. 历史分析法。任何制度都有它的历史和社会背景，都需要从当时的环境了解其过去、理解其现状并预测其未来。对注册商标无效制度的研究应当从商业标志的起源梳理至目前商标注册成为各国通行实定法选择的历史，厘清注册商标在社会经济活动中由财产证明到财产本身的演进，探究注册商标无效制度产生的理论及实践基础。这是一种纵向的思维方法。

2. 比较分析法。借鉴世界主要国家的注册商标无效法律制度，将其置于注册商标取得、审查及保护的背景下，探究注册商标无效的价值追求、法律后果，以程序模式、法律后果和注册商标无效的事由三维度把握注册商标无效制度的整体构造，反思我国注册商标无效宣告制度运行的实际状况，提出完善、改革我国注册商标无效宣告制度的建议。这是一种横向的思维方法。

3. 案例（实证）分析法。在研究过程中，选择国内外的经典案例，这些案例的范围涉及商标行政机关对注册商标无效的处理依据、程序、理由等，也涉及法院的注册商标无效诉讼或抗辩。案例分析能够呈现注册商标无效制度在现实中的运行状态，表达出司法实践的能动性。剖析案例判决蕴含的法理基础，探寻市场实践中的价值追求，为注册商标无效制度提供实践理性，这也是实证研究最有效的方式。

4. 交叉学科的研究方法。以传统民法理论基础和行政法的理论为基础，对注册商标无效这一既涉及民法、行政法又涉及知识产权法基本理论的法律制度进行综合考量，以免囿于知识产权法的思维框架，导致研究的视野狭隘。经济学研究中最基本的成本价值、效率分析等理论，将有助于论证注册商标无效制度的正义价值、秩序价值、制度完善及改革等内容。

## 五、主要创新点

注册商标无效制度的历史演变、价值追求、注册商标无效的法律后果方面的研究，对改变国内外这方面理论研究的薄弱点具有积极意义。对构成注册商标无效事由的归纳、概括，有助于改变目前过于注重细节研究而缺乏深入理论思考的现状。

1. 通过对各国早期商标法的历史梳理，发现注册商标无效制度是注册商标财产化之后的产物，是解决注册商标退出商业活动的法律制度。

2. 以法律的正义价值和秩序价值为理论基础，分析注册商标无效制度的正当性。注册商标无效制度正义的价值追求通过分配正义和矫正正义的方式体现。秩序价值主要体现为对公平竞争市场的维护，对因时间经过而形成的市场秩序的维护。

3. 审核注册行为无效与注册商标专用权无效是注册商标无效的法律后果，前者是注册商标无效制度的核心，对应于商标注册是以审核注册行政行为为主的复合性行为。注册商标专用权无效是注册商标无效的权利表达，注册商标无效的概念自有其正当性。

4. 在先权利人或在先权益人自主决定与在后商标注册人签订的商标注册共存协议，其效力应得到法律的尊重，该协议可排除注册商标的部分相对事由。

5. 完善我国注册商标无效宣告制度运行的建议。对注册商标无效宣告的行政程序提出优化方案：由商标评审委员会依法院侵权判决宣告注册商标无效；程序设计上应避免商标局和商标评审委员会对相同事由的重复处理；商标侵权纠纷中当事人提出注册商标无效抗辩时，法院应有权就个案作出排除注册商标专用权的判决；应把除斥期间的适用范围扩展至任何恶意注册。建构注册商标无效司法判决制度，以契合商标法的效率价值追求。

# 第一章　注册商标无效制度的历史演进

　　法律制度展现了从历史中获取合法性的关注，❶ "任何理论都有它一定的历史和社会背景，都得通过当时的环境来理解"。❷ 历史研究的价值，在于以时间为轴，透过政治、经济、思想观念等纷繁复杂的可能性，发现注册商标无效制度的产生、演进及未来的发展趋势。

　　注册商标无效制度属于商标权消灭制度的一种，从无到有从彼到此的演进过程历经多种形态的变化，探寻注册商标无效制度的渊源，应关注形式意义和实质意义上的商标权消灭制度，不囿于文字、词义的表面含义，应将实质上属于商标权消灭的相关制度如注销、撤销、异议、无效等均纳入考察范围，以充分探究注册商标无效制度产生的背景、制度设计的目的、制度构造的理论和现实依据，检讨现有制度的缺陷并加以完善。仅关注被烙印上"注册商标无效"字样的现象，将会无端面临许多理论上的困惑，甚至会得出与事实相悖的结论。

## 第一节　域外注册商标无效制度的演进

　　本节将阐述注册商标成文法之前商标权消灭制度的蕴育、注册商标成文法产生后及目前各国的注册无效制度的发展、注册商标无效制度在国际条约中的呈现。

---

❶　安守廉. 窃书为雅罪：中华文化中的知识产权法 [M]. 李琛，译. 北京：法律出版社，2010：25.

❷　黄宗智. 连接经验与理论：建立中国的现代学术 [J]. 开放时代，2007（4）：9.

### 一、商标权消灭制度的蕴育

人类使用商业标志的历史几乎与商品交易的历史一样悠久，❶ 但现代商标制度的建立却还不足 200 年。在注册商标成文法颁布之前，商标所发挥的是一种证据功能，而"证据通常是一件私人控制的事情"；在注册商标成文法时期，"证据和对记录管理则更通常是一件公共关注的事务"。❷ 对于悠久的商标历史，在缺乏文字记录或缺少对文字资料挖掘的情况下，可以从现代意义上的商标起源推究商标注册制形成之前的面貌，并从未注册商标的作用、地位、商标与其他权利的纠纷、行政或司法机关的处理程序等方面着手考察商标权消灭制度，并考察商业标记、商标的使用与注册登记、行业协会及政府权力的参与等相关因素，以探究注册商标无效制度形成的社会基础、经济基础和观念基础。

商标的起源有三个：个人标记、商业标记和强制性标记。个人标记是使用于个人财产上的标记，其目的在于标示所有权、追究物品提供者的责任，还不能被称为商标。该标记或自愿使用或被强制要求使用，并没有注册或登记的要求。个人使用标记的行为在有历史记录之前的游牧部落中就已经存在了，至少在公元 1 世纪就已经出现了假冒行为。当时有人在比利时模仿罗马标记并用于仿造陶器，然后出口到英格兰，许多英格兰人受到欺骗。难以理解的是，标记被假冒时获得保护的情况却无法确定，目前还未发现当时的民事诉讼记录。❸ 我们只能推测人们是靠社会伦理和商业道德维系着标记的功能，或是以物权、财产权的自然观念指导人们之间的相互

❶ LEMLEY M，MENELL P S，MERGES R P. Intellectual Property in the New Techno-logical Age ［M］. 4th ed. New York：Aspen Publishers，2007：633.

❷ 谢尔曼，本特利. 现代知识产权法的演进：英国的历程（1760—1911）［M］. 金海军，译. 北京：北京大学出版社，2006（2012 年重排本）：5.

❸ RUSTON G. on the Origin of Trademarks ［J］. The Trademark Reporter，1955 （45）：133 – 134.

行为。

商业标记的大量使用晚于个人标记使用。商品经济逐渐发达，个人标记具有了更丰富的市场交易功能，现代意义上的商标开始出现。在中世纪（公元476年到1453年，或5世纪到15世纪期间）随着商品的大量生产及商业的快速发展，个人标记逐渐进入到商业领域成为商业标记，欧洲商人开始自愿附加商业标记并进行注册。商人协会（Merchants Guilds 或 Gild，还可译为公会、协会，出现于约11世纪）通常设立于重要市场所在地的城市，它对商标注册登记（Maintained Registers），并将国外的和当地的商标记录在"商业之书"（Livres De Commerce）中。1420年波兰的商业之书中，就记录了英国、荷兰、意大利等国商人的商标；1556年意大利安特卫普省的商业之书中记载了意大利威尼斯和热那亚的商标，这些跨国商标得到了商人协会的承认。经过商人协会登记的商标可以用来作为证明产品所有权的证据。通过海上运输的大量的货物，经常面临因发生意外导致货物灭失的危险。如果货物有幸被找回，就需要根据附随于货物的商标（Merchants Marks）确认货物的身份。如1418年，为了帮市民取得停在荷兰多德雷赫特市的船只及货物的所有权，汉堡镇议会在证明货物的权利时，以书面文件的形式列举了货物上附着的商标。❶ 更早的案例发生在1332年，西班牙三个商人运送货物时船只在海上发生事故，他们通过包装上的商标成功主张了对失事货物中几包裹蜡的所有权。❷ 这可能是最早的以注册商标的识别功能主张所有权的记录。商人协会的注册登记已经具有现代商标注册制度的雏形：即单独的注册机构，正式的记录簿并颁发证书，注册商标可作为权利的证明。但整体上商业标记仍属于私人的控制，只是发挥着证据的作用。

---

❶ BENJAMIN G P. Trademarks – their early history [J]. The Trademark Reporter，1969（59）：559–560.

❷ RUSTON G. on the Origin of Trademarks [J]. The Trademark Reporter，1955（45）：139.

强制性标记和商业标记并非本质完全不同的标志，其差异在于公权力的强行介入。以现代注册商标制度为参照，强制性标记中最值得关注的地方在于：一是注册的权威性加强，行政权力的介入改变了之前以商人协会作为登记机构的注册模式；二是由政府机构对商品进行检测，认为符合标准后方给予注册标记，商标在一定程度上成为商品质量的保证；三是商标成为政府加强市场监管的工具，政府以商标进行社会生活秩序和金融秩序的管理。

最早的商标强制法是 1226 年英格兰的面包商强制法。该法规定，面包商必须在制作、销售的每片面包上标注自己的标志，以便查找出短斤少两者。❶ 典型的强制性标记是金匠公会（Goldmiths）证明金银纯度的检验印记（Hall Marking）。纯度检验印记出现于公元 4 世纪，检验的机构是商业行会，目的在于保护消费者利益。该标志的主要功能类似于今天的政府特许经营及质量认证，标示产品的制造者不过是强化责任的附带功能，这显然与区分商品制造者的商标（Trademarks or Maker's mark）不是一回事。中世纪晚期（大约在公元 1400 年之前的罗马拜占庭帝国末期）检测的工作直接由政府机构完成。政府检测后在金属制品上标注三类标记：个人标记、鉴定标记和行会标记，标记后的金属制品才获准在市场公开销售。1300 年英格兰国王爱德华一世法令规定，只有金匠公会（Goldsmiths' Company）的成员才能制造金器。该法令的实施就是通过对拟在市场上销售的黄金制品进行检测并给予标记实现的。1374年，法国北部城市亚眠的法令规定，为确定金属制品的生产者，工匠必须在其制品上注明与他人不同的标记。通过政府强制要求使用纯度标志的理由在于：一是普通人不具备金属纯度的检测能力；二是政府可通过检测并在金属制品上作出标记的要求实现对制造商的管理，以防止被偷盗的金属物品通过再加工而合法化；三是基于保

❶ DIAMOND S A. The Historical Development of Trademarks [J]. The Trademark Reporter, 1975 (65): 277.

护国家货币的需要，要求市场上金银制品的纯度高于国家货币的纯度才能防止货币被熔化制作成其他物品。● 在工艺行会时期，纯度检验标志已具有表明金属产品制作者来源的功能。从 14 世纪到 19 世纪漫长的历史时期，欧洲强制性标记的使用遍及金属制品、编织品、文具纸张、橱柜、雕刻、印制、制革、酿酒、制鞋、制帽等各个行业。

从纯属个体行为的个人标记，到行会力量参与的商业标记，再到行政权力直接介入的强制性标记，商标注册制度的基本框架逐渐形成，即由行政机关对拟用于商业活动中的以识别产品来源为功能的标志进行审查，符合要求的给予注册或准予使用标记。标记的功能由财产的证明逐步扩展到具有区别商品来源、品质保证的功能，以及承载着行政机关对社会的公共管理职能，使用于商品的标记已经具备现代意义上的商标所应有的主要功能。标记经历了"一个从辨人到辨物的记号阶段，逐步演化为商誉的承载者——商标这样一种转变，并最终具备了财产的特性"，●"商标也由原来的管理标志和责任标志向财产标志转化"。●

个人标记、商业标记和强制性标记处于注册商标成文法之前，商标权消灭制度尚缺乏经济基础、社会基础和观念基础。商标以区分商品来源的特征实现当事人主张产品的所有权、追踪有缺陷产品的功能，实现政府公共秩序管理的功能。作为主张所有权的证明，无论是个人标记还是商业标记，使用者都缺乏与他人商标相混淆的动力。商人行会注册的商标是已经使用的商标，在贸易区域相对固定的市场环境下使用者不希望因为商标相同或近似致使货物的所有

---

● RUSTON G. on the Origin of Trademarks ［J］. The Trademark Reporter，1955 （45）：142.

● 孙英伟. 商标权保护正当性的历史分析——基于第三次商标法修改 ［J］. 河北大学学报（哲学社会科学版），2011 （5）：117.

● 邓宏光. 从公法到私法：我国《商标法》的应然转向——以我国《商标法》第三次修订为背景 ［J］. 知识产权，2010 （3）：26.

权无法证明，因而在注册时就会避免发生这种情形，不存在出现非法注册商标的经济基础。强制性标记相当于政府颁发的准予销售的许可证，政府的检测是对客观事实（金属的纯度）的确认，或强制市场主体按政府的要求标注，标记完全在政府控制之下，缺乏产生商标权消灭制度的社会基础。这一时期，商标仍与产品本身紧密结合，经济活动中的商标主要是未注册商标。有体财产占据绝对财富地位，社会关注点在产品本身，权利或利益的着眼点仍是有体物，商标不过是众多证据中的一种，有体财产的理念是占据社会主流的法律文化，商标尚未成为公认的财产，商标权制度消灭的观念基础并不具备。

社会发展会改变旧有的传统，商标权消灭制度已经在蕴育。传统市场经济条件下同类商品或替代商品可选择性较少，但是随着生产技术的发达和商业活动的繁荣发展，商品种类日益丰富，商标与商品的依附性减弱、有体财产的绝对优势地位式微，商标所独有的识别商品来源、广告、质量保证等价值和功能广为社会接受，商标成为独立的财产客体已经成为一种趋势，商标本身的财产性价值及对其他权利的影响增加，诸上因素的变化蕴育着商标权的消灭制度。

注册商标成文法产生后，蕴育的商标权消灭制度直接演变产生了注册商标无效制度。从行为规制的维度，人类的经济行为大致可分为按伦理道德、习惯约束下的自发交易和以法律作为秩序、权利保障的法治经济。"权利决不能超出社会的经济结构以及由经济结构制约的社会文化发展，"❶ 商标注册制度就是在两种经济结构的发展演进中渐变。行会对市场的严格控制期间也是两种经济模式的过渡期。经过中世纪到工业化之间的商业革命（Commercial Revolution，约 16 世纪到 18 世纪）和 18 世纪 60 年代开始的工业革命，

---

❶ 中共中央马克思恩格斯列宁斯大林著作编译局 . 马克思恩格斯选集（第三卷）[G]. 北京：人民出版社，1995：305.

行会的控制力和监督职能逐渐削弱，政府对社会经济的管理能力日益增强。具有强烈地域特征的行会章程无法满足日益增长和扩大的商品贸易的规制需要，全国统一的成文法或普通法成为规制市场的重要手段，由此各行业行会推行的"商标注册制度"开始走进成文法，注册商标无效制度也随之登上了法律的舞台。

## 二、注册商标无效制度在各国的发展

现代意义的商标注册制度产生之前，商标本身不被认为是财产。经由商业行会的大力推动，以公权介入商标注册为界点，商标实现了从产品的附加标记到财产本身的华丽变身，商标的保护模式从维护商标的"信息传播功能"转向保护商标的"财产属性"，❶商标权取得制度经历着由完全的"使用主义"到"注册主义"原则的转变。注册商标巨大的经济价值决定了其重要的财产权地位，随着使用取得主义和注册取得主义原则的确立，及商标注册的条件、实质性要求和程序的完善，在其历史的发展过程中引发的注册和权利纠纷问题也随之增多，注册商标无效制度的价值逐渐突显。

大陆法系国家主要实行商标权的注册取得原则，以成文法固化为国家规则，法国和德国相关制度规定得最早。英美法系国家主要受商标权使用取得主义的影响较大，商标法律文本及司法实践呈现另外的一种状态，以英国和美国最为典型。不同国家的注册商标无效制度的发展、现状、构造等均存在一定的差异。商标注册的程序和条件、商标注册的效力和解决商标争议的方式等是考察注册商标无效制度的基本要素。

### （一）德国

德国是世界上最早对注册商标无效及其法律后果作出成文法规定的国家。德国于1874年颁布了《商标保护法》，实行"不审查原则"，由于该原则导致许多问题，1894年将其修改为"审查原则"。

---

❶ 余俊. 商标法律进化论［M］. 武汉：华中科技大学出版社，2011：67.

该法规定在申请或注册过程中，如存在手续违背法定程序或意思欠缺等原始瑕疵且该瑕疵自注册始即存在，则在注册商标保护发生效力的 10 年内，主管部门或利害关系人均可主张撤销该注册。为不破坏法律的安全性及保护善意第三人利益不受损害，规定这种情形下撤销注册后对商标权的效力采用不追溯的原则。❶ 这是世界上首次因注册手续、程序、当事人意思表示存在瑕疵等导致注册被撤销的规定，该撤销注册制度实质就是注册商标无效制度。1936 年商标法再次修改后已经具备现代商标法上的形式，1951 年采用了"早期注册制度"，1967 年采用了"强制注册制度"。德国一直完全地贯彻了注册主义原则，即标志未使用经注册可产生商标权，而虽经多年使用未经注册也不产生商标权。

德国现行的商标法颁布于 1968 年，1979 年、1994 年和 1998 年均作出过修改。德国商标和其他标志保护法第 50 条至第 55 条规定了注册商标无效的条件、法律效力和程序。德国的注册商标无效制度，实行以法院无效诉讼为主，专利局决定无效为辅的模式。导致注册商标无效的原因包括违反绝对禁止注册的事由和违反相对禁止注册的事由。专利局在发现或依当事人申请发现存在注册商标无效绝对事由时，应启动注册商标无效程序。该程序启动后，应通知商标注册人，若商标注册人表示同意无效或在通知送达的 2 个月内未表示反对意见，专利局将注销该注册商标。如注册人有意见，这一行政程序即终结，注册商标无效请求人可直接向法院提起无效诉讼。在诉讼过程中，专利局一般不参与，但当涉及公共利益或者重要的法律问题时，专利局可提交书面陈述或参与庭审。专利局实际上只负责某些无效案件的程序性行政工作。具有注册商标无效相对事由的，在先权利人或者其权利的继受人直接向普通法院起诉，不

　　❶ 黄志青. 商标法上注册主义与使用主义之比较研究 [G] //季啸风，李文博. 商标法与赔偿法（特辑）：台港及海外中文报刊资料专辑（1987）. 北京：书目文献出版社，1987：6.

需要事前向专利局提出注册商标无效的请求。❶ 德国商标和其他标志保护法明确规定了注册商标部分无效的情形，即如果注册商标无效的事由只及于部分商品或服务时，则注册商标无效后只应注销在该部分商品或服务上的注册。

**（二）法国**

世界上最早的商标成文法出现在法国。法国 1803 年的《关于工厂、制造场和作坊的法律》是世界上最早的保护商标的单行法，该法不是专门的商标法，也不在全国范围内实施，只是第 16 条把假冒商标定为私自伪造文件罪。1809 年法国颁布的《备案商标保护法令》是人类历史上最早以"商标"命名的法律，该法确立了注册登记制度。

商标成文立法开端是以 1857 年法国颁布的世界上第一部全国通行的成文商标法为标志的。根据法国民法典第 1382 条和 1803年、1809 年的两个"备案商标法令"，《以使用原则和不审查原则为内容的制造标记和商标的法律》于 1857 年 6 月 23 日颁布，该法将商标的使用与注册同时规定在法律中。其主要内容包括：不明显违背公序良俗的商标均可注册；注册时不进行审查；注册是财产的证明，可构成在先使用抗辩；商标权利来源于使用，但使用与否并不影响注册的效力。❷ 可见，法国当时的商标法"只是按照市场运行的本来面目直接确认了基于实际使用产生的商标权，依据该法建立的注册制度意在为商标使用提供证据，对已经存在的商标权起一种宣告和推定作用。"❸ 该法延续了社会对商标本质的理解，遵循商标是通过使用获得权利的自然法则，实行不审查主义，不过问申

---

❶ 德国商标和其他标志保护法第 50 条、第 51 条、第 54 条和第 55 条。文学. 德国商标异议制度［J］. 中华商标，2006（11）：35 - 36.

❷ 马秀荣. 世界商标法的发展［EB/OL］.（2003 - 12 - 26）［2019 - 06 - 13］. http：//bjgy. chinacourt. org/article/detail/2003/12/id/823237. shtml.

❸ 彭学龙. 寻求注册与使用在商标确权中的合理平衡［J］. 法学研究，2010（3）：151.

请注册的商标是否已使用，注册不过是一种权利的证据，注册不能产生现代意义上的注册商标专用权，未将注册视为财产权来源的起点。从根本上说，该法"没有确定商标注册的法定地位，使用仍然是授权的基础"。❶ 因此，商标法律保护的理由是基于假冒，注册只是初步证据，只要举证商誉存在、形成联系、具有损害即可获得诉讼胜利，商标注册正当或不正当都不影响当事人权利主张，当事人自然无须申请注册商标无效。但当事人认为注册的商标与他人的权利发生冲突时，可由法院判定商标注册的有效性。❷ 该法规定申请注册的商标不应违背公序良俗，但对于因疏忽通过注册的商标是否可要求注册商标无效却未有规定。

1964 年法国对商标法作出了重大改革，严格实行注册原则，并规定了商标的灭失制度，称为撤销制度。该法第 1 条规定，商标所有权可通过第一次有效注册取得。单纯将一个标记作为商标使用，对使用人不产生任何权利，即使是著名商标经多年使用也不产生所有权。❸ 商标权的取得已经完全由使用主义原则转变为注册主义原则，即只有经过注册才产生专用权。该法同时由不审查原则改为形式审查原则；强调注册商标必须在贸易活动中使用，5 年不使用的可被撤销。1975 年和 1978 年商标法两次修订并无根本变化。❹

1992 年 7 月法国颁布了世界上第一部《知识产权法典》。《知识产权法典》第四章商标权利的移转和灭失部分第 L.714－3 条和第 L.714－4 条规定了注册商标无效的条件、法律效力和程序。法国的注册商标无效诉讼的案件由司法法院的基层法院及其上诉法院

---

❶ 黄晖. 商标法 [M]. 2 版. 北京：法律出版社，2016：7.

❷ 杜颖. 社会进步与商标观念：商标法律制度的过去、现在和未来 [M]. 北京：北京大学，2012：28.

❸ 普拉斯罗. 商标的选择：保护和管理 [M]. 何婉心，译. 北京：工商出版社，1986：78.

❹ 强赤华. 商标国际惯例 [M]. 贵阳：贵州人民出版社，1994：167－169.

管辖，受理的法院为法国的大审法院及其上诉法院。❶ 法院按民事诉讼程序审理，完全由当事人对注册商标是否满足法律规定的注册条件发表意见、提出证据，法院审查判断相关的事实和理由，在此基础上根据法律规定直接判断注册商标的适法性。❷ 法院可直接宣告已注册商标无效，法院的无效判决具有绝对的效力，宣告"商标注册无效"的，无须法官宣布注销商标。检察院可依职权根据注册商标无效的绝对事由提起无效诉讼，工业产权的侵权人、工业产权证书持有人等在先权利人可以提起无效诉讼，在其他民事案件中当事人也可以通过反诉、抗辩的形式提出注册商标无效的请求。注册商标无效的事由可分为绝对事由和相对事由。

## （三）英国

注册商标无效制度的构造，除受日益频繁和范围逐渐扩大的贸易等现实因素影响外，还深受财产观念变化的影响。18 世纪中期，英国的威廉·布莱克斯通出版了《英国法释义》，其法学思想深刻地影响着英美法学界。布莱克斯通将财产视为对物的绝对支配，有形的"物"成为占据绝对地位的法学概念。与此不相符的事物，将通过解释扩大外延以符合对物的概念界定。然而，历史的车轮不是在人为的概念中行走，无形财富在社会生产中越来越重要的地位，越来越多的纠纷促进了专利、商标等无形财产权观念的诞生。法院在案件的审理过程中发现，"在许多场合，要保护的根本不是什么物。于是法庭开始把财产定义为对价值的权利而非对物的权利。"❸ 1862 年英国《假冒、欺诈性使用或盗用商标相关的，并保护商标

❶　法国的法院由互不隶属的司法法院和行政法院两套系统构成。司法院由初审法院（如大审法院，小审法院和商事法庭等）、上诉法院和最高法院组成，主管刑事、民事案件。行政法院由地方行政法院、上诉行政法院和最高行政法院组成，专门审理国家机关及其公务人员因行使职务引起的行政案件。

❷　陈锦川. 法国工业产权授权、无效的诉讼制度对我国的启示 [J]. 电子知识产权，2004（9）：43 – 44.

❸　万德威尔德. 十九世纪的新财产：现代财产概念的发展 [J]. 王战强，译. 经济社会体制比较，1995（1）：37.

所有人在特定情形下国际利益的修正法案》❶ （即"谢菲尔德法案"）第 9 条提出，"商标应当被认为属于所有人的个人财产，并且应当允许其根据个人财产法进行转让。"虽然该法案最终并未通过，但将商标视为财产的观念显然已经在英国兴起。1862 年 Cartier v. Carlile 案件的主审法官英国上诉法院院长（Master of the Rolls）认为，商标是其所有人的私有财产（Private Property），衡平法院应阻止他人模仿该商标。❷ 1863 年大法官韦斯特伯里勋爵在 Edelsten v. Edelsten 案中认为，原告拥有对其商标享有财产权的所有先决条件。❸ 19 世纪 70 年代早期，英国的法学教材，如《论商标和商号法》（A Treatise on the Law of Trade – Marks and Trade – Names）就开始把商标定义为财产。到 19 世纪末期，法院拓展了财产的概念，将非物质化的财产同样视为权利保护的范围。财产观念的变化引起商标观念的嬗变，直到商标本身成为法律保护的客体，商标权才成为无形财产得到了与其他财产权一样的法律待遇。

作为生产资料的商标对生产及商业发展的财产性价值越来越重要，无形财产权观念逐步形成，商标法律制度开始从初级、粗糙向高级、精细演进。"作为知识产权，商标是思维劳动的成果；作为工业产权，商标又是与企业的动产、不动产一样是一种物质财富"。❹ 全国性商标注册制度的确立，"实际上实现了以一个权威的中央机构作为信用支撑，对商标符号进行产权的明确界定和官僚式管理。"❺ 在最早的商标法制定前，英国关于外观设计的相关法律，如 1839 年 6 月通过的《外观设计登记法》（Designs Registration

❶ 该法案的英文名称为：A Bill to Amend the law relating to the counterfeiting or fraudulent use or appropriation of trade marks, and to secure to the proprietors of trademarks in certain cases the benefit of international protection. Bill No 17 （18 February 1862）5pp （267）166.

❷ Cartier v. Carlile （1862）31 Beav. 292, 298; 54 ER 1151.

❸ Edelsten v. Edelsten （1863）1 De G. J. &S. 185.

❹ 李继忠. 商标战略在商品竞争中的作用 ［G］//欧万雄，董保霖. 企业商标的战略和策略——中法商标法律讲座选编. 北京：经济管理出版社，1991：3.

❺ 陈贤凯. 商标通用性的数字证成 ［J］. 知识产权，2013 （7）：36.

Act)、1842 年的《装饰性外观设计法》(Ornamental Designs Act)、1843 年的《实用性（或非装饰性）外观设计法》[Utility (or non‑ornamental) Designs Act] 都表达了当时人们广泛秉持的信念："登记的首要任务就是创造一个条件，使人们能够借此而较容易地表明他或她就是某一特定外观设计的原创者（或所有人）。"❶

英国历史上最早的商标法是《1875 年商标注册法》(An Act to Establish a Register of Trade Marks 1875，简称为 "The Trade Marks Registration Act 1875")，该法间接地确立了注册商标财产权的地位，以所有权描述法律关系，规定商标注册人是注册商标的所有人并允许商标转让等。❷ 与法国 1857 年的商标法不同，英国的《1875 年商标注册法》第 2 条规定，注册和公开使用具有同等效力，事实上已经将注册视为享有商标权的来源，肯定了注册商标的财产性。第 11 条在法律文本中开创性地规定具有显著性是商标注册的前提条件，目的在于通过显著性的假设，在法律上明确商人可对其标记享有财产权。"人们认为如果商标获得注册，则自发出商标注册证的那一刻起，它就当然成为该注册商标证上列名者的财产了。"❸ 该法没有规定拟注册的标志必须满足使用的要求，但法院的司法实践认为，这种因注册产生的商标权只是推定有效的权利，注册商标是可作证据的注册证明。该法仍是普通法理念的产物，但已经体现出注册商标享有权利的基础与未注册商标的不同：前者源于法律的明确规定，被注册的商标即使实际上没有使用仍然享有权利；后者则延续了自然法及习惯法的理念。迄今为止，英国仍延续着注册商标与未注册商标二者的差异化立法，基于财产权利或商业伦理，对两者分别依据商标法或不正当竞争法提供法律保护，即采用普通法

---

❶ 谢尔曼，本特利. 现代知识产权法的演进：英国的历程（1760–1911）（2012 年重排本）[M]. 金海军，译. 北京：北京大学出版社，2006：85.

❷ 余俊. 商标法律进化论 [M]. 武汉：华中科技大学出版社，2011：108.

❸ 谢尔曼，本特利. 现代知识产权法的演进：英国的历程（1760—1911）（2012 年重排本）[M]. 金海军，译. 北京：北京大学出版社，2006：235.

上的假冒之诉与制定法上的侵权诉讼相结合的两套法律制度。❶

英国《1875 年商标注册法》在 1876 年和 1877 年两次修改，1883 年颁布《专利、设计和商标法》。1905 年改变了《专利、设计和商标法》中将专利和商标统一规定的作法，单独制定了商标法，对申请注册的商标增加了"意图使用"的要求，对于未在商业活动中使用的标志，具有在商业活动中使用的意图时，就可以得到注册并受到商标法的保护，这意味着完全的使用主义原则出现了松动，开始接纳注册主义原则，仅仅通过注册即可取得某标志的使用、排他的独占的权利。1919 年商标法首次将注册分为 A 部和 B 部两类，B 部的注册标准低于 A 部，不要求已经使用并具备一定的商誉，只要以后在使用中可能被公众识别即可获得注册。1938 年英国的商标法虽然仍不审查使用情况，但已经开始实行严格的形式审查，包括对拟申请商标的识别性程度、申请者是否有欺骗行为、是否与法律规定公共秩序和在先权利相冲突等，其中对欺骗性的审查就有十多项，如对商品的质量、产地有无欺骗性提示，对申请者的经营范围、法律地位是否有欺骗性描述等。至此，注册商标已经取得完整的权利，注册商标成为无形财产。严格的形式审查也意味着，需要设置相应的制度使因审查疏漏产生的注册商标退出市场，注册商标无效就成为制度必然。

在英国，法院和商标行政管理机关均可受理注册商标无效的请求，还有仲裁的途径可以选择。英国目前施行的商标法为 1994 年制定，并于 1995 年、2002 年、2004 年、2005 年、2006 年和 2008 年就部分条款进行了修订。注册商标无效制度规定在第 47 条、第 48 条和第 73 条至第 77 条。当事人可向商标局提出要求注册商标无效的申请，商标注册人、注册商标无效请求人不服知识产权局决定的，当事人可选择向高等法院诉讼，由法院按照民事诉讼规则对事

---

❶ 杜颖. 社会进步与商标观念：商标法律制度的过去、现在和未来 [M]. 北京：北京大学出版社，2012：29.

实和法律适用进行审查。注册局局长有权出庭和听证，但他不是诉讼案件中的被告；他也可以不出庭而向法院提交由其签字的书面资料，就任何影响该案决定的理由等相关事实作出说明。实践中，知识产权局的决定 90% 会被法院维持。❶ 当事人也可选择向被指定人仲裁，被指定人是由大法官指定的具有相关身份条件的人，类似于仲裁制度中的仲裁员。仲裁实行一裁终局制。

### （四）美国

1776 年美国宣布独立前属于英国的殖民地，其商标法受英国影响较大。1870 年美国国会颁布的联邦商标法在 1879 年被联邦最高法院判决违宪，1881 年国会对其修改，把注册视为享有商标专用权的表面证据，1905 年做了大幅修改，直到形成现代化的商标法。现代商标法与早期商标法的最主要区别在于是否承认商标权为民事权利。❷

1946 年美国颁布兰汉姆法，将原来有关商标的所有法令加以整合，形成单一的商标法，将商标注册分为主簿注册（Principal Register）和副簿注册（Supplemental Register）。主簿注册是推定享有所有权的初步证据；副簿注册的商标仅可以阻止他人将可能与此商标造成混淆的标志进行注册，并不产生商标权，也得不到法院的保护。1982 年美国修改了兰汉姆法，该法与英国、德国和法国的商标法最大不同之处在于商标注册的法律后果。美国的注册是对已形成的商标权在联邦范围内给予制定法上的确认，证明和强化了权利，并非改变商标普通法也未创设新的权利。❸

1988 年兰汉姆法进行了修改，申请主簿注册时增加了必须有真诚地意图使用的规定，美国仍然坚持使用主义的原则，商业活动中的使用仍然是美国商标法的根本性要求，但已不能说美国商标法

---

❶ 崔立红. 商标无效宣告制度比较研究 [J]. 知识产权，2014（7）：38.

❷ 朱旭. 话说商标 [M]. 南京：江苏人民出版社，2009：12.

❸ MILLER A R, DAVIS M H. Intellectual Property：Patents, Trademarks and Copyright （英文影印本）[M]. 3rd ed. 北京：法律出版社，2004：157.

奉行的是单一的确权原则,❶ 确切地说美国的商标权取得采用的是"使用为主,注册为辅"的模式。❷

目前,美国的商标法律体系包括联邦商标法和各州的普通法,商标注册也分为根据联邦商标即兰汉姆法的注册和根据各州的法律进行的商标注册。州际之间的商标行为受联邦法调整,所以按兰汉姆法规定注册后的商标在全美国地域内受保护,未经注册的商标则依据普通法在一定地域范围内受到法律保护。本书提及的美国商标仅指根据兰汉姆法注册于主注册簿的注册商标。

由于采用"使用为主,注册为辅"的商标权取得模式,美国的注册商标撤销(实质为本书所界定的注册商标无效)是指"注册商标所有人在申请注册和续展注册的过程中,采取了欺骗或者误导专利商标局的手段,因而可以撤销相关的注册。"❸ 可撤销的注册包括初始申请注册和续展注册,涉及的商标包括商品商标和服务商标、集体商标和证明商标。提起撤销注册的主体是认为注册商标已经对其造成损害或将要造成损害的人,联邦贸易委员会可基于注册商品是通用名称、以欺骗手段获得等理由申请撤销注册商标。行使撤销商标注册的权力归属于商标行政管理机关和法院,行政机关是指由专利商标局长、专利专员、商标专员和专利商标局长指定的商标行政审查官组成的商标审判及上诉委员会,相当于我国的商标评审委员会。在商标核准注册公告后,利害关系人质疑商标注册的可要求撤销,由商标审判及上诉委员会审查。当事人对商标审判及上诉委员会的决定不服的,可向美国联邦巡回上诉法院提出上诉,直至上诉到最高法院;或者当事人可以选择以民事诉讼的方式由联邦法院就事实和法律问题进行审理,以最终解决撤销注册的问题,通

---

❶ 彭学龙. 寻求注册与使用在商标确权中的合理平衡 [J]. 法学研究,2010(3):155.

❷ 罗晓霞. 竞争政策视野下商标法理论研究:关系、协调及制度构建 [M]. 北京:中国政法大学出版社,2013:42–44.

❸ 李明德. 美国知识产权法 [M]. 2版. 北京:法律出版社,2014:600.

过这一路径当然也可上诉到美国联邦巡回上诉法院、最高法院。在法院诉讼程序中，专利商标局局长不是一方当事人，但有权介入该诉讼。❶ 也就是说，利害关系人对商标所有权有争议时，享有两种救济途径。一是按民事诉讼程序向联邦地区法院或巡回上诉法院起诉，二是根据商标法实施条例向专利商标局的"商标审判及上诉委员会"申诉，对申诉结果不服的再向关税与专利上诉法院解决。两种解决途径以第一种优先，即当事人选择了民事诉讼途径后就不能再选择第二种解决途径。

美国撤销注册的主要理由也可以分为绝对事由和相对事由两类。美国商标法规定的事由包括：注册商标成为商品或服务或其一部分的通用名称，或具有功能性、被放弃，虚假地理来源标志，含有不道德、欺骗或诽谤性内容，含有对生者或死者、机构、信仰或国家象征有贬损或引起错误联想的内容，侵犯他人姓名、肖像，是以欺骗手段获得的注册，对集体商标和证明商标无合法控制权而取得注册，注册违反了其他禁止性规定。❷《美国商标审查指南》（Trademark Manual of Examinig Procedure）还规定，仅作为商品使用的标的物、不具有独特性的产品外观，以及装饰性物质、信息性物质、单件创造性作品的标题、只作为作者名字使用的标的物、型号或等级名称、背景图案和形状、植物品种或变种名称、气味或香味、全息图等，通常情况下因不具有商标的功能而不得注册；可能存在混淆、错误或欺骗性的商标、仅具描述性的商标、地理欺骗性商标、部分由域名构成的商标等应拒绝注册。❸

根据注册商标无效绝对事由提出撤销注册的没有时间限制，对于因侵犯他人有效权利在主注册簿上注册的商标，超出 5 年期限的

---

❶　美国兰汉姆法第 1064 条、第 1067 条、第 1071 条。

❷　美国兰汉姆法第 1064 条。

❸　《美国商标审查指南》第 1202 条、第 1207 条、第 1209 条、第 1210 条、第 1215 条。美国商标审查指南［M］. 美国专利商标局，译. 中国工商总局商标局，校. 北京：商务印书馆，2008.

通常不得再提出撤销注册的申请，除非法律有明确的例外。自注册之日连续使用5年后注册商标的使用权不容置疑，注册成为证明商标所有权和注册商标专用权有效性的确凿证据。❶ 该规定虽与其他国家并无根本性差异，但侧重点在于注册的证据效力范围。由于依据美国联邦法律进行的商标注册是对已经使用的和意图使用的商标的公告，是推定注册人在核定注册的商品或服务上在全国享有优先权及商标所有权的证据，所以撤销商标注册后，商标所有人仅丧失了注册商标在全国范围内的具有排他性使用等程序上的权利，消灭的仅是因注册带来的相关利益，不会影响商标所有人依据普通法或反不正当竞争法所享有的实体性权利。

### 三、国际公约中的注册商标无效制度

《巴黎公约》最早提出了商标注册无效的概念。19世纪中后期，随着欧洲国家对外贸易的不断扩张，发达国家都期望自己的发明创造和产品标记能够在国外得到保护。1873年在维也纳举办的万国博览会为工业产权的国际保护诉求提供了谈判和交流的机会。应邀参加博览会的各国担心因公开展出而导致发明无法受到保护，于是由法国、意大利等11国发起，对发明和商标保护的问题进行谈判，并经各国多次协商，于1883年签订了《巴黎公约》，这是最早提出"注册无效"表述的国际条约。条约对商标注册的效力作出如下规定：任何缔约国对提出的商标注册申请，不得以未在原属国申请、注册或续展为理由而予以拒绝，若已注册则不因上述理由而被宣告注册无效（nor may a registration be invalidated）。❷ 该规定的

---

❶ 美国兰汉姆法第1065条、第1115条。

❷ 《巴黎公约》（1883年）提要（3）（b）. ［EB/OL］. ［2019 – 06 – 14］. https：//www. wipo. int/treaties/en/ip/paris/summary_paris. html. 原文是：Consequently, no application for the registration of a mark filed by a national of a Contracting State may be refused, nor may a registration be invalidated, on the ground that filing, registration or renewal has not been effected in the country of origin.

本意是强调商标注册的独立性，❶ 即缔约国内商标的申请、注册、续展或使用情况不影响其在其他缔约国的注册，也不影响其注册的效力。但注册无效这一表述却正式成为法律术语而逐渐被各国所接受。目前该公约经 7 次修订，最近 1979 年 10 月文本的第 6 条第 2 款仍然延续了这一表述。同时为加强对驰名商标的保护，1925 年海牙会议时增加了特别规定，即用于相同或类似商品上的商标是对驰名商标的复制、仿制或翻译且可能产生混淆时，应拒绝注册，已注册的从自注册之日起至少 5 年内由商标管理机构撤销注册或应利害关系人申请撤销注册（cancel the registration）；对于恶意取得注册的，不受时间限制。

　　商标国际注册的无效。1891 年 4 月签订的《商标国际注册马德里协定》（Madrid Agreement for International Registration of Trade Marks）（以下简称《马德里协定》）和 1989 年签署的《商标国际注册马德里协定有关议定书》合并称为商标国际注册马德里体系。《马德里协定》实行"中心打击"原则，即在国际注册之日起 5 年内原属国注册被撤销或注销，国际注册也将因此不再产生任何权利，该协定直接规定了国际注册的无效，强调国际注册与原属国的基础商标注册或基础申请的依附关系，或者国际注册将因商标在原属国被撤销或注销而无效。1979 年于斯德哥尔摩修改了《马德里协定》，该制度体现于第 6 条的规定，即自国际注册的日期开始 5 年之内，如商标在原属国全部或部分不受法律保护时，则国际注册也全部或部分不再产生权利，如商标自动撤销或依据职权被撤销，原属国的注册当局应要求撤销在国际局的商标，国际局应予以撤销。2009 年版的《商标国际注册马德里协定及该协定有关议定书的共同实施细则》第 19 条仍然存在"在被指定缔约方中的无效"的规定。中心打击原则实质上要解决的问题是商标国际注册的无效问题，但与国内商标法要解决注册商标无效的路径不同，后者通常

---

❶　颜次青. 商标与商标法［M］. 北京：中国经济出版社，1986：114.

规定哪些情况下商标注册属于无效的范围而直接宣布无效或依申请、诉讼无效，前者只是程序性的规定，将国际注册的效力与国内注册的效力直接勾连起来，避免出现某商标在本国不受保护却在其他国家享有权利的局面。

## 第二节　我国注册商标无效制度的演进

### 一、晚清到民国时期的发展

我国的知识产权制度是被迫从西方引进的，商标法亦不例外。中国在 19 世纪的鸦片战争中（1839—1842 年）失利后，处理西方商人和传教士发生的刑事和民事案件主要采用法外治权制度。19世纪末期各国与中国贸易交流频繁，由于当时中国对外国商人和企业提供诸如税收、运输等方面的超国民利益，中国商人未经许可使用外国商号和商标的情况开始增多。1883 年《巴黎公约》已经签订，国际上兴起了保护专利和商标工业产权运动，在中国开展贸易的西方人也满怀期望，然而中国当时并没有这样的知识产权法，也不是任何知识产权条约的缔约方。于是英国、日本和美国等西方国家开始与中国谈判，要求在贸易中保护商标，清政府在外国列强压力下于 1904 年颁布了《商标注册试办章程》，它是中国历史上的第一部商标法。❶

1904 年 9 月 15 日《商标注册试办章程》经清政府发布实施，❷为我国后来的商标立法奠定了基础。该法共有 28 条，并有全英文本。❸ 该法由商务部在日本顾问的协助下起草，在这之前海关还交

---

❶ 张耕，李燕，张鹏飞. 商业标志法 ［M］. 厦门：厦门大学出版社，2006：62.

❷ 姚秀兰，张洪林. 近代中国商标立法论 ［J］. 法治论丛，2006（2）：85.

❸ 商标注册试办章程 ［M］ //余俊. 商标法律进化论. 武汉：华中科技大学出版社，2011：192 – 199.

由英国籍的副总税务司为首的团队照搬英国法起草了一份商标法草案，❶ 所以《商标注册试办章程》带有强烈的英美和日本等国商标法的烙印。

　　《商标注册试办章程》确立了"商标之专用权"注册取得制度，并将实质意义上的注册商标无效引入到法律制度中，这是中国法律文本中最早可见关于注册商标无效的规定。该法坚持注册取得制度，否认因使用而产生商标专用权，坚持权利源于商标局授权的原则。《商标注册试办章程》规定，若无注册即使是在外国已经注册的商标在中国也不受保护；❷ 未设商标局之前依照条约应得互保者，即已在相当衙门呈请注册之商标，视为"已经合例申请"而非直接根据条约给予保护。该法第12条和第13条规定了商标的"注销"，其实质与现在的注册商标无效并无二致。注销适用的对象是已经注册的商标；区分了行政机关主动注销与依利害关系人申请批准的注销；注销的理由分为绝对理由和相对理由。依字面解释，注销的后果将导致已经注册的商标消灭，标志脱下法律的外衣，被打回"符号"的原形，在法律上不再是受保护的对象，不享有商标之专用权。除了对注销之后法律救济程序外，该法已经具备了注册商标无效制度的主要内容。❸

　　《商标注册试办章程》所表现出来的制度先进性，不过是日本和英美专家法律理想的实践，并非源于中国的实际需要，显然与中国当时农业社会阶段的社会实践脱节。当时的中国官员连商标和专利都分不清楚，甚至没有研究过知识产权法对中国的意义。❹ 社会

---

　　❶　安守廉. 窃书为雅罪：中华文化中的知识产权法［M］. 李琛，译. 北京：法律出版社，2010：44.

　　❷　在列强压力下出台的商标法能够将西方已经使用的商标与中国的商标从注册方面给予同等保护，清政府商部为中国的商业发展争取了最大的制度空间。

　　❸　商标注册试办章程［M］//余俊. 商标法律进化论. 武汉：华中科技大学出版社，2011：192－199.

　　❹　安守廉. 窃书为雅罪：中华文化中的知识产权法［M］. 李琛，译. 北京：法律出版社，2010：51.

商业活动对商标的需求并不强烈，注册商标的财产价值表现不充分，注册商标无效制度的立法价值也只能停留在纸面上。1923年5月北洋政府制定了《商标法》，为配合该法的实施还颁布了我国第一个商标组织机构法规《商标局暂行章程》，以及《商标法实行细则》《商标呈请各项书状程式》等一系列配套法律文件，并成立了我国商标史上第一个商标管理机构——农商部商标局。第一次世界大战后，英国、法国、德国为维护他们的经济利益催促北洋政府颁布实施商标法，国内的各商会、行业协会等也希望商标法早日出台。这种形势下，1923年5月多次修订并经媒体征求社会各界意见的商标法经国会两院通过。该法体现了民族自主性，结束了西方列强操控我国商标管理的历史，是近代商标法律制度转型的标志。❶

该法对注册商标消灭制度规定得比较完整，正式区分了注册商标的撤销、无效和因废止营业时的商标专用权消灭。第一类无效的情形是因违反法律规定委托代理人或延误法定期间导致的无效。第10条规定，代理人被商标局认为不适当而更换后，其之前的商标代理行为无效；第12条规定，因延误法定或指定期间而进行的呈请及其程序无效。第二类注册商标无效情形为违反法律关于商标构成要素及不得注册的规定，违反在先申请或在先使用原则，违反给予善意使用注册优先权的规定和关于联合商标的规定等事关市场秩序、管理秩序的行为。第21条规定，商标专用或其专用续展之注册，违背第1条至第5条之规定者，经商标局评定，作为无效。第28条规定违反第21条的，可由利害关系人请求评定无效。❷ 对比第19条关于撤销的规定，1923年商标法已经对注册商标的无效和撤销做了严格的区分，将无效的对象限定为违反法律规定的注册行

---

❶ 姚秀兰，张洪林. 近代中国商标立法论 [J]. 法治论丛，2006（2）：87.

❷ 北洋政府商标法（1923年5月）第10条、第12条、第19条、第21条、第28条。冯晓青，杨利华. 中国商标法研究与立法实践：附百年商标法律规范 [M]. 北京：中国政法大学出版社，2013：90–94.

为，撤销的对象为因不当使用、转让而未登记或在一定期限内未使用的注册商标。即使以目前的商标法理论来看，1923 年北洋政府制定的商标法也体现出了相当高的立法水平。

1923 年制定的商标法并未随 1927 年 7 月南京国民政府的成立而结束历史使命。国民政府在成立之初无暇制定新的法律，故规定"凡从前施行之各种实体法、诉讼法及其他一切法令，除与党纲、主义或国民政府法令抵触各条外，一律暂准援用"，❶ 于是 1923 年北洋政府的商标法得以继续施行。1925 年广东地区颁布了《商标条例》（共 40 条）和《商标条例实行细则》（共 32 条）；1930 年民国政府对一些枝节性内容进行修改，并以《商标法》为名向社会公布；1935 年再次修改，将在先使用的范围作了限定，取消了善意使用 10 年以上商标的优先注册权。整体而言，上述法律修改均以 1923 年北洋政府的商标法为蓝本，没有根本性的变动，直到 1950 年新中国颁布了《商标注册暂行条例》。1923 年北洋政府的商标法在近 30 年间一直规范着我国的商标市场，对我国商标事业的发展、对商标注册和管理措施的制定都产生了重大影响。❷

## 二、中华人民共和国成立前后各时期的变化

中华人民共和国成立之前，解放区就已经立法对商标相关事务进行管理，其商标管理制度可追溯到 20 世纪 40 年代。1944 年开始各地区颁布商标登记、管理办法，采用严格的注册取得制度，未规定申请注册商标的条件，没有注册商标无效制度的存在空间，但规定了现代商标法意义上的注册商标撤销制度。如 1944 年《晋察冀边区商品牌号专用登记办法》规定："登记后迄未使用已满半年或停止使用已满一年者，其专用权归无效"。又如 1949 年初制定的

---

❶ 谢振民. 中华民国立法史（上册）［M］. 北京：中国政法大学出版社，2000：606.

❷ 左旭初. 民国时期的商标管理（上）——北洋政府时期［J］. 中华商标，2011（12）：21.

《华北区商标注册暂行办法》规定："商标专用权除得由注册人随时呈请撤销外，凡在注册后有下列情事之一者，得撤销之：一、于其注册商标自行变换者。二、注册后并无正当理由，迄未使用已满一年，或停止使用已满两年。三、商标权移转后已满一年，未经呈请注册者。但因继承之移转，不在此限。"❶

中华人民共和国成立后，1954 年、1963 年发布了商标管理的相关办法或政策。1982 年经五届全国人大常委会审议通过了《中华人民共和国商标法》，该法自 1983 年 3 月 1 日起施行同时废止了1963 年的《商标管理条例》，之后分别在 1993 年 2 月 22 日、2001年 10 月 27 日、2013 年 8 月 30 日、2019 年 4 月 23 日对 1982 年出台的《商标法》进行了四次修改（新条款于 2019 年 11 月 1 日开始施行），该法第五章为"注册商标的无效宣告"（2013 年单独列为一章）。

中华人民共和国的第一部商标法规是由政务院在 1950 年 7 月28 日批准颁布的《商标注册暂行条例》。该法第 25 条规定："已经核准注册的商标，他人认为与自己注册的商标相同或近似时，得提出异议，但以登载商标公报之日起一年内为限。"该规定针对的是核准注册过程具有特殊情形的处理，即与在先注册商标相同或近似的商标被其他人注册后，在先注册商标专用权人可获得的法律制度的救济，这显然属于现代《商标法》上注册商标无效制度的内容。根据该条例全文以整体解释的方法，上述情形下该在后注册商标的效力必然会被确认无效，只是无法判断自何时起无效。该法还规定了禁止商标注册的绝对事由，但未明确是否应对违反者宣布无效；规定以欺骗方法取得商标的应依法给予惩处，但未规定具体的惩处方式。

---

❶ 晋察冀边区商品牌号专用登记办法 [G] //晋察冀边区行政委员会. 现代法令汇集（下册）[出版地不详]，1945：649. 晋察鲁豫边区商标注册办法//景成文. 工商行政管理史料汇编 [G]. 北京：工商出版社，1991：188. 华北人民政府工商部. 华北区商标注册暂行办法 [N]. 商标公报，1949 - 06 - 15（1）.

中华人民共和国初期实行计划经济，国有企业是整个市场的主体，在一切均归国有的政治体制下商标区分商品来源的功能受到严重制约，工商业者的商标意识得不到社会的鼓励，企业或工商业者仍依据习惯使用或不使用商标。1954 年中央工商行政管理部门发布了《关于未注册商标的指示》和《未注册商标暂行管理办法》，要求各地工商行政管理部门对未注册商标进行登记。1957 年国务院发布了《中央工商行政管理局关于实行商标全面注册的意见》，实行强制注册制度，规定各企业和合作社制造的商品必须使用注册商标，未经核准的商标不能使用。该意见把监督商品质量作为商标管理的任务，改变了保护商标专用权的固有性质，❶ 工具论的理念直到今天依然盛行。1963 年《商标管理条例》继续沿袭"加强商标管理，促使企业保证和提高产品质量"的指导思想，全部 14 个条款竟然没有出现商标权或权利的字眼，商标专用权的地位完全让位于商品质量的管理。上述规范性文件，都是市场经济发展不充分阶段的产物。在强化行政管理的理念下，注册商标本身的财产权地位基本丧失殆尽，对于违反禁止注册规定的标志，未设置注册商标无效制度以矫正注册错误的做法也不难理解。

1982 年《中华人民共和国商标法》是新中国第一部正式出台的商标法律，经由最高立法机关严格按照法定程序制定，完全改变了之前依靠各类条例、意见、指示、办法等进行商标管理的方式。1982 年《商标法》确立了注册商标专用权的民事权利地位，允许商标权利人许可他人使用，以行政权和司法权作为私权的保护手段，有关商标注册或注册商标专用权本身的规定占据了《商标法》的大部分内容。该法第五章单独规定了注册商标争议的裁定，由此开始了对注册商标无效制度单章成文的立法体例。该法第 27 条规定，对已经注册的商标有争议的，当事人可向国家工商行政管理总

---

❶　商标注册与管理工作的曲折道路 [J].　中华商标，2003（3）：27.

局商标评审委员会申请裁定。❶ 该法事实上区分了注册商标无效和注册商标的撤销，但在名义上只使用了"撤销"一词。❷ 当时采用行政终局裁定模式，商标评审委员会裁定"撤销"注册商标后，当事人不服裁定结果时没有其他救济措施，无法再通过法院诉讼解决。该法将注册商标无效问题视为当事人之间的争议，通过行政裁决程序解决，❸ 未规定注册商标无效的法律后果，也未规定商标局可主动宣告注册商标无效。该法第 27 条、第 29 条规定的是对注册发生的争议，而对注册商标使用过程中有不当行为的由第 30 条规定可以撤销。前者实质上为依当事人申请启动的注册商标无效，后者为注册商标的撤销。虽然该法在立法技术、指导思想、法律规则方面并无创新之处，甚至相比于 1904 年清政府颁布的商标法也有所不足，但对于从政治制度、经济制度到民俗习惯都经历了极大变革的新中国，1982 年《商标法》能贯彻加强私权保护、尊重社会主体意思自治的原则确实不易，之后我国的《商标法》基本上都在此框架内加以修改完成。所以，对于 1982 年《商标法》给予"开创了我国知识产权立法史上的新纪元"的高度评价毫不为过。❹

1985 年和 1989 年我国分别加入了《巴黎公约》和《马德里协定》，为履行两公约的义务我国在 1993 年对《商标法》进行了修正，增加了一项注册商标无效的理由：对于弄虚作假骗取商标注册，或以不正当手段将他人长期使用并有一定信誉的商标抢先注册以谋求非法利益的可以"撤销"。对明确违反《商标法》规定的，可由商标局依职权宣告无效，由此建立商标局主动宣告无效与依申

---

❶ 《商标法》（1982 年）第 27 条。

❷ 为避免与注册商标撤销、注销、争议等概念使用上的混乱，凡实质符合注册商标无效定义的本书将不囿于法律文本中的撤销、注销等文字形式而直接表达为注册商标无效。

❸ 《商标法》（1982 年）第 29 条。

❹ 黄汇. 商标法的历史功绩与时代局限 [N]. 光明日报，2012－11－4 (5).

请由商标评审委员会宣告无效的两类路径并行的处理模式。❶ 1993年修改的《商标法》实际上已经依据违反注册的条件区分了注册商标无效的类型，第一类为违反注册的绝对理由或以欺骗、不正当手段取得商标注册的，驳回注册的绝对理由为禁止作为商标使用的九种情形；第二类是违反注册的相对理由取得商标注册的。

　　2001 年我国加入世界贸易组织（WTO），《与贸易有关的知识产权协定》（简称"TRIPS"）成为我国应遵守的国际条约。TRIPS第 41 条第 4 款规定各成员方应对行政决定提供最终的司法审查，据此我国在 2001 年再次修改《商标法》。新法赋予当事人申请司法审查的权利，首次明确行政相对人不服商标评审委员会作出的商标授权确权具体行政行为的，可向商标评审委员会所在地的北京市第一中级人民法院提起行政诉讼，取消了商标评审委员会的裁定为终局裁定的规定。❷ 此时，行政程序与司法程序相勾连的注册商标无效制度的框架就建立起来了。商标授权确权行政诉讼制度的确立是2001 年《商标法》最重要的修改内容，除此之外，该法还将提出注册商标无效宣告申请的期限由 1 年改为 5 年。❸

　　2013 年第三次修改《商标法》时，将原注册商标撤销的规定合理地分离开来，在保留撤销制度的同时，明确规定了注册商标的无效宣告。《商标法》第五章为注册商标的无效宣告，第 44 到 47条对注册商标无效的启动、受理、处理、事由、后果、救济等各方面作出规定，完善了注册商标无效的理由和相关程序。除此之外，《商标法》中直接与注册商标无效制度相关的还有第 10 条、第 11条、第 12 条，第 13 条、第 15 条、第 16 条、第 30 条、第 31 条、第 32 条和第 35 条、第 50 条等 11 个条文。2019 年 4 月 23 日《商标法》第四次修改后，注册商标无效宣告的事由又增加了第 4 条、

---

❶ 《商标法》（1993 年）第 27 条。
❷ 《商标法》（2001 年）第 43 条。
❸ 《商标法》（2001 年）第 41 条。

第 19 条规定的情形。

通过对各时期商标法律的描述可知，我国的注册商标无效制度从法律文本上看比较早的呈现出一种相对成熟的状态，但却并未一帆风顺地继续发展。注册商标无效制度的价值消解于强大的公共权力的语境下，商业不发达的现实也影响了其更为理性完备的发展。我国最早的商标法是在西方列强的枪口之下被迫制定的，1904 年商标法已经有了实质意义上的注册无效制度，列明了注册商标无效的理由，只是当时的用语为"注销"。1923 年的商标法区分了注册无效与注册商标撤销，已经从法律文本上将注册过程的瑕疵与注册商标使用的不当区分开来。由于受西方国家的法学理论的影响，1950 年之前的商标法的立法思想和立法技术与西方发达国家的立法比较接近，但并不符合我国当时的社会及市场经济实践。新中国成立后制定的商标条例等因战争的需要不得不加强对市场的控制，或因计划经济下企业缺乏活力导致本应为私权的商标权变成政府加强市场管理的工具，缺乏建立注册商标无效制度的基础。直到改革开放后，我国市场经济发展迅猛，随着社会主义经济体制改革的深入进行，商品种类日益增多，贸易范围从地区到跨区域，从国内到国际，商标的识别商品来源、品质保证和广告功能的价值越来越突显。企业等多类市场主体及享有的自主权扩大，内在积极性不断增强，为提高经济效益，发展商品生产，❶ 新商标法应运而生。1982 年商标法终于回归到注册商标的本质上，明确了注册商标的私权地位，通过注册商标争议的方式处理商标注册中的错误之处。1993 年和 2001 年《商标法》两次修改，逐渐完善了注册商标撤销的理由、程序及救济措施等。但直到 2013 年才终于完全厘清了注册商标无效与注册商标撤销的区别，将注册商标争议这一章直接更名为注册商标的无效宣告，并从各个方面加以完善，形成了目前基本适

---

❶ 社会主义商品经济、商品生产等均是那个特定时期的用语，充满历史感的概念更能表现法律制度成长与社会变化的紧密关系。

应我国市场经济地位的注册商标无效制度。2019 年再次修改了商标法的部分条款，主要内容之一就是进一步扩大了注册商标无效宣告的事由，增加了两种无效宣告的情形：一是恶意注册，即不以使用为目的的恶意商标注册；二是恶意代理，即商标代理机构知道或者应当知道是恶意注册、抢注、损害在先权利仍接受委托的。

## 第三节　注册商标无效制度的构造及基础

### 一、当代注册商标无效制度的构造

注册商标无效制度演变至今，已经成为各国商标法律制度中重要的一部分。各国目前实行的注册商标无效制度也表现出一定的差异，主要体现在程序模式、注册商标无效的法律后果、注册商标无效事由等方面。《巴黎公约》规定了商标注册无效的条件，但未规定注册商标无效的程序和法律效力。《马德里协定》和《马德里协定有关议定书》没有注册商标无效程序的规定，TRIPS 第 62 条对知识产权无效等行政、司法审查等程序有原则性规定，但未规定注册商标无效的条件和法律效力。国际条约的内容为各国注册商标无效制度提供了结构性的参照，但各国由于政治经济条件及法律传统的不同，决定了注册商标无效程序模式的选择、注册商标无效的事由及注册商标无效的法律后果等方面的差异。

### （一）注册商标无效制度的程序模式

程序方面涉及的问题比较复杂，包括决定注册商标无效的权力归属、启动注册商标无效程序的主体、事由及行政程序与司法程序的衔接等。总体而言，注册商标无效制度的程序涉及两大类。第一类是行政程序，包括商标行政管理机关依职权主动或依申请宣告注册商标无效，作出注册商标无效决定后再由专门行政机构复审。第二类是司法程序，包括当事人或特定机构直接向法院提起注册商标无效诉讼，以及当事人不服商标行政管理机关作出注册商标无效的决定、裁定而起诉到法院的诉讼。

注册商标无效制度是行政权力与司法权力、民事主体的私权与国家管理的公权相互交织的复合体系。确认注册商标无效的权力归属模式有三种，不同模式下具体的程序运行不同。第一种模式，只由商标行政管理机关决定注册商标无效，包括由原审核注册的行政机关或专门设置的行政机构。第二种模式，只能由法院判决注册商标无效。第三种模式，根据注册商标无效事由的不同情况，行政机关和法院均可行使决定注册商标无效的权力。对世界上 13 个主要国家的商标法律进行梳理，统计表明仅由行政机关行使注册商标无效权力的有中国、日本、印度、韩国和俄罗斯等 5 个国家，仅由法院行使注册商标无效权力的有法国、意大利和埃及等 3 个国家，英国、巴西、德国、南非、美国等 5 个国家的法院和行政机关均可决定注册商标无效。

第一种模式下，仅由商标行政管理机关行使注册商标无效的权力，但法院享有对其决定结果进行司法审查的权力。决定注册商标无效的机关，在我国为商标局和商标评审委员会，日本为专利局特许厅审判部，俄罗斯为专利争议局，印度由商标局长注销在册使用者的权利。具有注册商标无效事由时，商标行政管理机关可主动或依申请启动注册商标无效，经审查后作出注册商标无效决定。当事人对无效决定不服的可向专门的机构要求复审，对复审决定不服的可继续向法院起诉，也可不复审而直接向法院起诉。利害关系人可直接向专门的商标评审机构申请宣告注册商标无效，由其对注册商标无效作出行政裁决，对裁决不服的再由法院审查。司法审查并不意味着法院可以直接对注册商标的效力作出判定，法院认为商标行政机关作出的注册商标无效的决定或裁定存在事实或法律适用错误时，只能判决撤销该决定或裁定并要求重新作出决定或裁定，而不能直接决定注册商标无效，即注册商标无效的权力只能由商标行政管理机关行使，法院仅得对行政机关的结果进行司法审查。该模式最大的问题是程序复杂、周期长，不符合市场交易要求的效率性原则。

第二种模式下，注册商标无效案件直接由法院受理。如法国不存在类似我国商标评审委员会的专门机构，决定注册商标无效的案件由司法法院的基层法院及其上诉法院管辖，受理的法院为法国的大审法院及其上诉法院，法院经审查后可直接判决注册商标无效。意大利商标法规定，涉及已注册或未注册的商标的诉讼，只要关乎其在意大利境内的效力，均应由国内司法机关审理，❶ 法院判决注册商标无效后，商标行政管理机关应将法院的判决载入商标注册公文中。

第三种模式下，行政机关和法院均有权决定注册商标无效，但以法院的判决为主。比如在德国，具有注册商标无效绝对事由的，专利局可依职权注销商标的注册，任何人也可申请注销该商标。商标所有人若无反对意见，专利局将直接注销该注册并作出裁决，若注册商标所有人在 2 个月内提出了反对意见或者有当事人对注销的裁定不服时，则最终由法院诉讼解决。商标注册违反了拒绝注册相对理由的，在先权人向普通基层法院提起注销该注册商标的诉讼，联邦法院有司法判定权。❷ 对注册商标享有合法权益者可基于民事权利向法院起诉，但对于违反拒绝商标注册绝对事由的，注册商标的存在与某人的利益并不直接发生冲突，没有明确具体的利害关系人，"导致社会公众缺乏对其提起无效诉讼的动力，"❸ 因而特别强调了国家机关的公共利益维护者的义务。在巴西，由国家工业产权局或者有合法权益的利益相关人提起诉讼；在英国，对于恶意注册的商标，注册局长可自行向法院提出注册商标无效的申请。❹

**（二）注册商标无效事由的分类**

因社会经济发展及法律文化的差异，各国规定的注册商标无效的具体事由表现不同，但大体上可为两类。第一类为违反了拒绝商

---

❶ 意大利商标法第 56 条。

❷ 德国商标和其他标志保护法第 51 条，第 53 条至第 55 条。

❸ 钟立国. 法国注册商标的争议制度及其借鉴意义［J］. 中华商标，2000（12）：36.

❹ 英国商标法第 47 条（3）（b）。

标注册的绝对事由（Absolute Grounds），本书简称其为绝对事由，主要包括注册商标不符合商标构成要素要求、无显著性、违反不得作为商标注册或作为商标使用的规定、损害公共秩序及以欺骗等不正当手段取得注册。第二类为违反了拒绝商标注册的相对事由（Relative Grounds），本书简称其为相对事由，主要指商标注册损害了他人在先权利或在先权益。

注册商标无效的事由，实质上是法律在保护法益上的价值选择。民法保护的客体是法益，法益包括权利和未上升为权利的"法益"。❶ 如果以"权益"作为未上升为权利的"法益"的表达，可合理地区分作为上位概念的"法益"和处于下位概念的"权益"，形成以法益统领权利与权益的概念体系。以"法益"概念为核心，注册商标无效制度不外乎是这样一种制度：将注册商标专用权从权利的范畴内消灭，使其成为权益或法益的范畴，或者使权利的客体重新进入社会公共领域。注册商标无效事由是注册商标无效制度价值追求的具体表现，把注册商标无效的事由分为绝对事由与相对事由，有利于在理论上澄清注册商标无效制度的法理依据，利于合理设计如启动无效程序的主体、受理机关、处理该争议的程序等制度内容。

法益与法律规范的规则和原则的二元结构相互结合，可以统领注册商标无效的绝对事由和相对事由。以"法益"作为拒绝商标注册条件的分类标准，注册商标无效的绝对事由是指申请注册的商标侵害了不特定多数人的权利或权益，即"社会公共利益"，这通常由法律原则确定其范围，也可由法律规则确定；注册商标无效的相对事由是指申请注册的商标侵害了特定人的权利或权益，通常仅由具体的法律规则确定。通过规则与原则的有效设置，将公共利益、公共领域、商业道德、社会伦理、权利冲突、在先权益保护等合理

---

❶ 孙山. 知识产权的私法救济体系研究 [M]. 武汉：华中科技大学出版社，2016：摘要Ⅱ–Ⅳ.

地类型化，形成科学、合理、完善的注册商标无效事由的理论体系。

　　注册商标无效绝对事由和相对事由的划分，是学者对实定法的理论归纳，实定法中并未直接使用"绝对事由"和"相对事由"的法律用语。绝大多数国家的立法都把注册商标无效事由与商标注册的条件关联起来。我国《商标法》规定得更为简洁，采用引用法条的方式，直接把商标注册方面的法条列明为注册商标无效的事由，只是另外增加了"以欺骗或其他不正当手段取得注册"的规定。以我国为例，违反拒绝商标注册的绝对事由包括：（1）注册商标含有不得作为商标使用的标志、形状，比如同官方标志和徽章名称、标志相同或近似的标志，带有民族歧视性的标志等。（2）注册商标是带有欺骗性容易导致误认的或有害于道德风尚、有其他不良影响的标志。（3）注册商标是因缺乏显著性特征而被禁止注册的标志，如仅有商品的通用名称，仅直接表示商品的质量、功能、用途的标志等。（4）注册商标是禁止注册的形状，如是三维标志、仅由商品自身性质产生的形状等。（5）注册商标是以欺骗等不正当手段取得注册的，如申请人采取虚构、隐瞒事实真相、伪造申请书及有关文件的手段。（6）注册商标是不以使用为目的恶意注册的。（7）注册商标属于恶意代理的，即商标代理机构知道或者应当知道委托人申请注册的商标是不以使用为目的的恶意注册，或是损害他人在先权利、以不正当手段将他人已经使用并具有一定影响的商标抢先注册的，或是属于被代理人、被代表人的商标，或是具有合同、业务往来关系等其他关系的人明知他人商标存在而委托注册的等。❶法国规定的绝对事由有：（1）违反禁用为商标或商标一部分规定的，如一个国家的名称、国旗、国徽、政府间组织的名称、旗帜、徽章、其他徽记（该条源于修订后的《巴黎公约》第 6 条之三或《建立世界贸易组织协定》附录 IC 第 23 条第二段内容，多数国家

---

❶　《商标法》（2019 年）第 10 条、第 11 条、第 2 条、第 4 条、第 19 条、第 44 条。

均将此条款内容吸纳为本国法律），以及一国用以表明监督和保证的官方符号和检验印章等，因违反公共秩序或社会公德，或被法律禁止使用的，因在商标或服务的性质、质量或产地方面存在欺骗公众情形的。（2）违反商标构成要素规定的，如立体形状或仅能由嗅觉、触觉感知的事物不得注册为商标。（3）不具有显著性的，如仅由通用名称、常用名称构成的，仅由商品性质、功能所决定的形状或能赋予商标基本价值的外形构成的。❶日本和德国还将与民间社团组织的著名标识相同或相似列为禁止注册的事项，以保护社会影响力不断扩大的社会组织声誉。

注册商标无效的相对事由主要是指注册商标侵犯了在先法益，但不同国家对在先权利或在先权益的范围界定不同，有的比较具体而有的则比较抽象。我国《商标法》规定的注册商标无效相对事由包括侵犯他人驰名商标、代表人和代理人的恶意抢注、虚假地理标志、与已经注册和初步审定的商标相同或近似、违反申请在先或使用在先原则、损害在先权利和抢注他人已经使用并有一定影响的商标。❷法国规定的注册商标无效相对事由包括侵犯在先注册商标、驰名商标、公司名称或字号、原产地名称、著作权、外观设计、姓名及肖像等他人的人身权、地方行政单位的名称声誉等。❸德国规定相对事由主要指在先权利，包括注册商标权、驰名商标权、肖像权、名称权、著作权、植物新品种名称、地理来源标志及其他工业产权等。❹

注册商标无效事由的两大分类在实定法上看似比较明确，但绝对事由和相对事由的具体内容却纷繁复杂，需要从理论上对众多事由的异同进一步阐释。比较而言，相对事由与绝对事由的差异主要

---

❶ 法国知识产权法典第 L. 711 – 1 条到第 L. 711 – 3 条。

❷ 《商标法》第 13 条第 2 款和第 3 款、第 15 条、第 16 条第 1 款、第 30 条、第 31 条、第 32 条和第 45 条。

❸ 法国知识产权法典第 L. 711 – 4 条。

❹ 德国商标和其他标志保护法第 9 条到第 13 条。

表现为以下几个方面。一是针对的权利属性不同。相对事由是指注册商标侵害了其他民事权利或权益，强调被侵害法益私的属性；绝对事由直接违反了法律法规禁止性规定、商标标志缺乏显著性、违反了公序良俗原则，总体上与国家利益或社会公共利益直接相关，更强调利益的公共属性。二是受侵害主体的确定性不同。相对事由有明确的受损害主体，绝对事由的受侵害者为不特定的多数人。三是启动注册商标无效的主体不同。依据相对事由要求宣告注册商标无效时有主体资格方面的限制，并非任何人都可要求确认注册商标无效，只有权利人或利害关系人可自主决定要求注册商标无效或任由注册商标继续在市场上存在，国家机关也不得主动启动无效程序。依据绝对事由要求认定注册商标无效时，通常没有资格限制，任何人均可以提出注册商标无效申请，法定的机关具有启动无效程序的职责或义务，商标行政机关可依法主动认定注册商标无效。四是时间限制不同。依据相对事由请求认定注册商标无效时通常具有期间限制，如多数国家规定了 5 年除斥期间；违反绝对事由的通常没有时间限制，理论上任何时候都可认定注册商标无效。上述区别只是一个并不精致的理论框架，各国注册商标无效制度的具体规定有所差异，如德国对依据绝对事由要求无效的，规定应自注册之日起的 10 年内提出。

对注册商标无效事由的分类，还可以从商标注册的条件出发，根据拒绝注册事由所适用"人"的范围进行理解。拒绝商标注册的绝对条件，是指"申请作为商标注册的标志必须符合法律规定，否则无论何人申请注册均不应予以核准"，该条件不考虑商标的实际使用或者注册对他人权利或权益的影响，适用于商标注册的任何申请者，所以是绝对的。拒绝商标注册的相对条件，是指商标的注册不得损害他人在先权利或利益，❶ 该条件适用的对象是有利害关系的人，其范围有所限定，所以是相对的。循此进路，可以把商

---

❶　陈锦川. 商标授权确权的司法审查［M］. 北京：中国法制出版社，2014：5 - 7.

标注册条件直接与注册商标无效的事由对应起来，属于拒绝商标注册的绝对或相对条件的就构成注册商标无效的绝对事由或相对事由。

### （三）注册商标无效的法律后果

法律后果是注册商标无效法律制度的重要内容之一，涉及商标行政管理机关的审核注册行为和注册商标专用权、注册商标，即注册商标无效的法律后果可概括为"一行为一权利和一标识"的无效。巴西、法国、印度、意大利、南非和德国等多数国家仅指商标的注册无效；❶ 意大利、英国和美国指商标注册和注册商标的无效；❷ 我国《商标法》规定，注册商标无效宣告后注册商标和注册商标专用权自始无效；❸ 日本指商标注册和商标权利的无效；❹ 韩国的规定与日本相同，只是把"注册"的含义扩展到了商标注册、商标续展权注册和商品重新分类注册。❺ 俄罗斯的规定则与众不同，是指"商标法律保护无效"。❻

注册商标无效的法律后果中，值得特别注意的是"部分无效"。德国规定当无效的理由之情在于某些商品或服务时，只应注销这些商品和服务上的注册；❼ 俄罗斯在法律条文中直接表述为"全部或部分无效"；❽ 英国商标法规定，如无效理由仅涉及部分商品或服务，无效也应仅及于这些商品或服务；❾ 中国《香港商标条例》第

---

❶ 巴西知识产权法第65条，法国知识产权法典第 L. 714－3 条，印度商标法第124条和第125条，南非商标法第26条、第52条，德国商标和其他标志保护法［G］//十二国商标法. 十二国商标法翻译组，译. 北京：清华大学出版社，2013：95－96.

❷ 意大利商标法第10条、第25条和第47条、第48条，英国商标法第47条，美国兰汉姆法第1064条.

❸ 《商标法》（2013年）第47条。

❹ 日本商标法第28条、第46条和第47条。

❺ 韩国商标法第71条、第2条。

❻ 俄罗斯联邦商标、服务商标和商品原产地名称法第28条。

❼ 德国商标和其他标志保护法第50条3。

❽ 俄罗斯联邦商标、服务商标和商品原产地名称法第28条。

❾ 英国商标法第47条。

53 条（8）规定，如果注册无效的理由只就申请注册的货品或服务中的某部分货品或服务而存在，则该商标须只限于就该部分货品或服务而宣布为无效。我国《商标法》没有规定注册商标的部分无效，但 2014 年修订的《商标法实施条例》规定，当宣告无效的理由仅及于部分指定商品的，对在该部分指定商品上使用的商标注册予以宣告无效。❶ 注册商标专用权的范围是由核准使用的商品或服务类别决定的，在某类商品、服务或同类别中具体的商品、服务上注册商标无效，并不意味着在其他类别的商品、服务或同类别中其他商品、服务一并无效，这导致了"部分无效"现象的存在。

注册商标无效后，无论是认为审核注册行为、注册商标专用权、商标标识全部无效还是其中某个无效，其法律后果均将影响到在宣告无效前所发生或已完成的法律行为的效力，比如对已经执行完的生效法律文书、已经履行完毕的商标许可合同或转让合同等。不同国家这方面的规定也有所不同，主要表现为注册商标无效决定的追溯力问题。

概括而言，目前的注册商标无效制度主要可从程序模式选择、无效事由的类别和法律后果三个方面把握。决定注册商标无效的权力归属模式有三种，仅由商标行政管理机关行使、只能由法院判决注册商标无效及行政机关和法院均可行使决定注册商标无效的权力。注册商标无效的事由可分为绝对事由和相对事由，但需要依据注册商标无效制度的价值追求等进一步抽象概括。注册商标无效的法律后果涉及"一行为一权利和一标识"，即审核注册行为、注册商标专用权和注册商标，同时也需要对由此产生的相关法律后果如追溯力等问题进行讨论。

## 二、注册商标无效制度演进的基础

注册商标无效制度的历史发展，是伴随着社会经济基础、社会

---

❶ 《注册商标实施条例》（2014 年）第 68 条。

制度基础及法律观念的变化而演进。商标法律制度与各国市场社会化程度和经济政策密切相关，规范商标的法律制度是社会政治、经济发展到商业成熟阶段的反映。商标的财产价值和地位、商标法基础理论等的发展是注册商标无效制度逐步演变的重要原因，造成了当代各国注册商标无效制度演进过程及后果的差异。卡多佐说"生活筑就为行为准则，并最终固化为法律，法律维持这种源于生活并被生活塑造的模式"。❶

标记伴随着人类文明产生而出现，生产者对产品进行标记的习惯由来已久。最早自发使用的标记不过是以简单的图形或字母向公众传递某种信息，或者标明物已有主，或者可据此追查到产品的制造者以便追究责任。此时的标记尚不能称为商标，除了部分标记未进入商业活动的原因外，更重要的是原始标记并不具有区分产品来源的功能。在行会控制市场的历史时期，商标虽然处于自发注册的阶段，但其主要功能已从财产证明转换到识别产品来源。在政府强制要求市场上销售的金属等制品必须加注标记阶段，公权力借助标记以强化对市场监督和管理的意图不言而喻。此时，注册商标本身的价值开始突显，但尚未脱离产品附属的本质，注册商标本身还未成为财产权客体，注册商标之间的问题实质上仍属于财产纠纷的范畴，相关纠纷通过传统的方式即可解决，商标注册程序存在的瑕疵及可能引发的后果尚不足以妨碍正常的社会秩序，注册商标无效制度没有存在的社会经济基础。

伴随商标权的使用取得主义发展到注册取得主义注册商标无效制度必然成为一种社会制度需要。知识产权法传统理论认为商标是标志、商品和商誉的三位一体，商誉通过标志的商业性使用产生，商誉是给予专门法律制度保护的本质，所以"商标注册行为"在法

---

❶ CARDOZO B N. The Nature of the Judicial Process [M]. New Haven: Yale University Press, 1921: 64. 原文是: Life casts the moulds of conduct, which will some day become fixed as law. Law preserves the moulds which have taken form and shape from life.

律上仅能起到界定商誉范围的作用，比如可在哪类商品上享有专用权，而不能决定商标权利的产生。早期商标法给予商标保护的基础是因使用产生的商誉，或是基于不正当竞争。注册商标成文法出现早期时，也体现了这样的原则。如法国 1857 年的《以使用原则和不审查原则为内容的制造标记和商标的法律》、美国 1870 年制定的《联邦商标法》、德国 1874 年颁布的《商标保护法》和英国 1875 年的《商标注册法》，首先是对未注册商标的法律保护，然后才是对注册商标的保护。依据上述法律进行商标注册时，均不审查拟申请注册商标的实际使用情况，导致很多注册商标相似甚至相同。当时采用的解决途径是通过协商限定商标使用地域的方式来避免混淆。❶同时，市场交流的频繁引发攀附他人标志知名度、仿冒、抢注他人商标等行为增多。法律实质上是配置公权力和私权利资源的制度安排，❷财产的形成和范围由制度性事实决定，财产形成的过程也就是私人财产移转到权力管辖的过程。要解决注册商标专用权之间的冲突，从根本上消解注册商标与未注册商标、注册商标之间的纠纷，注册商标无效就成为解决这类问题的制度性基础。

　　注册商标由财产的证明转变成为财产权客体的时期，注册商标成为无形财产的法律观念的确立成为注册商标无效制度形成、发展的内在动力。随着市场经济的迅速发展，商品和服务的种类不断丰富，注册商标的功能日益扩张，商标区别自己的产品与他人同类或类似的产品功能，扩张到表彰自己的产品、代表商品质量等功能。商标的巨大价值开始得到社会的承认，待商标可以自由转让时，其无形财产的地位已经确立起来。随着注册商标成文法的出现，注册商标开始规模化地产生，注册商标与其他财产之间、他人在先权利或权益之间的冲突或纠纷开始频繁地发生。传统的财产纠纷解决方式只能从财产损失方面矫正失衡的利益，并不能消除注册商标与其

---

❶　余俊. 商标法律进化论 [M]. 武汉. 华中科技大学出版社，2011：105.

❷　冉昊. 制定法对财产权的影响 [J]. 现代法学，2004（5）：13.

他权利或权益冲突的根源。注册商标的财产性地位既因法律规定而产生，消解其与其他权利或权益冲突的路径也只能从消灭其自身存在的原因中寻找。

各国注册商标法律制度演进的历史和有关商标国际条约的规定，尤其是注册商标在商业活动中功能的转换、扩展，体现了注册商标无效制度是注册商标财产化之后的产物。商标权的注册取得原则对普通法上提供保护的理论基础——基于使用产生商誉的观念产生了颠覆性的冲击。注册商标还只是所有权的证明或政府管理市场的工具时，注册商标不过是商品的附属物，不具有独立的价值地位。注册商标的证据功能逐渐向商品广告、品质保证等功能转化时，即商标已经完成了从商品责任主体证明的标志，到商品来源标记或财产的附属品，再到财产权客体的现代化变身，此时注册商标无形财产的法律地位已经不可动摇。注册商标在市场经济中的地位愈发重要，注册商标之间及注册商标与其他财产权利的纠纷、注册商标与社会公共利益的冲突现象增多，注册商标本身的正当性、合理性和合法性就具有了特别重要的意义，注册商标无效制度的价值理性开始显现。尤其是在多数国家采用商标权注册取得原则时，注册成为商标权受到商标法保护的唯一来源，注册过程违反法定程序、存在欺诈行为、审查判断失误等将影响注册商标专用权的正当性，法律必然对此作出制度性的回应，注册商标无效制度就成为商标财产化法律观念下的产物。

需要另外说明的是，在以注册商标主义原则为主使用主义原则为辅的国家，注册只是初步证明享有商标权的证据，法律保护的客体是因商标使用产生的商誉而非注册商标本身。注册商标是权利的证据与注册商标是财产的客体，两种不同的法律地位决定了注册过程的审查注意程度、审查事项、注册错误处理的差异，也决定了注册商标无效制度构造的差异，比如英国、美国、法国等，通常由法院直接审理注册商标效力问题并直接作出判决。

# 第二章 注册商标无效制度的价值

　　法的价值是法律理想的价值化选择，包括法律制度所具备的价值及实现途径。只有建立于正确价值基础上的法律制度，才能充分发挥作为社会公器的作用。知识产权法既具有一般法的普适价值，更有部门法的特别价值，是价值理性与工具理性的统一体。[1] 古今中外的思想家把法的价值概括为正义、自由、平等、安全、秩序和效率等，知识产权法的终极价值主要为"正义、效率和创新，"而基础价值包括"自由、平等、秩序等，"[2] 注册商标无效制度的价值同样包含着普适价值和特别价值，必然包含上述价值内容，并由制度的具体构造体现其价值追求。当代注册商标无效制度的具体构造，是由该制度的法律价值定位所决定的。从注册商标无效制度的价值实现途径，即通过制度的结构设计、运行的状况、注册商标无效的事由和法律后果来看，注册商标无效制度的价值以正义价值和秩序价值最为重要。

## 第一节　注册商标无效制度的正义价值

### 一、分配正义价值与矫正正义价值

　　正义是任何社会制度都追求的终极性价值。西方词语中，"法"本身就具有公平、正义的"自然法"之义，法律本身就包含社会整体对正义的价值追求。正义价值既是注册商标无效制度的理想追

---

[1] 吴汉东. 知识产权法律构造与移植的文化解释 [J]. 中国法学，2007 (6)：49.

[2] 吴汉东. 知识产权法价值的中国语境解读 [J]. 中国法学，2013 (4)：17.

求，也是贯穿于注册商标无效制度始终的指导思想，更是评价、完善注册商标无效制度的标准和原则。知识产权法的正义价值目标具有多样性，包括协调不同主体之间的利益冲突，通过分配权利义务确立知识产品资源分配的正义标准、正义模式和正义秩序；也包括如何使知识产权保护制度实现公平与效率的均衡，实现知识财富的公平与合理的分享。❶ 从整体上讲，知识产权的正义价值，包括分配正义的价值和矫正正义的价值，分配正义从利益分配的正向，矫正正义从利益消灭的反向相互配合构成正义价值的全部内容。

知识产权法的正义价值包含利益均衡的分配正义，利益分配在法律上是指权利的配置和安排。❷ 分配正义要求，注册商标专用权应当是私权利与公共利益均衡后的结果。具体来说，商标注册不得违反法律的强制性规定，不得违反公序良俗；不得侵犯社会公共利益，对象征国家的徽章、图形、符号等标志应有足够的尊重；禁止违反社会公共道德、商业伦理等不诚信、欺诈、攀附他人商誉的行为；不得把损害他人在先权利或权益的标志申请注册为商标；不以使用为目的的恶意注册的商标申请应予驳回等。分配正义要求注册商标的创设应为社会留下足够多的和足够好的资源，满足"必要性"的情况下才能将公共领域的符号资源划归私权领域，这里的必要性是指申请注册的标志已经或可能具有指示商品或服务来源的功能，否则注册商标会构成对公共符号资源侵占而不具有合法性。上述违反分配正义的内容，主要体现在注册商标无效的绝对事由和相对事由中，本书后文有专章阐述。从分配正义方面讲，注册商标无效制度是法律对违反上述正义情形分配的一种救济，以便相关主体有权要求矫正违背正义的行为。

如果说分配正义价值是注册商标无效制度在整个商标法体系中

---

❶ 冯晓青. 知识产权法的价值构造：知识产权法利益平衡机制研究 [J]. 中国法学，2007 (1)：71.

❷ 吴汉东. 知识产权法价值的中国语境解读 [J]. 中国法学，2013 (4)：17 – 18.

的价值体现，矫正正义价值则是注册商标无效制度本身的价值追求，是对利益分配不公平或分配错误的矫正。商标注册从根本上讲是把公有领域的资源划转为私人专有领域，并由商标权人享有独占性权利。注册商标专用权在法律性质上属于对世权、绝对权，任何人都不得未经许可使用，在法律上所有人都有尊重注册商标的特别义务。商标专用权人的独占意味着社会其他公众所占资源的减少，如果这种独占具有违法性，其获得利益的正义性将受到质疑，注册商标无效制度就成为对利益分配的矫正。矫正正义价值要求，违背分配正义的注册商标应从法律保护的范围内剔除，并有相应的制度作为保证，注册商标无效制度承担着矫正正义价值实现的重任。注册商标无效制度就是通过使注册商标由专用领域再次回归公有领域，矫正不正义的利益分配，实现注册商标专用权人与社会公众之间的价值正义。

注册商标无效制度的正义价值通过注册商标无效制度的分配正义价值和矫正正义价值体现。注册商标无效制度的分配正义价值和矫正正义价值，可以从相关利益主体救济的制度分配和对不当审核注册行为的矫正两个维度阐释。

## 二、分配正义价值的制度体现

注册商标受到商标法的专门保护，但如果注册商标侵害了在先法益，法律应当为利害关系人分配一种可以从根本上消解权利纠纷的制度。注册商标无效制度分配正义价值体现于，在为注册商标权利人分配法律保护制度的同时，也为受其损害的另一方分配相应的对抗制度，以避免造成在先法益人和在后商标注册人制度分配上的不正义。

### （一）在先法益人的权利救济制度

注册商标专用权是民事权利，属私权。TRIPS 的序言部分开宗明义，要求各成员承认知识产权为私权，反映了世界各国对知识产权法律性质的共识。把知识产权的客体"知识产品"作为财产对

待，是因为其完全符合经济学上财产的基本特征，即具备有用性和
稀缺性。"知识产权所反映和调整的社会关系是平等主体的自然人、
法人之间的财产关系，因而具备了民事权利的最本质的特征，固为
民事权利"。❶ 私权的法律性质表明知识产权客体属于平等主体的
自然人、法人或其他人；知识产权为特定民事主体享有并由其支
配，并非是公众无偿享有的公共权利；是事关私人利益的权利。❷
"商标权作为知识产权的一种，其私权属性应在商标法中充分体现
出来。"❸

　　私权的属性决定了注册商标专用权与其他民事权利具有同等的
法律地位，法律应分配给注册商标专用权和其他民事权利同样的保
护制度，既要防止注册商标专用权受到侵害，也要防止其他权利受
到注册商标专用权的侵害。各国的商标法均规定申请注册的商标不
得侵害他人的在先法益。若商标的注册构成对在先法益的损害，在
先法益人有权向法院起诉，要求损害赔偿、停止侵权、排除妨碍
等。但这些通常的救济措施并无法从根本上解决注册商标专用权与
在先法益的冲突，在先法益人按自己的意志行使权利的自由仍然受
到注册商标专用权的限制，法律应为在先法益人分配一种制度以矫
正此类冲突，注册商标无效就成为合理的制度选择。

　　对于披着合法外衣而侵害了在先法益的注册商标，法律必须提
供合理的救济制度。TRIPS 第 16 条之一规定，商标权不得损害任
何已有的在先权利，第 15 条则明确要求成员应提供请求撤销注册
的合理机会。两个条文相结合后可得出以下结论：一是注册商标专
用权的产生不能建立在损害其他在先权利的基础上，二是如果已经
成为注册商标，应配置使该注册商标专用权消灭的制度。《巴黎公

---

❶ 刘春田. 知识产权作为第一财产权利是民法学上的一个发现 [J]. 知识产权,
2015 (10)：4.

❷ 吴汉东. 知识产权制度基础理论研究 [M]. 北京：知识产权出版社，2009：47.

❸ 冯晓青，王艳秋. 我国商标法律规范体系的构建与完善——以 1993—2011 年颁
行的法律规范为视角 [J]. 甘肃政法学院学报，2013 (3)：40.

约》第 6 条规定，商标有侵犯第三人既得权利性质的，应拒绝注册并使注册无效；在相同或类似商品上容易造成与驰名商标混淆的，拒绝或撤销注册并禁止使用。❶ 1993 年的欧洲共同体商标条例第 52 条规定，违反条例规定的在先商标、在先权利或名称权、肖像权、版权、工业产权等，应就第三方向协调局提出申请或在侵权诉讼中以反诉为由宣布无效。我国《商标法》规定，注册商标侵害未注册的驰名商标、他人在先权利的，或者有恶意抢先注册他人使用并有一定影响的商标等行为的，利害关系人享有请求商标评审委员会宣告已注册商标无效的权利。法国知识产权法典第 L.714－3 条也规定，在先权利人可依照法律规定提起无效诉讼。

　　注册商标无效制度的分配正义价值，可通过对民事主体意思自治的尊重表现出来。意思自治是私法的最高理念，其主旨是"当事人意志决定论，即当事人有权依其自我意志作出自由选择"。❷ 意思自治原则强调权利人对自己权利的自由处分，意味着权利人能够按自己的意愿实现自己的利益，并由公权充当实现这种意愿的保障。德国把请求注册商标无效的权利交由当事人决定，其商标法的规定充分体现了尊重当事人意思的法理。德国商标和其他标志保护法第 51 条（2）限定了当事人请求注销注册商标的除斥期间，规定该时间的计算自当事人知道时起，知道他人在其注册的商品或服务上使用且连续 5 年默认此种使用时，当事人才丧失该请求权。而在此期间，当事人是否要求注销均由其本人决定。欧洲共同体商标条例和英国、法国、意大利等也存在相同的规定。❸ 若在先权利人明知注册商标是非法建立于自己权利之上而不采取任何措施，或以

---

❶　《巴黎公约》第 6 条之五 B、第 6 条之二（3）。

❷　赵万一. 对民法意思自治原则的伦理分析［J］. 河南省政法管理干部学院学报，2003（5）：15.

❸　《欧洲共同体商标条例》第 53 条，法国知识产权法典第 L.714－3 条，意大利商标法第 48 条，英国商标法第 48 条，德国商标和其他标志保护法第 51 条。

"积极的言语或者行动向另一方传达"默示的同意，❶ 实际上是默示许可在后注册商标的合法使用，放任自己权利受到在后的他人注册商标专用权的限制，该期限连续持续 5 年后，在先权利人丧失要求注册商标无效或阻止该注册商标的正常使用的权利。默许理论将权利的丧失视为在先商标权人自主决定的结果。法律为在先法益人分配了注册商标无效制度，以保护其在先权利或在先权益，但是否启动、何时启动该程序完全由私权主体决定，赋予主体按自己意志进行选择的机会，他人或其他公权机关无权干预。

**（二）绝对权合理限制的保障制度**

注册商标专用权为对世权、绝对权，绝对权意味着权利的产生、变更、权利内容及边界范围将影响不特定的多数人，任何人均有尊重该权利的义务。商标标志本身是符号，不能因成为注册商标而限制社会公众对该符号的正常利用。人类社会是一个符号社会，对符号的认知和运用是人类特有的能力，被称为人的第二信号系统。心理学上将信号分为第一信号和第二信号两类。第一信号是指现实的具体信号，如作为食物信号的铃声；第二信号是指对现实进行概括的抽象信号，如文字。动物只有第一信号系统，而第二信号系统是人类高级神经活动所特有的，是人类社会活动的产物。对符号的运用是人类正常社会活动的特别能力，妨碍对符号正常运用是对整个人类社会利益的侵害。所以洛克的劳动财产权理论提出，财产权的条件是需要留给公众足够多的且同样好的资源给其他人共有，一个人不能从共有物中取走超出其能够充分利用的那部分。

任意性、暗示性和描述性商标，是将公共领域中的部分符号从中划分出来，经由公权力的特别程序产生一种法定性的私权——注册商标专用权。即使是臆造商标，创造产生的独特信号或其组合亦成为整个人类文明汪洋中的一朵浪花，而不仅仅属于创造者个人的

---

❶ 李扬. 商标侵权诉讼中的懈怠抗辩——美国法的评析及其启示 [J]. 清华法学，2015（2）：75.

控制物，社会公众的其他人均可以合理的方式加以利用，或者是作为传递信息的工具。德霍斯赞同知识的"积极共有理论"，认为知识资源属于全体共有权人，任何人对这些资源的使用必须得到全体共有权人的一致同意。❶ 也就是说，在取得全体共有人同意的基础上（对国家而言就是得到公权力的确认），公共资源或公共领域的部分内容才可以成为私权的客体。一旦通过审核注册，将产生具有垄断性的注册商标专用权，对世权的行使将使社会公众对公共资源的使用受到限制。"知识产权法在私人产权与公共领域之间的界线，是一种法律上的人为设定（Legal Artifact），而非自然存在的现象。"❷ 因此在进行相关知识产权制度设计时，需要法律的明确规定，设定严格的条件，并对违反条件的情形分配相应的补救制度。

民事绝对权的存在将影响社会不特定多数人的利益，权利的产生及其效力需要通过多程序性措施的检验。注册商标的创设，需要当事人提出商标注册申请，商标局进行审核注册，其后还设置有异议、复审、撤销、注销、无效等程序，注册商标无效制度是其中一种，是对注册商标专用权创设的理性限制。违反公序良俗和违反强行法是致使民事法律行为无效的最重要的理由。我国《商标法》规定，不以使用为目的的恶意注册应予以驳回，对于特定的标志、形状不得作为商标使用，仅有本商品的通用名称等不具有显著性特征的标志不得作为商标注册，标志仅有商品自身性质产生的形状等不

---

❶ 德霍斯. 知识产权财产法哲学［M］. 周林，译. 北京：商务印书馆，2008：78. 德霍斯认为，当社会要对抽象物的创造和利用进行调整时，必须在四种知识共有模式中作出选择，即包容式积极共有，包容式消极共有，排他式积极共有和排他式消极共有。根据他的理解，包容式共有指：在一个知识共有中，所有个体都能对共有物享有权利。排他式共有指：对资源的利用要限制在一个特定群体之内。消极共有指的是：资源在起初不属于任何人，但任何人都可以利用的共有形式。积极共有指的是：资源属于全体有共有权的人，任何人对这些资源的使用必须得到全体共有权人的一致同意。（资源属于某一利益集团）参见该书第65页至第79页.

❷ 戈斯汀. 著作权之道：从谷登堡到数字点播机［M］. 金海军，译. 北京：北京大学出版社，2008：10 .

得注册，不得以欺骗手段或其他不正当手段申请商标注册，不得恶意代理，❶ 否则商标局可依职权或依任何人的申请宣告注册商标无效，注册商标专用权将自始灭失，注册商标从绝对权的控制下释放出来，恢复为公共领域的标志符号，任何人承担的对他人绝对权的尊重义务灭失。

"权利的体系分成自然的权利和实在的权利。自然的权利以先验的纯粹理性的原则为根据；实在的或法律的权利是由立法者的意志规定的。"❷ 物权是自然的权利，通过占有即可宣示权利的存在。商标权属于实在权利（法定权利），商标专用权注册取得模式下，商标行政管理机关的注册行为直接影响着商标财产权的创设。边沁在《道德与立法原则导论》中批判了英国法学家威廉·布莱克斯通建立在有体物基础之上对"财产"的定义，认为财产不过是思想的产物，是抽象的而非物质的，❸ 该批判打破了财产限于有体物的界定。20 世纪美国法理学家霍菲尔德（W. N. Hohfeld）依据判例中蕴含的法理，将财产视为人与人之间的一组法律关系。❹ 至此随着财产含义的转变，法律逐渐把注册商标视为有价值的财产进行保护，注册商标已经被完全纳入财产的范畴。实际上自 19 世纪 60 年代英国展开"商标是否是一种财产"的讨论后，以现代注册商标制度建立为标志，注册商标属于无形财产、注册商标专用权是包括控制、使用、收益、处分权能的私权理念已经成为知识产权界的共识。注册商标专用权的创设及其内容、边界、权能等均由商标法直接规定，并通过商标行政管理机关公告公示。商标权涉及社会公众利

---

❶　《商标法》（2019 年）第 4 条、第 10 条、第 11 条、第 12 条、第 19 条、第 44 条。

❷　康德. 法的形而上学原理 ［M］. 沈叔平，译. 林荣远，校. 北京：商务印书馆，1991：49.

❸　克里贝特，约翰逊，芬德利. 财产法：案例与材料 ［M］. 7 版. 齐东祥，陈刚，译. 北京：中国政法大学出版社，2003：5.

❹　德霍斯. 知识产权财产法哲学 ［M］. 周林，译. 北京：商务印书馆，2008：14.

益，为实现诸利益之间的平衡，对商标权的取得需要严格管理，应采用知识产权法定主义，❶ 注册商标专用权的无效同样需要法定公示程序。通过行政权力和司法权力的权威性确认已经注册了的商标无效，可以根本性地解决"商标在注册之初便不符合法律的要求，因而所有权应当恢复到未产生的状态"的问题。❷

### 三、矫正正义价值的制度体现

法律规则多数彼此相互协调、逻辑一贯。❸ 注册商标制度是一个系统联动的工程，需要周密的制度安排与配套措施方能达到预期的效果，❹ 商标注册和对错误注册的矫正是注册商标制度的双向维度。各国依据本国的社会经济现状、商标法律传统、民众的商标意识、参加的国际条约等规定商标注册的条件，并以相应的配套制度保障注册商标符合该条件。商标行政机关依职权审查是第一道保障；初步公告或不予注册的决定作出后，向社会公众提供异议的机会为第二道保障；异议之后，无论是因商标行政机关审核错误还是因在先法益人、利害关系人未及时提出异议，导致那些不符合注册条件的商标获得注册的，无效制度就成为第三道保障，以便社会公众参与商标的审核注册过程，弥补审查员能力的不足或可能的疏忽，发挥矫正注册错误的制度价值。

商标注册机关对注册申请进行审查是各国通行的商标制度。依据审查的内容不同，注册审查模式有全面审查模式和绝对事由审查模式两类。德国、英国、法国等多个国家实行绝对事由审查模式，商标注册机关只对绝对事由进行审查。我国、日本、美国等实行全面审查模式，注册审核时商标注册机关不仅审查绝对事由，也审查是否存在与其他在先法益冲突等相对事由，以保证注册的实质合法

❶ 郑胜利. 论知识产权的法定主义 [J]. 北大知识产权评论，2004（2）：51.

❷ 黄晖. 商标法 [M]. 2 版. 北京：法律出版社，2016：108.

❸ 拉伦茨. 法学方法论 [M]. 陈爱娥，译. 北京：商务印书馆，2003：6.

❹ 张俊琴. 英国商标审查制度面临变革 [J]. 中华商标，2007（5）：43.

性。但商标注册机关在执行不得与在先法益相冲突的规定时，只能对冲突进行形式上的审查，且审查的范围只限于在先注册商标或在先申请未核准注册的商标，对其他的在先法益等的审查基本是无能为力的。

注册商标无效制度矫正正义价值的突显，根源于可能违法的商标注册。与有体物相比，注册商标必须经商标局审核注册后产生，但"商标注册只是商标权的推定，它的有效性只是一个假定，"❶不符合法律规定的注册将导致注册商标丧失合法性基础，不再属于法律保护的客体。商标注册由民事主体提出申请，再经商标局审核注册，审核过程将因主、客观方面原因出现有悖于《商标法》规定的情形。主观原因表现为，审查员对其所审查的注册条件，如描述性标志、功能性标志、显著性、与在先权利冲突等的理解因人而异。审核注册过程中，审查员还会以自己的判断替代普通消费者的认知，预测商标注册并在市场使用后是否可能导致混淆，这种判断与事实上的混淆难免存在差异。客观原因是，商标局仅能对申请注册的商标与在先注册商标、在先申请注册的商标进行冲突审查，无法审查与其他在先权利，如在先著作权、外观设计权、姓名权等是否存在冲突。❷ 在注册过程中，商标局确实不可能发现所有存在的在先权利，并驳回对损害在先权利的商标注册申请，❸ 而且对拟申请注册的商标上是否损害在先法益的判断，只有在先法益人才是最适宜的主体。主、客观方面的原因决定了被注册的商标实际上可能并不符合注册的法定条件，该注册商标仅具有合法权利的形式而实质上不应得到法律保护，注册商标无效制度就是矫正其形式合法而实质不合法的有效途径。

商标局对拟申请注册的商标与其他在先权利的冲突，只能以在

---

❶ 崔立红. 对商标权无效抗辩的思考 [J]. 电子知识产权, 2003 (6)：36.

❷ 冯术杰. 论注册商标的权利产生机制 [J]. 知识产权, 2013 (5)：22 – 23.

❸ 应振芳. 商标法中"在先权利"条款的解释适用问题 [J]. 政治与法律, 2008 (5)：117.

初审公告期内有无提出异议作为判断标准，无人提出异议视为不存在权利冲突而核准注册。商标异议是指申请人以外的其他任何人或在先权利人、利害关系人对初步审定并公告的商标在一定的期限内依法向商标局提出反对意见，异议制度是为了"发动社会公众参与商标审查，以弥补商标审查人员的疏漏。"❶ 注册商标无效制度是在异议制度之后依据同样的事由，对注册商标的再次"异议"。在先法益人或利害关系人因获取信息渠道、主观注意力、客观条件等多方面所限，在 3 个月的初审公告期内可能未提出异议，商标注册后就需要注册商标无效制度提供救济。异议程序设于注册商标核准之前，无效程序设于注册商标核准之后，都是公众参与注册商标专用权的创设和监督的重要程序。审核注册程序、异议程序和注册商标无效程序，针对商标的注册形成一套逻辑严密、结构合理的制度网，矫正申请注册的商标存在侵犯公共利益、侵犯他人在先法益、恶意抢注、恶意注册、恶意代理或委托、以欺骗等不正当手段取得注册等违法行为，保证注册商标的合法性和合理性，维护商标权注册取得制度的根本地位。

## （一）行政行为的内部矫正

审核注册行为是由商标行政管理机关根据民事主体的申请，严格按照《商标法》规定的实质条件和形式条件进行审核，对于符合法律规定的给予注册并进行公告。审核注册在法律性质上为依申请羁束授益的具体行政行为，属于行政确认，是对申请注册的商标"是否符合法律规定条件的一种确认。"❷ 商标法律制度的规范体系建构，一方面应强化商标的市场功能和商标权的私权属性，另一方面也应根据其无法摆脱的公权性质，充分发挥行政权力自身应有的制度矫正功能，对于不符合法律规定的注册，否定审核注册行为的

---

❶ 史新章. 商标争议制度的反思与完善 [J]. 政治与法律，2010（1）：12.

❷ 陈锦川. 法国工业产权授权、无效的诉讼制度对我国的启示 [J]. 电子知识产权，2004（9）：45.

法律效力，实施行政权力的矫正。在我国，商标局或商标评审委员会有权决定或裁定注册商标无效。

商标局发现已经注册的商标违反《商标法》强制性规定或是以欺骗手段、不正当手段取得的，可直接宣告注册商标无效，这事实上是对之前已经作出的审核注册行为的单方行政监督。此时，除了商标局之外不存在行政相对人，商标局将宣告注册商标无效的决定书面通知注册商标权利人。借鉴行政法理论关于"内部控制"的定义，行政内部监督可界定为：是"按照行政自制基本理论的要求，以行政机关为主体，通过自我预防、自我发现、自我遏止、自我纠错等一系列机制"对行政权所进行的一种自我控制，并呈现"主动性、专业性、同步性"等优势。行政监督具有内发性，源于行政机关及行政人员追求行政行为的廉洁性与公正性的价值需求。现代国家理论中，行政权力的最终目的是为公众利益服务，即"合法合理地行使自身的裁量权，主动消解已发生或正在发生的违法不当行为，确保相对人利益不受损害"。● 行政监督的内部矫正，将通过一定的措施、资源利用等现实有效的制度实现行政权力的目的或自我完善。

行政监督（Administrative Supervision）是监督主体对行政机关和内部工作人员职务行为的合法性进行监督，❷ 对"国家行政机关及其公务人员的行政行为是否遵从法律、法规进行检查，对行政管理过程及其结果进行监督。"❸ 广义的行政监督包括各类行为主体对行政行为的监督，有两个重要组成部分。一是外部监督，如立法监督、司法监督、舆论监督等；二是行政系统内部的监督，这是狭

---

● 崔卓兰，刘福元. 论行政自由裁量权的内部控制 [J]. 中国法学，2009（4）：78，80.

❷ 卢山冰，黄孟芳，杨宇立. 论行政监督的有效性问题 [J]. 西安电子科技大学学报（社会科学版），2004（1）：58.

❸ 中国大百科全书总编辑委员会. 中国大百科全书（政治学卷）[M]. 北京：中国大百科全书出版社，1992：406.

义的行政监督，内部监督为行政权力的自我监督，包括上级行政机关对下级机关的监督及行政系统内部专门设置的监督机关依法实施的监督。行政机关具有组织实施国家法律的职责，以维护社会公共秩序、服务经济社会发展等公共利益为目标，有错必纠是行政权力价值定位的逻辑结果。内部监督可以直接运用权力制约权力，无需过多的程序即可直接改变错误的行政行为，大大降低了社会制度的"交易费用"。行政监督具有专业性，行政机关通常更了解其权力范围内的专业性问题，具有专业知识的占有、行政经验等优势。以行政程序宣告注册商标无效的优势在于可以充分发挥其人才、专业优势，成本低，效率高。注册商标专用权通过商标局的审核注册行为得以创设，商标局在工作过程中发现审核注册行为具有违法、不当等情形时直接宣告注册商标无效，是以新的行政行为纠正之前错误的行政行为。

之前，当事人对商标局依职权宣告注册商标无效的决定不服时，有权向商标评审委员会申请复审。我国的商标评审委员会原隶属于国家工商行政管理总局，是依《商标法》设立的负责商标评审专门行政执法的机构，对商标评审事宜行使裁决权。其独立性的地位隔断了其可能服从商标局意志而产生裁定不公的结果。❶ 商标评审委员会的复审行为是依相对人申请启动的行政程序，商标评审委员会只对商标局作出的注册商标无效决定是否合法、合理进行审查，没有第三方当事人。复审的功能并非是解决当事人与商标局的纠纷，而主要是审查商标审核注册当时是否存在拒绝注册的绝对事由和相对事由，实质上是对申请注册的商标是否符合法律条件的再次确认。专业性机构及职能的专门化的设置，保证了商标评审委员会完全胜任商标局行使的审核注册职能，所以"运用这种权力实施监督比行政机关以外的监督更为有效"。❷

---

❶ 赵永慧，刘云. 论商标注册无效审定制度的完善 [J]. 中华商标，1996 (4)：41.

❷ 章嵘. 行政监督的研究 [J]. 法学杂志，2004 (1)：65.

依当事人申请由商标评审委员会对注册商标无效作出裁定的程序有两类，均采用类似司法诉讼的处理方式，辩论规则、处分规则等司法规则渗透其中。第一类是由任何人向商标评审委员会请求宣告注册商标无效。此时其他单位和个人认为商标注册违反了拒绝注册的绝对理由，或有以欺骗手段或其他不正当手段取得注册的行为，以提出无效申请的形式向商标评审委员会提供可宣告注册商标无效的线索。商标评审委员会将申请无效宣告的一方视为当事人，并通知相关的当事人作为另一方当事人，自己居于中间地位对申请事项进行裁定。双方当事人对裁定结果不服的，可以向法院起诉。第二类是由在先权利人或利害关系人根据相对事由请求商标评审委员会宣告注册商标无效。在先权利人或利害关系人与相关当事人为双方当事人，商标评审委员会居中裁决。"商评委作为裁判者居中作出裁决，要解决的是双方当事人之间就其中一方的民事权利的有效性发生的争议。"❶ 欧盟的规定与我国类似，欧洲商标局内部成立有上诉委员会，该委员会是欧洲商标局的组成部分，是特别设立并可独立作出行政决定的机构。《欧洲共同体商标条例》规定，当事人对欧洲商标局（欧洲内部市场协调局）作出的决定可向上诉委员会提出上诉，对上诉委员会作出的决定不服的交由司法程序解决，即可向位于卢森堡的欧共体一审法院提起诉讼，就案件涉及的法律问题最终可诉至欧共体上诉法院。

商标评审委员会作出注册商标无效裁决行为是专门职能机构实施的监督，属于行政司法行为。近代社会行政管理的范围、对象日益拓展，与此相关的行政争议和特定民事争议大量产生，纠纷的快速解决需要专业知识和技术知识的深度参与，如环境保护、保险金融、知识产权等，各国都建立了与司法审判并举的可供当事人选择的多渠道、多层次的救济途径。所以说行政司法行为产生和存在具有必然性，"是基于近现代化社会行政管理对象的复杂化而需要贯

---

❶ 周云川. 商标授权确权诉讼规则与判例［M］. 北京：法律出版社，2014：9.

彻司法程序的公正性所致。"行政司法由行政机关按照司法的程序裁处纠纷（通常称为"准司法行为"），该纠纷因行政机关作出的某具体行政行为影响当事人权利或权益而产生。行政司法与其他行政行为具有明显的区别，它采用不告不理的原则，未经当事人提起不能依职权主动施行；实行与司法审判类似的程序；有利益相对的双方当事人，行政机关扮演被动、中立、消极裁决人的角色。行政司法的最终决定或裁决通常不具有终局性效力，原则上可对裁决提出行政诉讼，或对纠纷问题直接提出民事诉讼。❶ 典型的行政司法行为是以行政机关为一方，以发生争议的双方当事人各为一方的三方法律关系。行政司法行为中行政机关作为中立者按准司法程序审理特定的行政争议或民事争议案件，并依法作出裁决。行政司法有利于对行政行为的监督、审查以及救济，是强化行政权力的自律与他律相结合的必然结果。毫无疑问，商标的专业性、技术性、特殊性要远超过靠生活体验或工作经验就基本可以应付的其他行政管理工作内容。

综上所述，根据《商标法》的规定，商标局发现商标注册违反法律规定时，无需当事人申请可依职权主动宣告注册商标无效，实际上是依职权对之前已经作出的错误商标审核行为的内部矫正，此行为无须征得商标所有权人或利害关系人同意。当事人对此决定不服的，可向商标评审委员会申请复审，由其作出决定。同时商标评审委员会有权依据当事人提出的宣告注册商标无效的请求，直接对已注册商标的效力作出裁定。商标评审委员会的无效裁定审理方式与诉讼构造相仿，商标评审委员会是通过行政司法的方式对错误的审核注册行为进行矫正。

**（二）司法审查的外部矫正**

由商标行政管理机关对审核注册行为的内部监督虽然高效、专业，但却有既做运动员又做裁判员而违反程序正义的嫌疑。从商标

---

❶ 文正邦. 论行政司法行为 [J]. 政法论丛，1997（1）：18.

法的比较研究来看，注册商标无效的权力并非是行政机关独享的权力，比如美国、法国、意大利、埃及、德国、英国、巴西和南非等国家法院有权直接对注册商标效力作出判决，这种司法审查属于行政权力的外部矫正措施。司法机关对审核注册行为的外部矫正有两种实现途径：一是由当事人向法院直接诉讼注册商标无效或在民事纠纷中提出注册商标无效抗辩；二是在商标行政管理机关作出注册商标无效的决定、复审决定或裁定后，当事人不服而到法院起诉。

司法机关具有谙熟争议解决之道的专业职能，"法定的行政救济程序的终结，代表着司法审查时机的成熟。"❶ 注册商标无效的司法判定问题，更需要关注的是司法对行政权力外部监督的正当性。司法乃救济的最终手段是世界各国的通识，对具体行政行为进行司法审查是目前各国普遍的法律制度，已得到现代法治国家的认可。历史上曾经出现过司法审查行政行为正当性的争议，认为司法不得干预行政是权力分立的原则，但从制约行政权力的无限扩大以防止权力专制的制衡理念出发，司法审查确有必要。孟德斯鸠等思想家主张权力分立，同时更强调所分立的各权力间应予以制衡的关系。在理论及法律实践方面，各国对司法监督行政行为的正当性进行了积极的探索。整体而言，英美法国家均继承着由普通法院对行政行为（包括行政决定的行为 Decision－making 和制订规则的行为 Rule －making）的合法性及合宪性的审查传统。❷ 如根据美国《联邦行政程序法》，法院有权认定行政机关自由裁量行为非法而予以撤销。大陆法系的国家的做法也基本相同，如法国的法院有权审查行政权力的滥用并直接改判；日本 1962 年《行政案件诉讼法》规定，对超越或滥用行政权力行为，法院可以撤销。司法监督是司法权力为最终救济理念的体现，可矫正行政行为的失当，使该行为在

---

❶ 袁曙宏，沙奇志. 自由裁量与司法审查合理空间的界定 [J]. 中南政法学院学报，1990（1）：47.

❷ 杨寅. 行政法学中"行政诉讼"与"司法审查"的关系 [J]. 华东政法学院学报，1999（1）：54.

合法性、合理性的表现与事实状态相契合。

虽然学者对司法审查行政行为的要件、前提条件、审查范围等尚有争议，但对羁束性行政行为进行司法审查已经是一种共识。注册商标无效的司法审查是对商标审核注册行为的合法性及合理性的全面矫正。有学者认为，司法只能审查具体行政行为的合法性问题，即行政行为是否有违反法律明确规定之处，而无权对行政行为的合理性进行审查，否则将出现以司法权取代行政权的恶果。但合法性原则与合理性原则共同构成行政法治的两大基本原则，若仅审查行政行为的合法性，就无法纠正行政行为的滥用或误用，❶ 而且很多貌似行政合理性问题在实质上确为合法性问题。商标审核注册行为违反法律的基本理念、原则，或错误解释《商标法》中的弹性法律用语，会导致适用法律法规错误，这已是行政行为本身合法性的问题而不仅是合理性问题，法院对其干预是其职能内所应为之事。❷ 举例来说，《商标法》规定申请注册的商标缺乏显著性不得作为商标注册，但通过使用而具有"第二含义"（Secondary Meaning）时例外。上述法律术语的内涵和边界具有相当的抽象性与模糊性，商标局在审核注册过程中需要对显著性及第二含义等术语给予具体、明确的解释，并据此作为决定是否给予注册。若行政机关认为通过使用产生了第二含义应予注册，而实质上并未产生第二含义时，此时作出准予注册决定的行政行为事实上因违反不得注册的法律规定而构成无效的行政行为。许多表面属于商标行政管理机关如何理解其自身权力范畴内的合理性问题，实质上却是行政行为合法性的问题。当法律概念或程序性规定含义不确定时，司法机关有权依据该制度的价值追求作出解释。

司法权对行政行为的合法性、合理性的矫正，或者是对事实和法律的全面审查，并不意味着司法权对行政权的直接替代。在注册

---

❶ 毕可志. 论对行政自由裁量权的司法监督 [J]. 法学杂志，2000（6）：41.

❷ 姜明安. 论行政自由裁量权及其法律控制 [J]. 法学研究，1993（1）：48.

商标无效制度范畴内，特定情况下法院直接作出注册商标无效、有效的判决并无不妥，即谨慎地、有条件地直接改变商标评审委员会的决定或裁定具有效率价值的合理性。西方国家由"最初司法对行政自由裁量权的放任，到后来运用法律对程序正当性加以规制"的实践表明，行政权的正当性是可以限制、评价和衡量的，❶这符合现代行政法的理念，至少在知识产权领域无须坚守司法权不得干涉行政权的抽象原则。比如英国商标法规定：注册商标是通过英国知识产权局注册取得的一种财产权；争议的商标处在诉讼阶段的，注册商标无效申请必须向法院提出；任何情况下，若无效申请是向注册局长提出的，注册局长可在诉讼的任何阶段将该申请交给法院；对于恶意注册的商标，注册局长可自行向法院提出宣布注册无效的申请。❷我国《行政诉讼法》规定，法院可以判决撤销行政行为、确认违法、确认无效及变更行政行为，这已经为法院直接判决注册商标无效预留了制度空间。事实上在 2002～2005 年，北京市第一中级人民法院也作出过几件直接变更的确权判决，只是后来该尝试最终未得到肯定。

## 第二节　注册商标无效制度的秩序价值

人类的文明社会是以法律秩序为纽带而生存发展的，"与法律永相伴的基本价值，便是社会秩序。"❸法律秩序是社会界限的规则，保障人类社会交往有效、稳定、可预期。学界在理论上对法律秩序的解释有两种，即"制度论"和"结果论"。"制度论"以凯尔森为代表，认为法律秩序就是法、法制或法的体系，把法律秩序视为以法的形式存在的社会规则。"结果论"以韦伯和庞德为代表，

---

❶　江必新. 行政程序正当性的司法审查 [J]. 中国社会科学, 2012 (7)：127.

❷　英国商标法第 47 条 (3)。

❸　斯坦, 香德. 西方社会的法律价值 [M]. 王献平, 译. 郑成思, 校. 北京：中国人民公安大学出版社, 1990：38.

他们认为法律秩序是法作用于社会所形成的社会结果。从实然层面上讲，法律秩序是实体性的制度及其客观的社会形态的合一，并包含了社会主体的意志或根本追求。可以说，法律秩序是由法律规则确立并由法庭、监狱、警察等国家强制力维护的，表现为一定的权利和义务的社会状态。❶ 实现法律秩序，需要确认秩序和维持秩序两维度的密切结合。

知识产权客体的无形性决定只能根据法律规定确定其创设秩序、交易秩序和保护的秩序。❷ 对注册商标而言，其产生、消灭、稳定状态等皆由法律规范明确规定，注册商标专用权不得对正常的市场竞争秩序产生影响，如对驰名商标在跨类商品或服务上的使用将可能淡化驰名商标的影响力。市场交易的秩序与时间密切相关，期限的变化将导致形成新的社会关系，这种新的既成秩序应得到特别尊重。比如本属于违法注册的商标，由于在交易活动中长期使用而形成新的市场秩序时，能否被宣告无效就需要特别的考量。注册商标构成对在先权利的侵犯，在先权利人明知而又长期不行使救济权利，这种懈怠能否抵消或减弱其本应享有的法律保护，同样需要以秩序价值作为评价标准。注册商标无效制度的目的在于维护商标注册管理秩序和市场经济秩序，保障当事人的权益❸，对违反商标法禁止或限制性规定或以欺骗等其他不正当手段取得商标注册的，应予纠正，以实现法律制度的秩序价值追求。

### 一、维护市场公平竞争秩序

作为市场经济法律制度的重要内容，注册商标无效制度的立法宗旨是促进市场公平竞争，是限制竞争又增进有效竞争的机制。有效的竞争秩序首先是参与竞争的注册商标专用权来源正当。注册商

---

❶ 周旺生. 论法律的秩序价值 [J]. 法学家，2003 (5)：34-35.

❷ 吴汉东. 知识产权法价值的中国语境解读 [J]. 中国法学，2013 (4)：18.

❸ 郎胜. 中华人民共和国商标法释义 [M]. 北京：法律出版社，2013：86.

标已经成为现代市场必不或缺的经济手段，其产生不应存在欺骗等主观恶意，无侵犯公共利益、他人合法权利或权益、违反社会诚实信用、欺骗消费者等行为。

商标注册制度的基本功能在于确认商业标记的财产地位，维护商标交易安全，提前商标保护的时间节点，降低搜寻信息的成本。❶因其强大的市场经济服务功能，商标注册制度已成为现代各国通行的法律制度。商标注册的合法有效性决定了注册商标的合法财产地位，以及商标专用权受到专门法律保护的正当性。商标的注册是主张注册商标专用权的声明，是要求公众不得擅自使用注册商标的公示公告，即使在实行以"使用为主注册为辅"的商标权取得模式的美国，商标注册也能很大程度上证明商标权的存在。因商标权注册取得制度割裂标志与因实际使用而产生的识别性价值，由此诱发了社会投机者恶意抢注、囤积商标、傍名牌、误导公众将商品或服务与政府标志、徽章、特定地理位置联系起来等不正当竞争行为，各国商标立法都努力通过制度设计保证注册商标的正当性，维护市场公平竞争的秩序，注册商标无效就是该体系化制度中的重要内容。

体系化是法律制度组织起来的方法。在法学理论上"体系化是任何一个部门法制度设计的基本要求，也是构建法学理论体系包括部门法学理论体系的基本要求，"❷ 也就是具体的法律制度需要根据该法的目的、功能、价值追求，依照其中的必然关系、作用组织起来，是保障法律制度合理性的手段。体系化还是一种科学的法学研究方法，强调整体性和科学性，❸ 是以一种整体性的思维探求法律制度的正当性，并通过对各概念、原则、措施等是否和谐一致的考虑评价现有的法律制度。注册商标无效制度是商标注册体系化思维向体系化方向运动的结果。

---

❶　余俊. 商标注册制度功能的体系化思考 [J]. 知识产权，2011（8）：49.

❷　张玉敏. 注册商标三年不使用撤销制度体系化解读 [J]. 中国法学，2015（1）：224.

❸　李琛. 知识产权法的体系化 [M]. 北京：北京大学出版社，2005：6.

合法有效的商标注册本身的重要性决定需要严谨的相关配置制度作为保证。以体系化的理念考察，注册商标无效制度通过与撤销、注销制度共同作用，保障公平合理的市场秩序。注册商标无效制度从无效的事由、启动无效程序的主体、时间、决定无效的机关、法律后果等方面的规定，把不合法的注册商标清理出权利范畴，保证注册商标来源正当，防止市场经济秩序混乱，维护市场正当竞争，实现《商标法》的"社会公益性、国家授权性和权衡性"的秩序价值。❶

注册商标创设之后，《商标法》设置了注册商标灭失法律制度，以使徒具合法权利形式的注册商标退出《商标法》的专门保护。此类制度包括注销、撤销和无效制度，有些国家还在商标侵权纠纷解决的司法诉讼程序对注册商标效力作出评判。相关制度适用的情形、法律效果各不同，但又相互衔接共同构成严密的制度体系，实现注册商标退出的功能。

商标注销在我国有两种情形。一种情形是，商标权人自愿放弃注册商标专用权，或者放弃商标在部分指定商品或服务上的注册，经商标行政管理机关核准后，该注册商标在指定部分的商品或服务上的效力自申请注销之日终止，❷ 即产生注册商标专用权全部或部分灭失的法律后果。商标权是私权，商标权人有权根据自己的意愿对注册商标专用权进行处分，当然也可以放弃自己的权利。另一种情形是，注册商标有效期满后未办理续展手续的，由商标机关注销该注册商标，❸ 意味着注册商标权利人以自己的实际行为默示放弃了注册商标。可见，在我国注销是注册商标权利人以明示或默示的方式自主选择放弃注册商标专用权的制度，其后果是自注销申请之日或注册商标有效期满日起商标注册人不再享有注册商标专用权。

---

❶ 吴汉东. 知识产权制度基础理论研究［M］. 北京：知识产权出版社，2009：52.
❷ 《商标法实施条例》（2014 年）第 73 条。
❸ 《商标法》（2019 年）第 39 条。

与注册商标无效一样，注销程序同样适用于注册商标专用权创设之后，只是注销适用于权利的放弃或到期，且自申请注销或注册商标有效期满之日起注册商标专用权灭失。

在德国，注销仅仅是权利放弃、商标的注册无效和撤销法律程序的一个环节。行政机关对商标的注销是与商标注册相对立的行政程序，后者产生注册商标专用权，前者导致注册商标专用权的终止或部分终止。注册商标专用权因注册而产生，其终止亦相应地由商标注册机构完成。注册商标的放弃、撤销和无效都是注销的原因，而且还可以向普通法院提起注销诉讼。❶ 注销的原因不同，商标注册终止或无效开始的时间也不同，基于撤销的注销自注销之日起注册的效力终止，因无效的注销将使注册自始无效。

我国的《商标法》在 2013 年修改后，把注册商标无效与注册商标的撤销做了明确的区分，与世界大多数国家通行的做法相一致。注册商标无效与注册商标撤销在适用范围、法律后果等方面存在明显不同，但二者均是注册商标专用权产生之后又可导致其灭失的制度，具有使注册商标退出《商标法》保护的功能。

注册商标的撤销，是在商标专用权产生之后因使用不规范而丧失了继续受专门法律保护的基础，商标管理机关可依职权或依任何人的申请撤销，或者由法院判决撤销该注册商标。注册商标的撤销制度属于事后监督，以保证注册商标使用行为合法、规范，保障注册商标的显著性特征，防止损害公共利益，避免浪费社会资源，❷并制裁不使用或不正当使用注册商标的行为，其关注的核心在于注册商标的"使用"。❸ 撤销注册商标的理由主要是不使用或使用不规范，在我国是指自行改变注册商标、连续 3 年不使用或注册商标退化为商品通用名称。我国香港地区，除连续 3 年不使用外，因作

❶ 德国商标和其他标志保护法第 48 条到第 55 条。

❷ 周泰山. 商标注册无效制度 [J]. 中华商标, 2006 (7): 43.

❸ 张德芬. 香港与内地注册商标撤销制度比较研究 [J]. 公民与法, 2010 (5): 21.

为或不作为导致注册商标成为通用名称、通用标志或有误导公众的行为时也可申请撤消。❶ 在商业活动中对注册商标改变后的使用行为，无论是文字、图形、符号、颜色还是其组合方面任何的改变，实质上是对未经注册的商标的使用行为。该未注册的商标可能是对原注册商标的改变而具有相似性，但仍然不是对原核准注册标志的使用，改变商标注册事项后的使用将会割裂注册的标志与核准的商品或服务，或者与使用者或生产者之间的联系。可见，撤销注册的法理在于保障发挥商标的识别性功能，维护商标正常的市场竞争秩序。注册商标无效是针对取得注册时存在瑕疵的商标，由商标行政管理机关或法院确认该注册商标专用权自始没有法律效力，其关注的核心在于"注册"。无效制度的目标在于纠正违法的商标注册，撤销制度的目的在于惩罚注册商标使用不规范或不使用的行为。

商标的基本功能是识别商品或服务来源，在此基础上附随产生了适应市场需求的投资、宣传、质量担保等功能，所以保证注册商标的识别功能是商标行政管理的重要任务。注册时的审核以商标的构成要件作为衡量标准只能关注到静态的显著性，使用过程中才可能验证注册商标的显著性、市场需要、实际使用状态等动态变化，所以注册商标无效制度与注册商标撤销制度、注销制度相互配合，针对注册商标在注册和使用中的不同事由，构建了逻辑一致的商标法律制度体系，实现维持市场竞争秩序的价值追求。

**二、维护市场既成的时间秩序**

"商标的显著性是一个动态过程，可以从无到有，由弱变强，也可以从有到无，由强变弱"。❷ 注册当时不满足法定条件的，因时间的变动及其经营者的努力可能导致该情形消灭，法律的评价也

---

❶ 《香港商标条例》第 52 条 (2)。

❷ 张玉敏. 注册商标三年不使用撤销制度体系化解读 [J]. 中国法学，2015 (1)：226.

将因此发生改变。商标注册之后到确认注册商标无效这段时间，会因时间变动形成新的市场秩序。这种新的市场秩序源于两个方面，一是本来不符合注册条件的商标，经过一段时间该不符合情形已消失；二是本来属于注册商标无效事由，但注册商标权利人在市场上公开、合法、正常、持续使用产生了商誉，由此形成消费者对商品的稳定认知。这种因时间而形成的市场秩序，应当得到商标法律制度的维护，申请注册商标无效的时间和判断注册商标无效事由的时间都将影响这种既成的市场秩序。

### （一）申请注册商标无效的时间

多数国家的商标法规定，因存在无效事由要求确认注册商标无效的，一般应在商标注册之日起 5 年之内提出，否则在先法益人将丧失要求注册商标退出市场的权利，法律也不再提供其他救济措施，注册商标专用权成为"无争议"的权利，以避免对在先权利懈怠者给予过度保护而破坏新形成的商标市场秩序，维持市场的稳定性、一致性。我国《商标法》第 45 条规定，基于驳回商标注册的相对事由申请宣告注册商标无效，应自商标注册之日起 5 年内提出，但对恶意注册的，驰名商标所有人不受 5 年的限制。埃及、日本、法国、英国和美国等都有相似的规定。《巴黎公约》第 6 条之二规定，自注册之日起至少 5 年的期间内，应允许提出撤销不符合注册条件的注册商标的请求。但学界对该期间的法律性质尚有除斥期间和诉讼时效之争。

除斥期间适用形成权，限制形成权行使时间。❶ 形成权的存在意味着当事人之间的法律关系存在某种不确定、不稳定的因素，因享有形成权者仅依自己的意思表示即可产生权利变动的法律效果，撤销权、变更权、解除权、追认权等是典型的形成权。民法理论认为，形成权的行使有时不需要权利人自己亲自行使形成行为，权利人享有"形成诉权"，可以通过司法手段以诉讼的实现形成。两种

---

❶ 梅迪库斯. 德国民法总论［M］. 邵建东，译. 北京：法律出版社，2001：89.

特殊情况下，都需要法院依照法律规定的条件参与审查才能实现相应的权利义务关系变动。一是在人与人的社会交往中，法律关系的建立与法律地位的维护有时一方很难介入；二是因处于公共利益的法律地位，社会公众可以轻易确认或比较清楚。两类形成都只有通过法院的审查才可能成立。❶ 除斥期间是时间的效力，除斥期间与形成权不行使相结合构成法律事实，产生形成权本身消灭的法律后果，当事人之间的法律关系或法律行为存在的瑕疵因此消灭，现有的不稳定法律关系得以按原状态确定。除斥期间是固定不变的，不得中止、中断和延长，在法律适用上，该期间必须适用而不由当事人选择或法院决定是否适用。

与除斥期间相近的时间制度是时效。时效的含义是指由法律规定的某法律事实状态继续一定期间就产生一定的法律效果，❷ 即法律规定的事实状态经过一定的时间而导致权利变动的法律效果。时效是法律的强行性制度，当事人不能约定排斥适用时效。大陆法系国家的民法理论中，把时效分为两种：消灭时效和取得时效。消灭时效是指权利不行使的事实状态经过法定期间而导致该权利消灭。通常认为诉讼时效与消灭时效含义相同，我国的民法仅有关于诉讼时效的规定，目前取得时效尚仅限于理论研究的范畴。诉讼时效的适用对象为实体诉权或诉讼救济请求权，即经过法定期限，当事人不再享有请求法院强制实施法律规定的救济措施的权利。诉讼时效可以在法律规定的情况下中止、中断或延长。

诉讼时效与除斥期间有两方面的区别。一是两者适用的权利类型不同，除斥期间适用于形成权，诉讼时效适用于请求权。二是两者的法律价值追求不同，除斥期间的法律取向在于消除当事人关系中不确定或不稳定因素，促使当事人之间已经产生的法律关系确

---

❶ 拉伦茨. 德国民法通论：上册[M]. 王晓晔，邵建东，等译. 北京：法律出版社，2004：336.

❷ 王泽鉴. 民法总则（增订版）[M]. 北京：中国政法大学出版社，2001：516.

定、稳定；诉讼时效期间的法律取向在于消灭当事人之间原有的关系。❶ 根据上述对除斥期间和时效的理论阐释，我国注册商标无效制度规定的应于 5 年内提出申请的期限属于除斥期间。❷ 提出注册商标无效申请的权利一经行使，即启动注册商标无效程序，法律对此期间未给予任何中止、中断或延长的规定。该期间经过后注册商标专用权将成为不可置疑的法律权利，之前不稳定的注册商标效力确定有效。❸

　　法律需要通过制度安排，寻求保障权利与维持秩序之间的平衡，既要保护权利又要防止权利长期处于不确定状态，尽快稳定秩序。❹ 任何新的权利不能建立在侵害在先合法权利的基础之上，公权的功能之一是防止对权利的不法侵害。创设注册商标专用权过程中，审核注册行为不能成为侵害在先权利或在先权益的帮凶。对事实上构成对他人在先法益损害的注册，应通过注册商标无效制度给予弥补，但从保护注册商标权利人利益的维度出发，给予注册商标无效的救济也不能是无期限的。注册商标权利人在市场经营活动中长期使用注册商标，投入的人、财、物以及经营管理活动等，都是经营者的成本；消费者因注册商标的使用已经将该商标标志与商品或服务之间建立相应的联系，注册商标的显著性功能得以发挥。经营者的经济成本、智力付出将随着时间而增长，消费者对注册商标的认知将逐渐增强而形成相对稳定的市场秩序。形成的既有市场秩序成为新的公共利益，对注册商标长期使用凝聚的商誉、消费者的稳定认知等社会经济秩序，法律应保持对既有秩序的尊重，注册商标长期使用后再宣告无效将对这种新的公共利益造成

---

❶ 李开国. 民法总则研究［M］. 北京：法律出版社，2003：428.

❷ 臧宝清. 商标争议期限的法律性质［J］. 中华商标，2006（9）：45.

❸ 张玉敏. 商标注册与确权程序改革研究：追求效率与公平的统一［M］. 北京：知识产权出版社，2016：122.

❹ 孔祥俊. 论撤销注册商标的公权与私权事由——对《商标法》第四十一条的理解［J］. 人民司法（应用），2007（17）：46.

破坏。所以合理期限的设置是必要的，这将有利于社会秩序的稳定，避免新的混淆等增加消费者搜索成本、降低市场效率的现象。若无期间的限制，可能诱发在先权利人"放水养鱼"的投机行为，即在先权利人明知自己的权利受侵害，却纵容该事实的发生而不采取法律救济措施，待到注册商标积累起良好的商业信誉再来"摘桃子"。

衡量该期间的合理性应考量三个因素。一是能使在先权利人知晓其权利受到侵害，至少是可以推定在此期间应当知晓；二是给在先权利人以合理的时间寻求成本低、效率高的救济途径，如与对方协商达成商标共存协议、签订许可使用合同等；三是给意图启动注册商标无效程序的当事人提供合理的时间以准备证据材料。法律强制规定某一期限的目的在于促使权利人及时行使权利，消除权利上存在的缺陷或瑕疵，稳定商标既成秩序。权利人在一定期限内不提起争议就剥夺该权利，可"督促权利人及时行使其权利而不致某一商标的专有权长期处于不确定状态，"❶ 这实际上是菲利普·黑克（Philipp Heck）所主张的"为保护特定社会上的利益，而牺牲其他利益"的制度应用。❷ 以明确的时限使注册商标获取无可辩驳的法律地位，注册商标所有人的财产权地位稳定下来，法律制度对经济的激励功能得以充分发挥，注册商标权利人更愿意增加资金、技术、管理方面的投入，促进该注册商标市场商誉的提升，而无须担心他人对注册商标效力的质疑。

我国《商标法》把在先法益人提出注册商标无效申请的时间强制限定为 5 年，即存在注册商标无效相对事由的，在先法益人必须在"注册之日起 5 年内"提出申请宣告注册商标无效的申请，否则该权利灭失。"注册之日"是指"注册商标专用权起算之日"还是"核准注册之日"在实践中还有争议，至少商标评审委员会和法院

---

❶ 钟立国. 法国注册商标的争议制度及其借鉴意义 [J]. 中华商标，2000（12）：36.

❷ 转引自拉伦茨. 法学方法论 [M]. 陈爱娥，译. 北京：商务印书馆，2003：1.

的观点就不同。

在"沙宣 SHAXUANVIDALSASSOON"商标案中，该注册商标的申请日为2003年9月22日，初审公告日为2005年10月21日，如无异议本应于3个月后即2006年1月21日获得注册商标专用权。但该商标历经异议和异议复审程序，实际核准的注册日为2013年4月28日，同年核发的商标注册证显示的专用权期限为2006年1月21日起至2016年1月20日止。宝洁公司向商标评审委员会提出撤销注册申请（2013年《商标法》修改后该情形为注册商标无效，下文直接称为"无效"）的时间为2013年9月29日。商标评审委员会认为宝洁公司提出注册商标无效申请的时间已经超过5年的期限。❶ 当事人宝洁公司不服该裁定向北京知识产权法院提起行政诉讼，法院认为宝洁公司对诉争商标提出注册商标无效申请的时间未超过5年的期限，商标评审委员会应在认定宝洁公司提出争议请求未超出5年期限的基础上对诉争商标的申请注册是否属于《商标法》第28条（2019年修改的《商标法》第30条）规定的情形重新进行审查。❷ 如果以注册商标专用权期限开始计算的时间2006年1月21日为准，宝洁公司2013年9月29日提起撤销注册的申请当然超过了5年，商标评审委员会就持此种观点。而以准予核准注册的时间即2013年4月28日为准，宝洁公司提出申请的时间还不到半年，当然在5年以内，这是北京知识产权法院的观点。

以注册商标专用权起算之日作为5年除斥期间的起算时间，将使在先法益人不合理地丧失请求宣告注册商标无效的机会，无法把违反注册条件的注册商标排除市场竞争之外。在目前的《商标法》中，注册商标专用权起算之日是一个确定的时间点，为商标初审公告之日起3个月期满之日。若无人提出注册异议，社会公众即可以

---

❶ 商评字［2015］第27086号《关于第3725740号"沙宣SHAXUANVIDALSAS-SOON"商标无效宣告请求裁定书》。

❷ 北京知识产权法院（2015）京知行初字4765号行政判决书。

预测：从商标注册初审公告 3 个月期满之日起满 5 年后注册商标的效力再不会受到质疑，因而采用此观点具有一定的合理性。但若有人在初审公告期内提出异议，采用该观点则会出现有违公平价值的后果。《商标法》2013 年修改后已经明确对异议调查审理的时间为自初审公告期满之日起 12 个月，特殊情况经国务院工商行政管理部门批准，可以延长 6 个月，当事人不服不予注册决定的还可到法院起诉、上诉，最终结果的确定要经历相当长的时间。此时采用注册商标专用权起算之日为准的做法，将产生一种不正义的法律后果，即在先法益人在商标核准注册之日就已经失去了申请宣告注册商标无效的权利。如上文提及的"沙宣 SHAXUANVIDALSASSOON"商标案，注册商标专用权起算之日与核准注册之日时间相隔 7 年 3 个月之久，宝洁公司还未享有即已"失去"要求宣告注册商标无效的权利。

以商标核准注册之日作为当事人申请注册商标无效宣告除斥期间的起算日比较合理。若经过异议程序，再经复审、行政诉讼一审、二审，最终等到商标核准注册之日再开始计算该 5 年的除斥期间，将合理地保留着使注册商标退出竞争市场的法律适用，无疑更具有正当性。但欧洲共同体商标条例、英国、德国、法国和意大利等国的做法与我国不同，并不采用强制性的期间限制规定，而是运用默示许可（Acquiescence）或禁反言（Estoppel）理论，努力避免权利人因除斥期间所限丧失申请注册商标无效的权利。根据他们的法律规定，若在先权利人连续容忍注册商标使用了 5 年，则不得再以在先权利为由申请宣告注册商标无效。❶ 默示许可的规定可以更加合理地维护市场现实秩序，因为除非在先权利人已经明知利益受到注册商标的损害，否则该除斥期间并不开始计算，此时区分注册商标专用权生效日和核准注册日已经没有实际意义，无论采用哪一

---

❶ 欧洲共同体商标条例第 53 条，德国商标和其他标志保护法第 51 条，法国知识产权法典第 L.714－3 条，意大利商标法第 48 条，英国商标法第 48 条。

时间为准都不会影响在先权利人行使申请注册商标无效的权利。

**（二）判断注册商标无效事由的时间**

判断是否存在注册商标无效事由的时间与上述申请宣告注册商标无效的时间不同，后者是程序法意义上的时间限制，超过该期间即不得以规定的理由启动注册商标无效程序，前者是实体法意义上某事实状态存在的时间。选择何时为判断注册商标无效事由的时间，对既成的市场秩序会带来不同的影响。

比如两商标在注册时相似，但因各自经营者在市场活动中的努力，消费者事实上已经能够将两者明确区分开来，各商标都与特定的商品或服务建立起稳定的联系，因时间而产生的这种秩序需要法律制度给予相应地对待。对于因使用而无混淆可能的，基于情势变更而不应再确认无效，否则将扰乱新形成的市场秩序。如德国商标和其他标志保护法第50条、日本商标法第47条第2款、英国商标法第47条、意大利商标法第47之二均规定，因商标使用于某商品或服务上而取得显著性的，不得宣布注册无效。中国《香港商标条例》第53条也规定，商标在注册后由于使用而具有显著特性时不得宣布为无效。

对判断是否存在注册商标无效事由的时间标准，我国司法实践采用了以"商标申请注册时"与"核准注册时"相结合的标准，以期使判决的结果更符合事实状态。2017年1月《最高人民法院关于审理商标授权确权行政案件若干问题的规定》第10条规定，对于通用名称的判断，人民法院在审查时一般以申请日的事实状态为准，但核准注册时的事实状态与申请时不同的，应以核准注册时的状态决定是否准予注册。❶ 或者说，我们采用的是一种有条件地以"核准注册时"为准的规则，判断违反商标注册条件事由的时间

---

❶ 《最高人民法院关于审理商标授权确权行政案件若干问题的规定》（法释〔2017〕2号）第10条规定：人民法院审查判断诉争商标是否属于通用名称，一般以商标申请日时的事实状态为准。核准注册时事实状态发生变化的，以核准注册时的事实状态判断其是否属于通用名称。

从"商标申请注册时"被推延至"核准注册时"。

基于同样的法理，若将"核准注册时"继续延长至"作出判决时"，对注册商标无效事由的审查判断将更符合事实状态，更能体现维护市场秩序价值的理念。德国就采用了"对注销请求作出裁决时"的标准。其商标法第50条明确规定，根据商标法第3条、第7条、第8条规定的事由，如不符合商标的构成要素、是功能性标志，商标注册申请人不符合自然人、法人、有能力获得权利和承担责任的合伙组织条件的，不能以书面表达、是描述性标志、违背普遍接受的道德原则、根据公共利益禁止使用、含有政府徽记等属于驳回的绝对事由的，只有对注销请求作出裁决时仍然存在驳回的理由，才可以基于无效请求注销其注册。❶

判断注册商标无效事由的时间由申请注册时延伸到核准注册时，再延伸到作出判决时，司法实践充分考虑了市场既成的时间秩序，当然这其中的发展也并非一帆风顺。在"武松打虎"商标权案中，法院认为武松打虎组图的注册商标构成对在先著作权的侵害，据此判决景阳岗酒厂应停止使用并赔偿损失。❷ 当事人以同样的事由请求将该注册商标撤销（认定无效），商标评审委员会终局裁定，武松打虎图作为商标注册的行为构成侵犯他人在先合法权利应予以撤销（认定无效）。武松打虎图作为商标使用于商品的时间为1980年，申请注册并取得注册商标专用权的时间为1989年，该案诉讼时间为1996年。法院的判决和商标评审委员会的无效宣告均是以商标注册时的事实状态为依据作出，对于该商标使用事实已持续16年之久，消费者已经将武松打虎图与使用的商品建立起特定的联系的市场秩序并未给予考虑。但公权力的运行应当是"在保障实现公平、正义目标的前提下，对法律条文的灵活有机运用的产物。"❸

---

❶ 德国商标和其他标志保护法第3条、第7条、第8条和第50条。

❷ 北京市第一中级人民法院（1997）一中知终字第14号民事判决书。

❸ 刘春田. 在先权利与工业产权——武松打虎案引起的法律思考 [J]. 中华商标，1997（4）：11－13.

从注册商标使用者十几年经营的付出，该商标已经获取的识别性特征考虑，宣告该注册商标无效似乎缺乏一定的正当性。司法系统对此亦有反思，如江苏省高级人民法院认为，为实现法律效果与社会效果的有机统一，当侵权标识经过长期经营努力与广告宣传有了相当的知名度时，法律需要规定变通的救济方式，一律作出停止侵权的判决方式不妥。❶ 当两个冲突的权利存在时，解决的方式不在于逻辑而取决于利益衡量。❷ 2017 年最高人民法院明确认为，法院的审判应"考虑申请注册时的事实状态，也要考虑案件审理时的事实状态。"❸

注册商标经使用已形成相关公众群体，客观上相关公众已经将其视为区分商品来源的商业标志，这种稳定的市场秩序应予尊重。商标局对申请注册商标的审核注册时，只能对标志及其各构成要素进行审查对比判断，无法审查其实际使用更无法预测其将来的使用情况；但在注册商标无效阶段，已有事实可资有权机关考虑在先权利和注册商标的实际使用情况。商标授权确权行政案件中，情势变更已经被用得比较频繁。❹ 最高人民法院于 2017 年 1 月发布的最新司法解释规定，在审理商标授权确权行政案件的过程中，商标评审

---

❶ 江苏省高级人民法院民三庭. 依法保护在先权利 [J]. 人民司法, 2005 (1): 36.

❷ 梅夏英. 权利冲突: 制度意义上的解释 [J]. 法学论坛, 2006 (1): 20.

❸ 孔祥俊, 夏君丽, 周云川. 《关于审理商标授权确权行政案件若干问题的意见》的理解与适用 [J]. 人民司法, 2010 (11): 23.

❹ 2015 年商标确权授权类行政诉讼案件中, 有 178 个案件的一审考虑了情势变更的情况, 判决商标评审委员会败诉, 较 2014 年的 66 件增长了 169.7%; 在 101 件二审案件中考虑情势变更判决商标评审委员会败诉的案件较 2014 年的 23 件, 增长了 339.1%。参见国家工商行政管理总局商标评审委员会法务通讯总第 68 期 (2016 年 9 月) [EB/OL]. (2016 – 09 – 20) [2019 – 07 – 15]. http://spw. sbj. cnipa. gov. cn/fwtx/201609/t20160920_226901. html. 2017 年因情势变更而导致商标评审委员会败诉的案件较 2016 年出现了明显增长, 一审因情势变更败诉占比由 2016 年的 8% 增长到 2017 的 28.4%, 二审占比由 18% 增长到 22%。参见国家工商行政管理总局商标评审委员会法务通讯总第 72 期 (2018 年 6 月) [EB/OL]. (2018 – 06 – 19) [2019 – 07 – 15]. http://spw. sbj. cnipa. gov. cn/fwtx/201806/t20180619_274666. html.

委员会作出裁决所依据的事由不复存在时，法院可撤销其裁决。❶

2014 年的"微信"商标案由于涉及"微信"这一即时通信服务程序的 4 亿多用户，成为近年最具影响力的检验商标法中因长期使用而形成的市场秩序理论的代表。❷ 专家学者对此案也纷纷发表自己的学术观点，只是将"市场秩序"理论转换为了"公共利益"话语体系。❸ 整体而言，学者认为《商标法》应当保护因长期使用而形成的市场秩序，在审核注册阶段拒绝扰乱这种秩序的申请注册具有合理性和正当性。比较有争议的是微信案中已经形成的"消费者稳定认知利益"，即消费者与微信这种即时通信软件建立的联系可否视作公共利益。如果承认公共利益存在于个人利益之中，但又是"过滤掉了个人利益中的任意性、偶然性和特殊性的因素，又综合放大了其中的合理性、必然性和普遍性的成分"，❹ 则众多消费

---

❶ 《最高人民法院关于审理商标授权确权行政案件若干问题的规定》（法释〔2017〕2 号）第 28 条规定：人民法院审理商标授权确权行政案件的过程中，商标评审委员会对诉争商标予以驳回，不予核准注册或者予以无效宣告的事由不复存在的，人民法院可以依据新的事实撤销商标评审委员会相关裁决，并判令其根据变更后的事实重新作出裁决。

❷ 北京知识产权法院（2014）京知行初字第 67 号行政判决书，商标评审委员会商评字（2014）第 67139 号裁定，原国家工商行政管理总局商标局（2013）商标异字第 7726 号裁定。

❸ 参见：王太平. 论商标注册申请及其拒绝——兼评"微信"商标纠纷案 [J]. 知识产权，2015（4）：20 - 28；李扬. "公共利益"是否真的下出了荒谬的蛋？——评微信商标案一审判决 [J]. 知识产权，2015（4）：29 - 34；崔国斌. 商标挟持与注册商标权的限制 [J]. 知识产权，2015（4）：35 - 44；黄武双，阮开欣. 商标申请人与在后使用人利益的冲突与权衡 [J]. 知识产权，2015（4）：45 - 52；邓宏光. 商标授权确权程序中的公共利益与不良影响：以"微信"案为例 [J]. 知识产权，2015（4）：53 - 60，71；张韬略，张伟君. 《商标法》维护公共利益的路径选择——兼谈禁止"具有不良影响"标志注册条款的适用 [J]. 知识产权，2015（4）：60 - 71. 孔祥俊. 论商标法的体系性适用——在《商标法》第 8 条基础上的展开 [J]. 知识产权，2015（6）：3 - 17.

❹ 杨通进. 爱尔维修与霍尔巴赫论个人利益与社会利益 [J]. 中国青年政治学院学报，1998（4）：67.

者对业已形成的某符号组合与特定商品或服务之间联系的稳定认知当然不应受到行政行为的不必要干扰，这是维护市场竞争秩序价值目标的需要。在注册审核过程中，4 亿公众已经将"微信"与腾讯公司的即时通信程序视为存在唯一的对应关系。山东创博公司将其申请注册构成对公共利益的损害，确实会破坏消费者对这种识别性的认知，造成市场秩序的混乱。

# 第三章　注册商标无效的绝对事由

以商标注册损害的利益主体为标准，注册商标无效事由可划分为绝对事由与相对事由两类。绝对事由损害不特定多数人的权利或权益，商标局可主动依职权决定注册商标无效，任何个人、团体也可要求有权机关确认注册商标无效，在启动无效程序时间上通常不受限制。相对事由损害特定人的权利或权益，启动无效程序的主体通常是利害相关人，启动注册商标无效程序有除斥期间的限制，一般应自注册之日起 5 年内提出，否则将丧失申请注册商标无效的权利。

类型化是从特殊的事物或现象抽象出来的共性，该共性对于统一规则具有重要意义。有学者将注册商标无效的绝对事由归类为五类。（1）违反禁用标志规定的；（2）不具备显著性特征的标志而注册的；（3）把不能作为商标的标志注册的，如立体商标；（4）违反诚实信用原则，以欺骗手段抢注他人商标获得注册的；（5）把地理标志注册为普通商标的。[1] 该分类的缺陷在于概括性不够严谨。其一，并非所有的立体商标都不能注册为商标，立体标志不得作为商标注册的根本原因是与商品本身的性质、功能、价值等密不可分而导致该立体标志缺乏显著性。其二，混淆了以欺骗或其他不正当手段取得注册与以不正当手段抢注他人商标的界线，前者是违反了诚实信用的民法基本原则，属于绝对事由，后者的目的是为防止侵犯他人的权利，属于相对事由。其三，2013 年修改的《商标法》已经明确将虚假地理标志列为相对事由，只能由利害关

---

[1]　冯晓青，杨利华. 中国商标法研究与立法实践——附百年商标法律规范［M］. 北京：中国政法大学出版社，2013：20.

系人提出注册商标无效的申请，商标行政机关不得依职权主动宣告其无效。还有学者将注册的绝对事由分为三类：（1）合法性；（2）非功能性；（3）显著性。❶ 申请注册的商标违反其中任何一项的都不得通过审核注册。该分类比较简洁，具有相当的抽象概括力，但过分夸大了非功能性与显著性的不同而没有注意到两者实质上的共性在于不具有区别性和识别性功能；该分类还缺少对违反公序良俗行为的关注。还有学者直接把"不得作为商标使用的标志进行使用"等同于注册商标无效的绝对理由，❷其涵盖性明显不足。

根据《巴黎公约》及各国注册商标无效制度的法律规定，❸ 可以将注册商标无效的绝对事由分为如下三类：一是违反合法性的事由，即商标的注册违反了商标法的禁止性规定；❹ 二是不具有显著性的事由，即注册商标不具有标识和区别商品或服务来源的属性；❺ 三是违反公序良俗性的事由，即商标的注册存在违反社会道德或妨碍市场竞争秩序的情形。

《巴黎公约》规定的注册商标无效事由即可大致归为上述三类。《巴黎公约》缔结于 1883 年，目前共有 176 个成员，是参加成员数

---

❶　黄晖. 商标法 [M]. 2 版. 北京：法律出版社，2016：43.

❷　黄勤南. 新编知识产权法教程 [M]. 北京：法律出版社，2003：329.

❸　以我国《商标法》或者规定更为详尽的代表性国家的商标法为主，其他国家相似的规定不再重复罗列，除非其他国家在同一方面有不同规定。参见我国《商标法》第 10 条、第 11 条、第 12 条，巴西知识产权法（商标、地理标志部分）第 165 条、第 124 条，埃及知识产权保护法第 65 条，法国知识产权法典第 L. 714－3 条，第 L. 711－1 条至第 L. 711－4 条，德国商标和其他标志保护法第 50 条，第 3 条、第 7 条、第 8 条，意大利商标法第 47 条、第 16 条、第 17 条、第 18 条、第 21 条、第 22 条、第 25 条，日本商标法第 46 条、第 3 条、第 4 条、第 7 条、第 8 条，俄罗斯联邦商标、服务商标和商品原产地名称法第 28 条、第 6 条、第 7 条，南非商标法第 9 条、第 10 条，韩国商标法第 71 条、第 72 条、第 3 条、第 6 条、第 7 条、第 8 条、第 43 条、第 46 条，英国商标法第 47 条、第 3 条、第 5 条，美国兰汉姆法第 1064 条、第 1052 条、第 1054 条。

❹　黄晖. 商标法 [M]. 2 版. 北京：法律出版社，2016：43.

❺　邓宏光. 商标法的理论基础：以商标显著性为中心 [M]. 北京：法律出版社，2008：28.

量最多的知识产权国际公约。该公约经历了 6 次修订，并于 1979 年对整个文本进行了修正。❶《巴黎公约》第 6 条和第 7 条规定的注册商标无效事由包括：（1）在未经主管机关许可的情况下，使用的商标或商标组成部分是国家的国徽、国旗和其他国家徽记、国家参加的政府间组织的徽章、旗帜、其他徽记、缩写和名称；或在相同或类似商品上使用表明监督和保证的官方符号和检验印章，上述情形应拒绝注册并禁止使用，否则应使注册无效。该条款是为避免公众误解注册商标与上述标志所代表的权威性组织产生关联性认知。（2）商标缺乏显著性特征，或者完全由商业中用以表示商品的种类、质量、数量、用途、价值、原产地或生产时间的符号或标志所组成，或者在要求给予保护的国家的现代语言中或在善意和公认的商务实践中已经成为惯用的。（3）商标违反道德与公共秩序，尤其是带有欺骗公众性质，应拒绝注册并使注册无效，该条款是以概括的方式禁止商标注册过程中有违公序良俗和商业伦理道德的行为。❷ TRIPS 要求各成员应全面遵守《巴黎公约》，并增加了商标注册不得损害他人在先权利的规定。

　　我国 1982 年的《商标法》没有规定引发注册商标争议的事由，但第 8 条第（9）项的内容已经彰显了公序良俗的原则。1993 年《商标法》延续了上述规定，并增加"以欺骗或其他不正当手段取得的注册"作为商标争议的理由，以商标争议的方式解决注册违法或错误的问题。2001 年《商标法》首次区分了商标注册的绝对条件和相对条件，绝对条件中还区分了禁用条件和禁注条件，并将其全部规定为注册商标争议的事由。2013 年《商标法》修改后，区分了注册商标无效与撤销，并在第 44 条和第 45 条明确了无效宣告的事由，确立了绝对事由和相对事由的法律规则。2019 年《商标

---

❶ 1900 年在布鲁塞尔、1911 年在华盛顿、1925 年在海牙、1934 年在伦敦、1958 年在里斯本、1967 年在斯德哥尔摩进行了修订。

❷《巴黎公约》第 6 条之二、之三、之五。

法》修改了部分条款，增加了注册商标无效宣告的绝对事由，即第 4 条不以使用为目的的恶意商标注册和第 19 条恶意代理注册。

# 第一节　违反合法性的事由

知识产权"是一种法定权利，法律规定是知识产权产生的依据，"❶ 知识产权的"种类、内容、取得方式等都须依照法律的规定，当事人不得自由创设。"❷ 注册商标专用权经国家法定程序取得，是"符合法律规定保护条件的智慧表达权"，❸ 法律对于注册商标申请人的主体资格、可注册商标的构成要素、可注册商标与社会公共符号资源边界的划分、可注册商标与某些社会权威的关系等均有明确限定。简言之，商标法从注册的主体和注册的商标（客体）两方面设有禁止性规则，已注册的商标违反该规则即构成注册商标无效的绝对事由。

## 一、注册商标申请主体不合法

从整体上来说，商标法对于申请注册商标主体的限制越来越少。美国原来一直不允许未在商业活动中实际使用商标的人申请注册，但 TRIPS 第 15 条规定，对一个商标的实际使用不应成为提交注册申请的前提条件，所以美国在 1988 年修改商标法时放宽了商标注册申请主体的条件，允许有"真实意图使用"的人申请商标注册，只需要在事后提交实际使用的证明即可。德国原来将申请商标注册的主体限定为企业，自然人无申请注册的资格，但在 1992 年的《工业产权延伸法》中废除了该规定，目前的德国商标和其他标志保护法对申请注册商标的主体没有任何限制。我国原来的《商标

---

❶ 吴汉东. 关于知识产权本质的多维度解读 [J]. 中国法学, 2006 (5)：98.

❷ 张玉敏. 知识产权法学 [M]. 2 版. 北京：法律出版社, 2011：14.

❸ 徐瑄. 知识产权的正当性——论知识产权法中的对价与衡平 [J]. 中国社会科学, 2003 (4)：146.

法》规定商标专用权的主体为企业、事业单位和社会团体、个体工商业者和外国人，2001 年《商标法》修改时取消了对自然人申请商标的限制。

注册商标专用权是私权，是由民事主体依法创设的对世权，理论上任何自然人、法人和其他社会团体都有申请注册商标的资格。商标注册包括民事主体申请注册行为和商标行政管理机关的审核注册行为，申请注册行为若违反民事法律行为一般规则要求，则可能导致注册商标无效。商标的生命力源于其商业使用，申请注册商标的民事主体若无参与市场经济活动的权利能力，确认其享有注册商标专用权在法律上毫无意义，注册商标也因不能使用而成为僵尸商标。虽然注册商标所有人可委托或授权他人使用注册商标，但商标法的根本目标在于保护注册商标实际所有人与商品之间的关系，而非保护商品与注册商标的实际生产者之间的联系，故应禁止两类主体申请注册，否则即构成注册商标无效的绝对事由。

商标注册申请人应具有相应的民事行为能力和民事权利能力。德国商标和其他标志保护法明确规定，注册商标所有人应是自然人、法人或者有能力获得权利和承担责任的合伙组织，❶ 将特定的合伙组织排除在外。其他国家商标法虽没有此类直接规定，但依民法原理可知，若商标注册申请的民事主体不符合民事行为生效要件的，其申请注册的商标即使最终被核准也不能改变其属于无效行为的法律性质。韩国商标法规定，商标续展权注册和商品重新分类注册的主体应为该商标权所有人申请，否则属于无效的注册。❷

禁止特定身份人员申请注册商标。各国的商标行政管理机关负责审核注册，无论实行全面审查模式还是绝对事由审查模式，商标行政管理机关的工作人员比社会公众更有专业优势和信息优势了解商标的注册状态、审查标准和商标的价值等情况。商标管理机关还

---

❶ 德国商标和其他标志保护法第 7 条。
❷ 韩国商标法第 72 条、第 43 条、第 46 条。

承担着复审、异议、无效和撤销等管理职能。若允许商标行政机关工作人员申请商标注册，第一，将使其他社会公众处于信息相对匮乏的不公平地位；第二，商标异议、复审、无效、撤销等程序若涉及商标行政机关工作人员申请的商标，商标管理机关作出的相关行政决定或裁定等的正义性将遭受质疑；第三，作为国家公务人员，由于法律、法规、纪律等要求，无法直接从事商业经营活动，获得注册商标后只能转让或授权他人以谋取利益，这显然有违工作职责的正当性。所以韩国规定，经营非营利性业务的人可注册自己的公益业务标志，知识产权局及专利商标评审部门的工作人员在任职期间不得注册商标（除非基于继承或遗赠），❶ 该做法值得各国效仿。

禁止特定机构对相关标志申请注册。如韩国商标法规定，只有经营非营利性业务的人可注册自己的公益业务标志。❷ 巴西商标法作出的禁止性规定是，公共机构及其代理机构对于不需注册的机构名称及其简称不得注册为商标。❸ 其法理在于，避免公共机构滥用自己的地位和权力，限定其只能注册与自己的职能、业务范围、所在区域和工作性质等直接相关或按法律的规定才可使用的名称或简称，防止对公共符号的不当利用，同时避免普通社会主体借助公益性机构的名称、徽章等误导消费者，防止从中谋取不正当利益。

对申请商标注册人主观意图的限定。美国采用"使用为主注册为辅"的商标权的取得模式，特别强调商标的使用行为。其商标法规定，注册商标申请者应是商标的所有人或使用人，以尚未使用的商标申请注册的，申请人应是能够保证对其享有商业活动使用权利者，且申请人提交的注册申请文件中应包括一份经鉴定的"表明真

---

❶ 韩国商标法第 3 条。

❷ 韩国商标法第 4 条。

❸ 巴西知识产权法（商标、地理标志部分）第 124 条。

实地意图使用"的声明，❶ 否则申请无效。Amercian Forests v. Sanders 一案中，作出意图使用商标的声明者是申请人与丈夫组成的合伙企业而不是申请者本人，所以申请人提出的注册申请因主体不适而被认定为无效。❷ 意大利商标法也对申请注册者的主观意图作出限定：恶意申请者，不得获准商标注册。❸

## 二、非法侵占公共符号资源

人是符号的动物，人类文化的全部发展都依赖于符号化的思维和符号化的行为，❹ 符号是人类认知世界、创造世界和传达思想的工具。商标本质上是人类社会现有符号的组合或新的创造，是以符号的指代功能建立起符号与特定商品或服务的联系。商标经注册后使用于商业活动，成为社会符号资源的一部分。在社会由"生产社会"向"消费社会"转变的过程中，人类呈现出一种由"消耗消费"到"符号消费"的特点，❺ 注册商标成为消费对象，成为传达一定的社会、文化意义的媒介。知识产权法的价值原则以分配伦理为原则，其宗旨不能被理解成"保护个人对自己特定知识形态的控制权。"❻"知识产权制度的功能和物权制度没有本质区别，目的在于分配一种财产的归属"，只是分配的是以符号形态存在的财产。❼沿循这一分配价值与非垄断性的公平竞争秩序价值，在公共符号资源与由私权控制的注册商标之间商标法严格遵循合法性要求，防止

---

❶ Huang v. Tzu Wei Chen Food Co, Ltd. , 849 F. 2d 1458. 兰汉姆法第1051 条 （a）（b）和美国商标审查指南第1201.02 条。美国商标审查指南 [M]. 美国专利商标局，译. 中国工商总局商标局，校. 北京：商务印书馆，2008：7 - 9.

❷ American Forests v. Sanders, 54 USPQ2d 1860 （TTAB 1999）.

❸ 意大利商标法第22 条。

❹ 卡西尔. 人论 [M]. 甘阳，译. 上海：上海译文出版社，1985：34.

❺ 徐聪颖. 论商标的符号表彰功能 [M]. 北京：法律出版社，2011：16.

❻ 徐瑄. 知识产权的正当性——论知识产权法中的对价与衡平 [J]. 中国社会科学，2003（4）：145.

❼ 李琛. 论知识产权法的体系化 [M]. 北京：北京大学出版社，2005：116.

公共利益的消减或商标符号的过度消费。

注册商标的标志是由公共领域的符号资源转化或创生而来。任意性商标和暗示商标的符号、标志直接源于公共领域的符号组合，由公共权力保障商标使用者适度的专用权。而臆造商标，则由人们在公共符号的基础上创生而来。商标的角色一方面决定了其财产性的私权地位，成为识别特定经营者商品或服务的文字或符号；另一方面商标还是一种纯粹的商业性言论，❶ 甚至是"社会文化的一部分，成为人们思想交流和观点表达的工具和媒介，"❷ 这是商标社会属性的体现。若任由公共领域内的符号成为私权的控制对象，将无法保证能够给他人留下足够多的且同样好的东西，无法避免公共资源的浪费，❸ 也无疑会使人们的信息交流和表达方式受到不必要的限制，商标抢注、囤积也将成为商业投机者的经常性行为。为避免公共领域的过度分割，严格划定法律的边界成为解决这一困境的必要。

各国商标法通过禁止性规范与命令性规范确定注册商标与公共领域的边界，概言之，违反商标构成要素规定的标识不得注册。各国商标法一方面规定商标的构成要素，如应为可书面表达的文字、图形、符号等，全息图像、商品及包装的外形也可注册为商标，❹ 而仅能由嗅觉、触觉、味觉感知的事物通常不能构成注册商标的标志，不得注册为商标。但《跨太平洋伙伴关系协定》（TPP）2015年的法律文本已经突破了商标的传统范畴，从最广泛的意义上拓展了商标的内涵，它不要求"视觉可感知"的商标注册要件，颜色或

---

❶ CURRAN P D. Diluting the Commercial Speech Doctrine – Noncommercial Use and the Federal Trademark Dilution Act [J]. Chicago Law Review, 2004, 71 (3): 1078.

❷ 邓宏光. 商标授权确权程序中的公共利益与不良影响——以"微信"案为例 [J]. 知识产权, 2015 (4): 56.

❸ 洛克. 政府论（下篇）[M]. 叶启芳, 瞿菊农, 译. 北京: 商务印书馆, 1964: 19 – 20.

❹ 法国知识产权法典第 L. 711 – 1 条。

气味都可以申请注册为商标。❶ 另一方面各国商标法还禁止某些公共符号成为注册商标。比如俄罗斯和巴西的商标法禁止注册的符号包括：公认的符号、使用于工业科学和艺术领域的专业性词语、商业活动中无法通过其他手段或使用其他方式将大大增加社会成本而只能用于广告的表述和标记。❷ 上述符号资源，或者是进行市场交易、信息交流的重要工具，或者是专业性领域的特有词汇，一旦成为私人专用权的控制对象，将妨碍商业活动的顺利发展，极大地限缩公共资源，违背商标法肩负的"发现新内容、新价值、新意义、新功能并提高智慧能力和表达能力"的立法思想，❸ 妨碍人类思想、文化、学术的传承、创新。

### 三、损害国家象征或公共组织声誉

将禁止使用、注册的标志，如与国家象征的标志或公共组织象征的标志等相同或相似的标志注册为商标的，构成注册商标无效的绝对事由。

国家象征标志是指代表官方机构、公众、民族、国家特征的标志，包括国家徽记（国家的名称、国旗、国徽、国歌、军旗、军徽、军歌、勋章），国家机关的名称、标志、所在地特定地点的名称或者标志性建筑物的名称、图形，特定的行政区划的地名等。对

---

❶ 《跨太平洋伙伴关系协定》（TPP）是由新西兰、新加坡、文莱和智利这四个亚太经济合作会议成员国 2002 年发起建立的最优关税协定 PTA 发展而来，旨在促进亚太地区的贸易自由化的多边自由贸易协定，到 2015 年为止 TPP 谈判成员国为 12 个，随着美国、日本等国的加入，TPP 的地位也随之由一个小型多边贸易协定而上升成为 21 世纪具有广泛代表性的贸易协定，是 20 年来最具规模的贸易协定。2015 年 10 月 9 日，维基解密（WikiLeaks）披露了 TPP 第 18 章知识产权部分的协议文本，该文本为各国经 19 轮谈判后于 10 月 5 日达成的最终协议。参见 ［EB/OL］．［2017 - 01 - 31］．https：//us-tr. gov/sites/default/files/TPP - Final - Text - Intellectual - Property. pdf.

❷ 俄罗斯联邦商标、服务商标和商品原产地名称法第 6 条，巴西知识产权法（商标、地理标志部分）第 124 条第 7 款、第 18 款。

❸ 徐瑄. 知识产权的正当性——论知识产权法中的对价与衡平 ［J］. 中国社会科学，2003（4）：145.

于任何国家来说，国家徽记是本国政治符号的代表，事关国家主权、国家尊严和国家荣誉，只有与国家重大政治、经济、社会活动相关的特别场合才能使用，任何对其不当利用或损害其声誉的行为应予禁止。国家徽记还承载了国民对国家、民族的情感和情绪，应受到特别的尊重，其地位高于普通商业标志，即使在特别强调私权的现代社会也不例外，各国通常规定禁止任何贬损（丑化）国家徽记、减弱（淡化）或不当利用其声誉行为。

从各国实定法上看，与国家象征相同或相似的标志属于与法律相抵触的标识，不得被注册为商标。❶ 在禁止使用或注册的标志中，各国规定的具体内容有所不同。德国学者韦伯认为，社会行为是由感情和传统等因素决定的，❷ 法律制度也必然无法脱离各国民众的心理需要及政治、历史、文化传统。如日本禁止注册的标志包括国花纹章，❸ 英国规定对皇家皇冠或任何皇家旗帜的图形，可能使人们认为申请人已经或最近已获得皇家恩赐或授权的文字、字母或图形不得作为商标使用。❹ 我国禁止与国家象征徽记等相同或相似的标志作为商标使用，更不得注册为商标，否则得宣告注册商标无效。对相同或相似的判断，应在商标整体构成的基础上，对商标各个构成要素的组合、所形成的具体含义等进行考量，能够确认是属于"国家权威"象征的标志均禁止注册。如果整体上形成了与我国国家名称相同或近似，即使申请者声明放弃部分符号的专用权，仍然应禁止使用和注册。2000 年"中国星"商标驳回复审案中，由于"中国星"在整体上没有产生明显区别国名的含义，所以申请人即使声明放弃"中国"及"CHINA"文字的专用权也依然违反了

---

❶ 意大利商标法第 18 条。

❷ 韦伯. 社会学基本概念 [M]. 杭聪, 译. 北京: 北京出版社, 2010: 39 - 40.

❸ 日本商标法第 4 条。菊花是日本皇室指定的国花，樱花是在民众中所流行的代表日本精神的花。

❹ 英国商标法第 4 条 (1)。

商标法的禁止性规定，不得注册为商标。❶

我国对于国家象征标志禁止作为商标使用的规定，还延伸到了同中央国家机关的名称、标志、所在地特定地点的名称或者标志性建筑物的名称、图形相同的标志，且没有规定例外的情形，也没有禁止相似性标志注册的规定。由此引发了事实状态与法律规则的严重不符，导致上述名称或标志可能会被不当利用。比如，作为国务院等中央国家机关办公所在地的"中南海"及相似的"中南海1号"，和全国人民代表大会常务委员会的办公场所的"人民大会堂""人民大会堂及THE GREA HALL OF THE PEOPLE"目前均为有效的注册商标。根据目前法律规定，此类注册商标属于商标局依职权或依任何人的申请可宣告无效的注册商标，市场中不应存在此类商标。此外，2015年7月宁波某物流公司把与国家知识产权局的logo相似的图形标志申请注册为商标，并险些取得注册成功。该图形标志之所以能够通过商标局的初审并公告，原因在于商标法中没有对"相似性标志"的禁止性规定。

但国外对于国家象征的标志的禁止性规定是可以排除的，即可以经同意或授权后注册为商标。《巴黎公约》第6条之三禁止对国家徽记、政府间组织的徽记、官方符号的使用、注册的规定是附有条件的，只有"在未经主管机关许可的情况下"才禁止注册，很多国家据此立法。如德国、俄罗斯、英国等国家的商标法都规定，若获得当事人或其代表人授权上述徽记就可以注册为商标，如果该国政府出具了书面同意的声明，当然表明商标的注册得到了该国政府同意。北京市第一中级人民法院审理的一个案件还明确了"经政府同意"的其他形式。该案原告英国犀牛褶有限公司诉申请注册的图形商标的底色是英国国旗图案，商标局据此驳回注册申请。经复审后，原告不服商标评审委员会驳回复审的决定提出行政诉讼，诉讼

---

❶ 北京市一中院（2004）一中行初字第814号行政判决书，北京市高院（2005）高终字第82号行政判决书。

中犀牛褶公司向法院提交了一份涉案商标在英国已获准注册的证明，认为其对英国国旗图案的使用是经该国政府同意的。法院审理后认为"申请人就该商标在该外国已经获得注册的，视为该外国政府同意"，因而该案的情形不违反我国《商标法》禁止注册的规定，判决撤销了商评委所作的驳回复审决定。❶ 我国《商标法》仅对于外国政府的徽章、官方印章、国际组织标志等做出了例外规定，不包括本国的国家象征标志。

不易与国家徽记混淆的标记属于禁止注册的例外情形。此类商标无法成为申请注册者恶意利用公共组织权威的工具，也不会增加消费者搜索信息的成本。如俄罗斯联邦商标法规定，对于国家徽记如果不会导致混淆或误会的，或者经有关主管机关同意时，可以注册。❷ 美国专利商标局在商标注册审查时认为，由 "National park sevice"（国家公园服务署）和 "Department of the Interior"（内务部）字样以及箭头图案围绕的树木、山脉和一头野牛的图样共同构成的徽标，并不属于法律一般禁止注册的范围，它仅用于识别某种政府服务或机构的部门徽章。❸ 申请注册的商标由文字与带有垂直条文盾形的图案组合而成，与美国国玺的盾形有明显区别，不属于对国玺或其任何部分的模拟，不会造成公众混淆，不属于拒绝予以注册的范围。❹ 国家徽记是国家权威的象征，当不构成国家权威象征意义上的使用时，不在禁止注册的范围。我国《商标法》上并未有此例外规定，但2017年施行的《商标审查及审理标准》部分弥补了这方面的缺陷。依据该审查及审理标准的规定，如果商标标志是对存在事物的客观描述，或整体上表现为报纸、期刊、杂志名称且与申请人名义一致或是单位名称的简称，或者国名仅起表示申请

---

❶ 逯遥. 浅析国旗不得作为商标注册的除外情形 [EB/OL]. (2015 – 01 – 30) [2019 – 07 – 15]. http：//www. iprchn. com/Index_NewsContent. aspx？ newsId = 81388.

❷ 俄罗斯联邦商标、服务商标和商品原产地名称法第6条第2款。

❸ U. S. Department of the Interior, 142 USPQ 506, 507 (TTAB 1964).

❹ National Van Lines, Inc. , 123 USPQ 510 (TTAB 1959).

人所属国作用的，不会使公众误会的或不会使公众将其与国家徽记相联系的，通常不禁止注册，如"中华龙鸟""中国电信""中国长城""红旗图案"等。❶

另外一类应禁止、注册使用的标志是在相同或类似商品上使用涉及公共组织的证章、标记，包括国际组织的标志相同或相似的标志。与上述标志相同或相似的商标一旦获得商标注册并使用于某商品或服务，容易使消费者将其商品或服务与公共组织机构产生某种联系，或可能产生出处混同，使公众误认为商品或服务是由非营利机构提供、得到了国家权威部门检验、授予了荣誉，从而利用公共组织的社会信誉或国家公信力为自己在市场竞争中谋取不正当的利益，这对整个市场的公平竞争秩序带来危害或者导致官方标志公信力的消减或灭失。这类公共利益徽记包括：涉及公共利益的证章、标记和盾状徽章在内的标识；❷ 与不以营利为目的的公益团体或相关之事业的著名标识相同或相似的标志；❸ 与官方或官方认可的名称、奖品和标记相同或引起混淆的模仿，复制或模仿债券、货币或票据的标记；❹ 各国参加的《巴黎公约》《改善战地武装部队作者境遇之日内瓦公约》《奥林匹克宪章》等国际条约中所禁止注册的标志，如国际红十字会、奥林匹克运动委员会的标志；还包括国际组织的标志、政府间组织徽记（名称、旗帜、徽章）等。

与上述法理相通的国际通行规则是，限制将特定行政区划的地名或其他知名地名也作为商标使用。TRIPS 对葡萄酒和烈性酒的产地名称实行特别保护，禁止将这类地名作为商标注册。我国在 1983年以前审核注册了一些以行政区划名称作为商标的注册，如"北京"牌电视。1988 年修改了《商标法实施细则》，禁止县级以上行政区划的地名及公众知晓的外国地名作为商标使用，1993 年该规

---

❶ 《商标审查及审理标准》（2016 年）第一部分第 2 条第 1 款、第 2 款。

❷ 意大利商标法第 18 条。

❸ 日本商标法第 4 条。

❹ 巴西知识产权法（商标、地理标志部分）第 124 条。

定被《商标法》吸纳，直到现在成为《商标法》第 10 条第 2 款的内容。某一区划名称如果成为注册商标，注册商标权人将有权排除本区域内其他人在相同或类似商品或服务上的使用，客观上产生限制市场公平竞争的不利后果。另外可能产生的问题是，该注册商标将会与原产地名称或集体商标、证明商标等发生冲突，且若该区域并非是商品生产地或服务所在地，还将造成对消费者的欺骗，如"景德镇瓷器"既可能是指景德镇牌瓷器，也可能是指来源于景德镇企业生产的瓷器。但是该地名具有其他含义、仅起真实表示申请人所在地作用，或用作集体商标、证明商标组成部分的则不被禁止。2017 年开始生效的《商标审查及审理标准》认为，地名具有其他含义的意思是指该词汇具有强于作为地名的其他含义且不会误导公众，比如商标由地名和其他文字构成而在整体上具有强于地名含义的其他含义的，用于白酒的"上海滩"商标就属于该情形。❶在"红河"商标纠纷案中，法院对于地名具有其他含义的理解是："在地名之外，还有具体明确、公知的其他含义或是已在公众中约定俗成的其他用语"。❷ 最高人民法院对此确立的规则是，由地名和其他要素组成的商标标志，若整体上有区别于地名的含义，则不应认定其属于商标法禁止注册的情形。❸

美国不直接禁止行政区划名称的注册，而是将其纳入到地理描述性商标检验的范围。如果商标的主要意思是地理性的，消费者认为商品来源于该商标识别的地点且该地点是原产地的，该地域名称可以注册为商标，但商品或服务并不来源于该商标识别的地点，且消费者建立起商品或服务与该商标识别的地点之间的联系，该错误认识会实质性影响到消费者选择商品或服务的决定，则该地理词语应拒绝予以注册。欧洲共同体商标条例、法国和德国等也采取与美

---

❶ 《商标审查及审理标准》（2016 年）第一部分第 10 条第 1 款、第 3 款、第 4 款。

❷ 北京市高级人民法院（2003）高行终字第 65 号行政判决书。

❸ 《最高人民法院关于审理商标授权确权行政案件若干问题的规定》（法释〔2017〕2 号）第 6 条。

国基本相同的标准，即从是否具有显著性和欺骗性两方面判断该行政区划名称的可注册性。

可见，违反合法性事由的具体内容是平衡公共利益与私权的结果，其关注点在于是否会对公共领域造成不正当的限缩、对国家徽记或其他公益组织造成误认、给公平的市场竞争秩序带来不良影响。违反合法性事由的构成要件并不要求申请者具有恶意的主观心态，无论是故意还是过失，无论有无恶意。把与国家徽记或其他公共组织标志相同或相似标志申请注册为商标的，法律推定申请人具有明知会造成误认且有不正当利用其声誉的主观心态，这是最节约成本的立法技术。所以只要已经注册的商标事实上落入禁止性条款的规定，即构成注册商标无效的绝对事由。

## 第二节　不具有显著性的事由

商标的本质在于商誉，即标志与商品或服务的联系。作为商誉的载体或化身，商标的本源功能就是帮助消费者识别不同的商品和服务。❶ 从抽象的本质到实现具象的商标识别功能，注册商标显著性是其间勾连的桥梁，商标的显著性（识别性和区别性的统一）是实现商标功能的必然选择。显著性是商标的基本特征，是商标构成中最为核心和关键的要素。❷ 商标专用权获得法律保护的理论基础在于商标的显著性特征，商标法律制度的设计围绕保护注册商标的显著性展开。不具有显著性特征的注册商标无法区别商品或服务来源，不具有参与商业活动的能力；缺乏显著容易产生出处混同，引起消费者认知混淆，扰乱市场秩序。各国商标法均禁止将不具有显著性的标志注册为商标，否则可以宣告或判决注册无效。

---

❶ 唐广良. 知识产权反观、妄议与臆测 [M]. 北京：知识产权出版社，2014：214.

❷ 张玉敏. 知识产权法学 [M]. 2 版. 北京：法律出版社，2011：283.

### 一、商标显著性的内涵

学界对商标显著性的理解主要有以下学说。"外观构成说"认为，商标图样之自体应具有特别显著性，属于外观构成；"构成要件说"认为商标显著性属于商标的构成要件；"商标注册要件说"认为商标图样须具备显著性才能申请注册；"自他商品识别力说"认为商标应特别显著以与他人商品相识别。❶ 还有学者从创意设计的角度出发，认为商标的显著性是指商标标志立意新颖，选材独特，具有和其他商标相区别的特点。❷ 商标显著性的英文表达也有多种，如《巴黎公约》中的 distinct character，TRIPS 中的 capable of distinguishing，美国商标法中的 distinctiveness，英国商标法中的 distinctive and particular，以及 uniqueness and singularity（独特性）、typicality（典型性）和 differentiation（区别）等。借鉴上述对显著性的学说及不同英文的表述，商标显著性的含义应从标志和商誉两个方面理解，既不能只考虑标志本身，仅注重外观构成相对于其他标志的独特性；也不能只注重标志与商品或服务的联系而忽视标志本身的特性。

商标的显著性是标志本身的特性和标志区分商品或服务的能力两方面的综合，是识别性和区别性的统称，它不是商标的识别性或区别性的别名。❸ 商标的识别性是指商标具有"显示与他人商品之商标有所不同"的特征，❹ 商标的区别性是指商标区别商品或服务来源的特征。商标本身的识别性是保证区别性的重要因素（但不是唯一因素），识别性是区别性在商标功能上的体现，识别性与区别性的统一才是商标显著性的完整含义。因区别商品或服务来源是注

---

❶ 彭学龙. 商标显著性传统理论评析 [J]. 电子知识产权，2006（2）：20.

❷ 吴汉东. 知识产权法 [M]. 北京：中国政法大学出版社，2002：229.

❸ 杜颖. 商标法 [M]. 2版. 北京：北京大学出版社，2014：12. 黄晖. 商标法 [M]. 2版. 北京：法律出版社，2016：57.

❹ 曾陈明汝. 商标法原理 [M]. 北京：中国政法大学出版社，2003：115.

册商标的最基本最直接的功能，所以多数学者将商标区别性等同于商标显著性特征。商标显著性特征的缺乏或者是因本身不具备固有的显著性，或者是可能产生出处混同。❶

商标的显著性通常可以分为固有显著性和获得显著性，❷ 两类显著性可以与商标的识别性和区别性相对应，TRIPS 第 15 条已经明确地将这两类显著性区分开来。❸ 固有的显著性是指商标因设计独特或新颖而容易获得相关公众的注意，实际上是对标志本身识别性的肯定。固有显著性的程度与标志本身的外观构成直接相关，固有显著性越强就越容易建立起商标与特定的商品或服务之间的联系。能将商品或服务区分开来的标志直接视为具备固有显著性，但无固有显著性的标志并非一定无法取得商标注册，这就涉及因使用而产生的获得显著性（也被称为通过使用产生的显著性）。某标志本来并不能吸引相关公众的注意力，消费者也不会将其与特定的商品或服务相联系，但如果经营者将其长期使用于商业活动，因而产生原叙述性含义之外新的含义，该标志事实上即演变为具有区别商品来源功能的特殊商标。❹ 该新的含义是不同于其本义的新意，从序列上来说，标志的最初含义是第一含义，新含义为第二含义。❺ 具有第二含义的标志能否被注册为商标，还要考虑到其他因素，如公平自由的市场竞争秩序等。但是也有学者认为，根本不存在固有显著性，因为商标的显著性"只有通过附着有商标的商品行销于市

---

❶ 田村善之. 日本知识产权法［M］. 4 版. 周超，李雨峰，李希同，译. 张玉敏，审校. 北京：知识产权出版社，2011：107.

❷ 张耕，李燕，张鹏飞. 商业标志法［M］. 厦门：厦门大学出版社，2006：39；张玉敏. 知识产权法学［M］. 2 版. 北京：法律出版社，2011：283.

❸ TRIPS 第 15 条规定：（1）任何能够将一企业的商品或服务与其他企业的商品或服务区分开来的标记或标记组合，匀应能够构成商标。（2）即使有的标志本来不能区分相关商品或服务，成员亦可依据经过使用而获得的识别性，确认其可否注册。

❹ 张耕. 试论第二含义商标［J］. 现代法学，1997（6）：55.

❺ PALLADINO V N. Secondary Meaning Surveys in Light of Lund［J］. The Trademark Reporter，2001（91）：571，574.

或广告宣传等手段才能真正实现"，❶ 仅具有使用意图而获得注册的商标，进入市场之初在标示商品来源方面的功能与包装、装潢等并无差异。

从不同的角度看待显著性，商标的显著性可分为事实上的显著性和法律上的显著性。事实上的显著性是指从消费者角度看特定标志具有标识和区别作用；法律上的显著性是指从竞争政策的角度看某标志具有显著性。❷ 传统的显著性分类是消费者维度，但商标在市场上所影响的对象除了消费者，还包括相关经营者等，后者的利益需求必须得到尊重，这与传统的仅考虑纯粹的识别性和区别性的出发点不同。在消费者看来具有显著性的商标，由于市场自由竞争的需要而不能成为某市场主体专用权控制对象时，该商标同样会被视为缺乏显著性而禁止注册，这是充分考量了商标显著性对市场公平竞争秩序这一公共利益的影响。因而公共利益的考虑就成为认定商标显著性的一项基本原则，❸ 显著性的判断必须综合分析相关公众的认知习惯、所属行业等实际情况。❹

按商标专用权的效力、范围的重要性，商标的显著性可以分为基础显著性和声誉显著性。前者是指商标本身在市场上发挥的识别与区别作用，后者是指因商标的实际使用而凝聚的较高声誉所产生的较强识别与区别作用。❺ 美国教授弗兰克·谢克特（Frank Schechter）将商标的显著性分为来源显著性和区分显著性。❻ 实际

---

❶ 彭学龙. 商标显著性新探 [J]. 法律科学，2006（2）：63.

❷ 邓宏光. 商标法的理论基础——以商标显著性为中心 [M]. 北京：法律出版社，2008：33.

❸ 认定商标显著性要遵循四项基本的原则：一是结合相关公众认定，二是结合商品和服务分别认定，三是整体认定，四是考虑公共利益。黄晖. 商标法 [M]. 2版. 北京：法律出版社，2016：58.

❹ 郎胜. 中华人民共和国商标法释义 [M]. 北京：法律出版社，2013：29.

❺ 马强. 论商标的基础显著性 [J]. 知识产权，2011（8）：17.

❻ SCHECHTER F I. The historical Foundations of the Law Relating to Trademarks [M]. Columbia：Columbia University Press，1925：48.

上，这两种分类不外是对固有显著性和获得显著性不同维度的解析，对判断应否核准注册并无新的理论价值，因为基础显著性、来源显著性的含义与固有显著性的内涵相近，声誉显著性、区分显著性的含义与获得显著性的内涵相近。除了上述分类方式外，还有学者根据其他标准对商标显著性进行分类。比如按照显著性存在的状态可以分为潜在显著性和实际显著性。实际显著性等同于获得显著性，潜在的显著性是尚未表现出来的识别或区别能力的可能性。❶可见，固有显著性和获得显著性是研究商标显著性的基本分类。

从理论上来说，注册的商标与核准使用的商品或服务之间的联系并不会因注册而产生，即商标立法所追求的保护商标的商誉或显著性在注册时可能尚未存在，这是商标权注册取得模式与使用取得模式相比存在的固有缺陷。在美国的"蓝玲"案中，第五巡回法院认为商标的主要或者唯一的功能，就是向消费者提供一种手段，将一个厂商的产品与其他厂商的产品分别或者区别开来。企业内部人员可以通过样式编码或者其他识别码来识别某一产品，而商标则是帮助公众选择特定的商品。这种功能的实现并非是通过商标的构思设计完成的，在其商业使用过程产生的显著性才是根本。❷ 在商标权注册取得模式下，能够克服上述缺陷的商标法律制度设计就应保证使经核准注册的商标具有识别性及区别性，排除不具有显著性的标志成为注册商标，进而满足注册商标在使用过程中以其显著性发挥其各项功能的需要，否则可宣告注册无效。

## 二、商品特征描述性标志

"通用标志"和"描述性标志"都是对商品或服务特征的描述，基于同样的法理被禁止注册，可统称为"商品特征描述性标志"。俄罗斯联邦商标、服务商标和商品原产地名称法第 6 条就将

---

❶ 彭学龙. 商标显著性传统理论评析 [J]. 电子知识产权, 2006 (2): 22.

❷ Blue Bell, Inc. v. Farah Mfg. Co., 508 f. 2d 1260 (5th Cir. 1975).

商品的通用标识和表示商品特点的标志规定在同一个条文，我国《商标法》第11条规定，申请注册的标志仅由与描述商品特征要素紧密相关的标志构成的不得作为商标注册。日本商标法第3条对商品特征性标志规定的更为详尽，如包括了商品的销售地、价格、时期等标志，同时还禁止把与服务密切相关的标志，如服务场所、服务中使用的物品、提供服务的方法等注册为商标。❶

　　"通用标志"和"描述性标志"的概念或许源于1976年美国第二巡回法院在 Abercrombie & Fitch Co. v. Hunting Inc. 一案中对标志的分类。该法院把标志按照显著性由弱到强分类为通用的、描述的（叙述）、暗示的、任意的和臆造的五种。❷ 从形式上看，"通用标志"和"描述性标志"是用以表达、传递与商品或服务特征信息密切相关的符号，是消费者、生产者、服务提供者、销售者等相关市场主体及其他社会公众对商品或服务特征进行描述时无法回避的表达，放弃对这些符号的使用，该商品或服务的信息就无法被确切的传递。从本质上说，"通用标志"和"描述性标志"的显著性程度与该标志与商品、服务的联系程序呈"负相关"，即商标同商品和服务本身的联系越密切显著性越弱，而反之则显著性就越强。❸ "通用标志"和"描述性标志"的共性可概括为：一是标志并非由使用者所独创，不属于臆造的符号或符号组合，本身属于公共符号资源；二是标志本身具有社会公认的含义；三是当标志经使用而具备了区分商品或服务来源的显著性时，该标志可以被注册为商标，除非这种注册会妨碍公平竞争或损害社会的公序良俗。

---

　　❶　日本商标法第3条；仅以通常使用的方法表示该商品的产地、销售地、品质、原材料、效能、用途、数量、形状（包括包装的形状）、价格或生产、使用的方法、时期的标志，或者提供该服务的场所、品质、供服务中使用的物品、效果、用途、数量、形态、价格或提供服务的方法、时期的标志所构成的商标。

　　❷　相应的英文表述为：通用的（generic）、描述的（叙述的）（descriptive）、暗示的（suggestive）、任意的（arbitrary）和臆造的（fanciful）。Abercrombie & Fitch Co. v. Hunting, Inc., 537 F 2d 4, 9（2d Cir 1976）.

　　❸　黄晖. 商标法 [M]. 2 版. 北京：法律出版社, 2016：59.

## （一）通用名称

通用标志中最常见的是通用名称，它是"为国家或者某一行业所共用的，反映一类商品与另一类商品之间根本区别的规范化称谓"，❶ 是广泛用于某类商品或服务的名称。有些国家并不使用简单的或直接的"通用标志"这一术语，如法国知识产权法典以"必需、通用或常用"来表述；❷ 意大利商标法的表述是，完全由已成为日常用语或行业做法的标识构成的（且没有例外的规定）；❸ 英国商标法的表述是，仅仅是由已成为当代语言或行业中的善意惯例和通常表述的标记或说明构成的商标；❹ 俄罗斯将其表达为公认的符号与术语。❺ 各国表述所有不同，但其实质意义与"通用名称"并无根本性的差异。

判断通用名称的标准将决定某标志是否会被禁止注册。我国对通用名称的判断实行客观标准形式优先，主观标准实质为主的模式，即符合法律规定的情形可直接认定属于通用名称，但相关公众的认知与之相反时则不能认定。2016 年 12 月商标局和商标评审委员会颁了新的《商标审查及审理标准》，其中第二部分对通用标志作出了规定，即通用标志是指国家标准、行业标准规定的或约定俗成的商品全称、简称、缩写、俗称及图形、型号等。司法裁判还认为，约定俗成的通用名称无须相关部门审批或登记，而专业工具书、辞典中收录或记载的商品名称可认定为通用名称。❻但实际上，如果有证据证明消费者不会把该名称作为通用名称时，上述通用名称的认定仍然不成立。北京市高级人民法院在一起商标民事侵权案

---

❶　陈锦川. 商标授权确权的司法审查 ［M］. 北京：中国法制出版社，2014：98.

❷　法国知识产权法典第 L. 711 - 2 条；在通常或职业用语中纯粹是商品或服务的必需、通用或常用名称的标记或文字.

❸　意大利商标法第 17 条.

❹　英国商标法第 3 条（1）（d）.

❺　俄罗斯联邦商标、服务商标和商品原产地名称法第 6 条.

❻　北京市高级人民法院（2006）高行终字第 188 号行政判决书.

件中认为，虽然中国酿酒协会的《有关"甑流"产品的说明》和公开出版的《白酒生产指南》均将"甑流"界定为酿制白酒工艺的名称，是未经掺兑、高度白酒的区域性通用名称，但这并不能说明"甑流"商标在公众的认知中就是高度白酒或其酿造工艺的通俗名称，❶ 事实上已将消费者对标志的主观感受纳入判断通用名称的构成要素。对通用标志的判断，应以相关公众（主要是消费者，还应包括生产者、销售者、产品的设计者等）的主观认知为标准，若认为标志的主要意义为区分商品或服务来源，其指代产品的概念弱而指代生产者的概念强，则通用名称具有商标意义。❷ 与商品或服务密切相关的标志作为商标组成部分时，其显著性的判断仍然应遵循这一标准。当然，在考虑消费者主观认知的时候，消费者所在地域范围是必须考虑的客观因素。如"子弹头"商标案中，子弹头是河南柘城县的种植的一种像子弹头的辣椒的通称，但在我国其他地区"子弹头"并未被视作某类种辣椒的俗称，因而法院认为"子弹头"已成为国家或本行业中商品名称的主张不成立。❸

　　从消费者主体的认知出发，通用名称与其他标志要素结合一起形成的商标，如果整体上主要作用或意义是识别商品或服务来源的，可以不考虑通用名称的问题，该"通用名称或标志"具有可注册性。国外的立法例也体现这一法理，如俄罗斯商标、服务商标和商品原产地名称法第 6 条规定，商品的通用名称在商标中不占有主要地位时不影响注册。从证明效力的维度看，消费者就标志与商品之间存在联系的证言应当是某标志是否为通用标志的最有效证据。证言可由消费者直接到法庭出具，也可由专业的评估或鉴定机构就相关公众展开问卷调查。而标志使用的时间、方式、专有使用范围、宣传投入、销售者数量等也可以间接证明其显著性。

---

❶　北京市高级人民法院（2003）高民终字第 543 号民事判决书。

❷　杜颖. 通用名称的商标权问题研究［J］. 法学家，2007（3）：78.

❸　北京市高级人民法院（2006）高行终字第 188 号行政判决书。

美国采用的"主要意义标准"也接近于我国的主观认知标准。在 Mishwaka Rubber & Woolen Mfg. Co. v. S. S. Kresge Co. 案中，美国最高法院认为，对商标进行法律保护的原因在于标志对于人类心理倾向的吸引力。❶ 由此巡回法院在 H. Marvin Ginn Corp. v. Int'l Ass'n of fire Chiefs, Inc. 案中放弃了原来的客观属种的判断标准，转而采用主要意义标准，即是否将该标志视为商品或服务的属名由相关公众的角度进行认定，❷ 如果相关公众认为该标志的主要意义在于区分商品或服务而不是作为通用名称使用，则该标志可以注册为商标。

从法律文本看，各国均禁止通用标名称注册为商标，但也都准许一定条件下的通用标志例外地注册为商标，只是理由略有差异。如我国和法国的商标法规定，经过商业使用后通用标志若获得显著性可以注册为商标。❸ 德国采用注册与使用并行的商标专用权取得模式，未经注册但通过商业使用的标志，若在相关商业圈内获得作为商标的第二含义时，将获得商标权，❹ 因而通用标志在实际的商业使用中产生了显著性的可因产生"实际商标权"而允许注册。❺我国和法国准许注册的条件是具有显著性，而德国强调产生实际商标权后方可注册。

## （二）描述性标志

描述性标志被禁止注册的法理与通用标志相同。描述性词汇本身是对商品或服务本身相关信息的表述，不具备固有显著性。当申请注册的商标除描述性标志外还包括其他构成要素时，识别性的判断必须是在整体上被视为对商品或服务主要特征的描述。若描述性

❶　Rubber & Woolen Mfg. Co. v. S. S. Kresge Co., 316 U. S. 203, 205 (1942).

❷　H. Marvin Ginn Corp. v. Int'l Ass'n of fire Chiefs, Inc. 782 F. 2d 987, 990 (Fed. Cir. 1986).

❸　我国《商标法》第11条，法国知识产权法典第 L. 711 –2 条。

❹　德国商标和其他标志保护法第4条、第12条。

❺　谢铭洋. 智慧财产权之基础理论 [M]. 台北：台湾翰芦图书出版有限公司，1997：37.

标志经过使用产生了第二含义，消费者将其与商品或服务联系起来，则不限制其注册。比如注册商标"五粮液"和"两面针"，都是由描述商品主要原料的文字构成，经过长期的商业使用二者均已经被消费者视为识别性标志，因而可以获得注册。在"小肥羊"商标系列案中，由于认为"小肥羊"是对服务内容和特点的直接表述，商标局据此驳回了由西安、包头等企业提出的商标注册申请，但后来却准许了内蒙古小肥羊公司申请的注册，其理由是认为通过的长期使用和宣传，消费者已经把"小肥羊"商标作为区分餐饮服务的标记并能够轻易地将其与内蒙古小肥羊公司联系起来，已经具备了作为商标应有的获得显著性。❶

从语言学上讲，词汇的精确含义只能在特定的语境下才能被分析，所以判断某标志是否属于描述性标志必须结合该词语指定使用的商品或服务进行综合认定。如在"可再贴"商标争议案中，"可再贴"具有可再次粘贴的意思，如果是使用于不干胶、双面贴等将成为描述性标志而禁止注册，但将其用于"笔记本、纸张（文具）"等并不含有表示商品的功能、用途、质量等含义，因而具有显著性。❷ "小米"可成为手机的注册商标，却不可能注册在饼干、煎饼等类似食品上。美国第五巡回法院在 Fish - fri 案中，把界定描述性标志的标准总结为三个，该标准在理论界及实务操作上均具有较强的影响力。一是字典含义标准；二是想象力标准，若某词需要经想象和思考才能得出其与商品特征之间有关则不属于直接描述特征的词；三是竞争者使用标准，若相关竞争者在商业中描述其产品时某词汇非常有用，也极有可能需要用它，则该词汇可能是描述性词汇。❸ 符合上述三个标准之一的词汇通常会被认为具有描述性。

❶ 北京市高级人民法院（2006）高行终字第 94 号行政判决书。

❷ 北京市高级人民法院（2011）高行终字第 893 号行政判决书。

❸ Zatarain's Inc. v. Oak Grove Smokehouse, Inc., 698 F. 2d 786（5th Cir. 1983），217 U. S. P. Q. 988. 第五巡回法院总结的标准涉及相关案例，该案判决书中对其他案例有简要的摘录。

### 三、功能性标志

在商标显著性的分类中，法律上的显著性"指标志的使用是否有利于市场竞争"。无论某标志是否具有固有的显著性或产生第二含义，如果易于形成竞争垄断或妨碍公平竞争，给同行业经营者带来严重不利影响则被视为不具有法律上的显著性，不得被注册为商标，功能性标志被禁止注册的法理就在于缺乏法律上的显著性。

功能性标志是指影响到商品自身性质、实质性价值、特定技术效果等功能的标志。功能性标志与商品特征描述性标志最大的不同在于，该类标志是绝对禁止注册的，不存在例外。如英国商标法第3条、德国商标和其他标志保护法第3条、日本商标法第4条、法国知识产权法典第 L.711 - 2 条均绝对禁止功能性的形状或三维造型注册为商标，这是立法者从维护自由竞争的理念出发，基于"政策取向"上的考虑。❶ 2002 年欧洲法院在商品外形的法律保护方面作出了一个里程碑的判例。在"飞利浦诉雷明顿"案中，法院认为只要标志具有功能性就应禁止注册，不必考虑是否还有其他形状可以实现同样的技术效果，禁止功能性形状注册为商标的立法目的在于，禁止任何人通过注册商标获得对一种技术解决方案的排他性权利。❷

我国《商标法》第 12 条禁止仅由商品自身性质产生的、为获得技术效果而需要的或使商品具有实质性价值的三维标志注册为商标。立法机关的理由是出于公平竞争和推动技术进步方面的考虑，避免剥夺其他生产经营者生产经营同类产品的权利、妨碍技术的推广应用，造成对同行业者的不公平。❸ 司法界也认为当标志为商品通常的形状时，类似于著作权法上的表达唯一或表达有限，若允许

❶　王迁. 知识产权法教程 [M]. 北京：中国人民大学出版社，2009：417.

❷　宋红松. 飞利浦诉雷明顿案述评 [J]. 知识产权，2003 (3)：41 - 42.

❸　郎胜. 中华人民共和国商标法释义 [M]. 北京：法律出版社，2013：30 - 31.

注册为商标将会造成事实上的垄断，其他人或者被迫放弃该产品的生产经营，或者只能选择其他的形状而影响产品本身的性质、质量、性能，从而妨碍商标法正义价值和秩序价值的实现。

从维护市场公平竞争秩序的维度出发，美国兰汉姆法第 1052 条（e）（5）明确规定，作为一个整体构成商标要素包含的内容具有功能性的，应拒绝在主注册簿上注册。认为具有实用功能和美学功能的标志成为注册商标后，将增加其他竞争者的额外成本、妨碍市场竞争。1995 年美国最高法院在 Qualitex Co. v. Jacobson Products Co. 案中提出商标的功能性特征的含义是：该商品的特征是使用该商品或使商品具有其性能所必不可少的，或者该特征会影响到商品的成本、质量，如果由某人独占使用将会给其他竞争者带来严重不利影响。❶美国还通过相关判例确定了实用性功能商标（Utilitarian Functionality）和美学功能性商标（Aesthetic Functionality）的含义。1904 年美国巡回法院在 Marvel Co. v. Pearl 案中最早提出了商标实用功能的概念，认为实际操控产品必需的或用于提高产品效能的特征不能得到保护。❷ 1938 年《美国法重述（第二次）》规定，若消费者购买商品在很大程度上是因为商品所具有的美学功能，则该美学特征就具有功能性。1983 年 Deere. &. Co. v. Farmland, Inc. 案中，第八巡回法院认为，农用拖拉机的颜色是绿色的，当农民也希望将装货机械挂在拖拉机上时二者的颜色一致时，绿色就具有了美学功能，不能由生产装货机械的公司独占，其他竞争者可以使用绿色作为商标。❸ 单纯的美学意义上的愉悦不构成功能性，只有能带来实质利益且无法以替代设计获得这种利益时才可以说具有功能性。❹

对于包含功能性标志的组合标志是否具有可注册性，完全从法

---

❶ Qualitex Co. v. Jacobson Products Co. 514 U. S. 159（1995）.

❷ Marvel Co. v. Pearl, 133 F. 160, 161（2d Cir. 1904）.

❸ Deere & Co, v. Farmlan, Inc. 721 F. 2d 253（C. A. 8 1983）.

❹ Qualitex Co. v. Jacobson Products CO. , INC. 514 U. S. 159, 165（1995）.

律上的显著性探究其被禁止的法理则不够充分，还应依据固有（事实）显著性理论进行分析。由多要素组合而成的商标，若功能性标志在其中所起的作用不是主要的，消费者认为标志的整体具有区分商品或服务来源的意义，该组合标志具有可注册性。当显著性可以分为事实上的显著性和法律上的显著性时，对纯粹的功能性标志只需要考虑其法律显著性而无须关注事实的显著性和第二含义，是否妨碍市场竞争成为注册禁止的唯一考量。对含有功能性标志的组合标志，同其他标志一样事实显著性因素或第二含义是主要的考察点。

对于功能性标志的范围，有学者认为具有功能性的标志范围是封闭而非开放的，其范围应指商品包装、商业外观、颜色和立体标志。❶ 但这一理论上的范围或许过于宽泛了，事实上多数国家商标法明确禁止注册的仅是立体功能性标志。如巴西规定，三维标志仅是由商品自身性质产生、为获得特定技术效果需要、使商品具有实质性价值的形状构成；必要的、通用的或通常的产品或包装形状，以及由于技术原因不可改变和分离的产品或包装形状不得注册。❷ 我国也仅规定禁止三维标志的注册，而司法界更喜欢以"立体商标"为名，并认为立体商标是"占据一定立体空间的三维标志，即由长、宽、高三种度量组合成的三维标志。"❸ 无论是三维标志还是立体商标，我国禁止注册的功能性标志的范围也是封闭的，但未涉及商品包装、商业外观和颜色。

对于禁止注册的功能性标志的范围，我国有学者从另一维度给予解释认为，申请注册的商标应为非功能性标志，即商标对商品的目的、用途、成本、质量而言并非重要，并直接以"商品本身外形

---

❶ 杜颖. 商标法中的功能性原则——以美国法为中心的初步分析［J］. 比较法研究，2009（1）：122.

❷ 巴西知识产权法（商标、地理标志部分）第124条。

❸ 陈锦川. 商标授权确权的司法审查［M］. 北京：中国法制出版社，2014：113.

商标"为主题分析其注册为商标的可能性。❶ 但这种外形为立体的标志与功能性标志并非同一事物，纯粹的立体标志可能并不具有功能性，所以 2017 年施行的《商标审查和审查标准》第四部分规定，基本的几何形状、简单和普通的立体形状，行业通用或常用商品的立体形状等不能区分商品来源作用的，属于缺乏显著性特征，并规定了立体商标可以注册的例外：有足够的证据证明立体形状通过使用获得性特征的除外，或者三维标志本身具有显著性的除外。❷ 此处的显著性特征是指立体标志本身的固有显著性特征，与功能性无关。在"晨光"商标一案中，最高人民法院对于形状构造类标志的保护，也是从区别商品来源的作用为判断维度，认为"对于形状构造类装潢而言，不能基于使用该种形状构造的商品已成为知名商品就当然认为形状构造已经起到了区别商品来源的作用"。❸

### 四、其他缺乏显著特征的标志

除商品特征描述性标志和功能性标志外，各国商标法还禁止其他不具有显著性的标志注册为商标。如果说禁止商品特征描述性标志注册是因为该标志缺乏固有显著性，无法实现商标的识别性功能，禁止功能性标志注册是因为该标志缺乏法律上的显著性，无法实现促进公平竞争的商标立法宗旨，那么禁止其他缺乏显著性的标志注册的法理基础却是多样的，如需要公有领域保留、防止对特定标志的垄断、避免混淆等。

以极其简单且常见的标志构成的标志通常被各国拒绝注册，如仅由未产生显著性特征的单独的字母、数字或日期、颜色或颜色名称构成的标志。❹ 所谓过于简单的标志是指纯粹由单独不可再分解的符号、文字、字母、数字、构成图形的点线面等，此类标志是可

---

❶ 黄晖. 商标法 [M]. 2 版. 北京：法律出版社，2016：43 – 57，71.

❷ 《商标审查及审理标准》（2016 年）第四部分第 3 条第 3 款。

❸ 最高人民法院（2010）民提字第 16 号民事裁定书。

❹ 巴西知识产权法（商标、地理标志部分）第 124 条，日本商标法第 3 条。

申请注册商标的构成要素。过于简单的标志一般不具有显著性特征，即使与特定的商品或服务相结合，也无法发挥区别来源的功能。注册商标专用权是被国家公权力认可的对特定特号在特定范围的垄断，注册商标是从"公共领域"内选择出来被划入私人控制范畴并且要求其他人保持应有尊重的符号组合。商标注册制度需要在公共利益与私人利益之间保持资源的合理分配，避免某些符号成为不正当竞争者的工具，最终损害社会公众利益。基本符号复合、重组而发生的畸变、创新是无穷无尽的，但能够在人类正常的社会交流中使用的基本的符号却并非如想象中庞大，因而注册的商标只能是符号的组合或新的创造，不得将最基本的符号变成私人权利的对象，否则将可能影响社会文化的传承、交流、创新和传播。显著性、公共领域保留和维护公平竞争是禁止简单符号注册为商标的法理基础。

禁止单一颜色注册为商标。欧盟是根据"颜色耗尽理论（Colour Depletion Theory）"，认为在特定产品上可使用的颜色数量是有限的，若允许单一颜色注册为商标将穷竭整个为数不多的可利用的颜色，会使特定经营者获得竞争上的不正当优势。[1] 美国禁止单一颜色注册为商标，是认为该标志具有实用功能性或美学功能的标志。在 Qualitex Co. v. Jacobson Products Co. 案中，美国最高法院认为，除了颜色耗尽理论外能否注册还需要接受功能原则的检验，禁止单一颜色注册还可以起到防止反竞争结果的出现。[2] 如白色是药片的自然颜色，如果允许把白色注册为商标而享有专用权，则其他竞争者就必然要将药片制造成其他颜色而额外增加了成本。[3] 总之，对过于简单的标志注册为商标的检测，最终要以商标法的立法目的，即对其提供保护是否会阻碍公平竞争为标准。

---

**❶** Libertel Groep BV v. Benelux – Merkenbureau, Case C – 104/01〔2004〕FSR（4）65（para. 54, 55）.

**❷** Qualitex Co. v. Jacobson Products CO., INC. 514 U. S. 159, 165（1995）.

**❸** Smith, Kling & French Laboratories v Clark & Clark et al., 157 F. 2d 725（3d Cir 1946）.

灭失后的标志或双重商标在一定期限内通常也不允许注册。商标权的正当性是要保护真实的商品来源信息，使消费者在购买商品或接受服务时无混淆的顾虑。[1] 标志与商品或服务来源之间的联系不是短期内可以产生的，而一旦产生之后这种显著性也不会短期内消失。正如不会因注册而导致标志与商品或服务之间产生识别性，注册商标在相关公众中的影响力也不会因撤销或宣告无效而立刻消失。注册商标专用权灭失后如果短期内允许其他人将该标志申请注册，消费者会将原来注册商标与商品之间的这种联系，即商标承载的商誉转移到其他商品上或转移给新的注册申请人，因而导致消费者的混淆。韩国商标法规定，申请注册的商标与自商标权消灭之日（经过裁定被撤销或无效的，则指该裁定）起未满一年的他人注册商标（地理标志的集体商标除外）相同或近似，且在与其指定的商品相同或类似的商品上使用的拒绝注册（例外情形是注册商标自商标权消灭之日起溯及既往地超过一年未曾使用）；在相同或类似商品上申请注册与自商标权消灭之日起未满一年的他人注册商标相同或近似的标志拒绝注册。[2] 巴西商标法规定，如同一商标持有人在同一商品或服务上拥有双重商标的禁止注册，除非它们之间有显著区别。[3] 混淆的可能性包括直接混淆和间接混淆。直接混淆就是来源混淆，间接混淆是指消费者虽然不会发生来源混淆，但可能会误认为两个经营主体之间存在某种经济上的联系。欧盟法院在判例中认为，如果公众由于两个商标相似而产生联想，这种联想本身即使不足以被认定为是欧洲共同体商标条例第 8 条第 1 款（关于注册的条件）规定的混淆可能性，也仍然属于混淆。[4]

---

[1]　SA CNL – SUCAL NV v HAG GF AG，689CJ0010（1990），Case C – 10/89［1990］ECR I – 3711.

[2]　韩国商标法第 7 条 1（8）、第 7 条 4。

[3]　巴西知识产权法（商标、地理标志部分）第 124 条。

[4]　Wagamama v. City Centre Restaurants［1995］F. S. R. 713；Sabel BV v. Puma AG Rudolf Dassler Sport［1997］E. C. R. I – 6191；［1998］R. P. C. 199.

# 第三节　违反公序良俗的事由

公序良俗作为法律原则，是指民事活动不得违反公共秩序和善良风俗，否则将引起法律的否定性评价，在商标法律制度中属于注册商标无效的绝对事由。一般说来，凡违反法律规定的行为也必然违反了公序良俗，之所以单独将公序良俗作为注册商标无效的绝对事由，是出于一种立法的灵活性和原则性的需要，以公序良俗事由发挥制度弥补性功能。除了发挥弥补法律漏洞的制度功能外，立法和司法也会通过具体的法律规则、案例等对公序良俗原则给予具体化。

公序良俗是公共秩序和善良风俗的合称，可以归入"社会妥当性"之内。现代市场经济社会的公序良俗，注重国家和社会的利益，带有部分功利化的色彩，更具有可视化的效果，包括国家、社会公认的对其存在和发展所必要的伦理道德，强调行为的善意、诚实和正当性的动机。注册商标注册无效事由中的违反公序良俗是从行为人的主观心态出发，对违反社会公共秩序和商业伦理道德等商标注册行为进行矫正。具体来说，违反诚实信用原则、职业道德、不正当竞争、民族歧视、侮辱宗教、欺骗、反人伦或人道、有违正义、给人以不正当联想或对人的心灵带来不健康影响、有伤风化、违反职业道德等都属于违反公序良俗。

## 一、公序良俗的一般事由

法律是文化的表现形式之一，是人的生活方式、宗教信仰、伦理道德等的沉淀和传承。伦理道德借调整人的观念以影响人的行为，通过法律评价对人们的行为进行规范和引导。"在真正法治的国家，法治所体现的价值观念与社会主流的伦理道德规范价值观应当表现出高度的同质性。"❶ 民法是道德化的法律制度，把道德内容以行为规则的方式确定下来，商标法律制度同样承担着维护社会公共伦理道德的重任。也许人性本恶，但法律是人类防止恶的理性选择。公平、正义、诚实、信用毫无疑问是人类最渴望的伦理道德追求，尽力守护它们就成为法律制度的价值目标。在现代市民社会，上述价值不仅是社会生活的基本伦理，也是经济生活和市场竞争的商业道德。

公序是国家、社会的一般利益，在商标注册法律制度中通常作为社会秩序和公共利益的简称。古希腊在公元前 5 世纪至公元前 6 世纪就诞生了公共利益的概念，但对其内涵的解释至今依然充满了理论的困惑，"在不同的语境中，公共利益往往表现为不同的作用和功能。"❷ 具体到商标法领域，"公共利益是指与商标权的取得和运行紧密相关的不特定多数人的普遍利益"，最高层级的公共利益是维护公平竞争的市场秩序，商标法既要促进公平、自由竞争，也要防止和限制不正当竞争。❸ 在分析注册商标的显著性时，法律上的显著性理论来源就是反不正当竞争、维护公平竞争秩序价值追求，只是披上了显著性的外衣。

公平竞争、公共秩序等公序条款已经被德国、日本和法国等许多国家的商标法直接导入。德国商标和其他标志保护法第 8 条（2）9 规定，根据有关公共利益的其他规定，明显禁止使用的商标不应获准注册；日本商标法第 4 条（1）7、法国知识产权法典第 L.711－3 条都禁止可能损害公共秩序的商标注册。意大利商标法第 18 条 1（1），与法律和公共政策相抵触的标识不符合商标注册的条件。其他各国虽未直接列明，但相关法律条文及司法实践也将

---

❶　赵万一. 民法的伦理分析 [M]. 北京：法律出版社，2003：2.

❷　胡鸿高. 论公共利益的法律界定——从要素解释的路径 [J]. 中国法学，2008（4）：58.

❸　黄汇. 商标法中的公共利益及其保护——以"微信"商标案为对象的逻辑分析与法理展开 [J]. 法学，2015（10）：76.

公共利益作为注册商标无效的绝对事由。我国司法实践中代表性案例是"红木大会堂"商标行政诉讼案。该案中，北京市高级人民法院认为争议商标的显著性识别性部分"大会堂"与"人民大会堂"构成近似，"红木大会堂"容易使人联想到"人民大会堂"，若成为注册商标会对我国的政治、经济、文化等社会公共秩序和公共利益产生消极和负面影响，并据此作出予以撤销的判决。❶

　　良俗通常是指社会一般的道德观念和职业伦理要求，各国商标法对于有违良俗的情形表述虽有差异，但本质相同。如法国禁止违反社会公共秩序或社会公德；❷ 俄罗斯与法国的规定一样简洁，表述为人道和道德准则；❸ 巴西的表述为：与社会广泛接受的行为标准相违背或具有人身攻击性的或侮辱宗教习惯的标志和应受尊敬及赞扬的情感信念的；❹ 美国禁止含有对生者或死者、机构、信仰或国家象征有贬损或引起错误联想的内容注册；❺ 印度规定由毁谤或猥亵内容构成或含有此种内容的标志不得作为商标注册。❻ 反动、色情等不良影响和容易造成不良联系标志是我国《商标法》第10条所指良俗的含义，❼ 商标局依据此条作出过撤销注册商标（当时并未区分注册商标的无效与撤销）的决定。早在1997年商标局就被认定注册商标"财神爷"具有封建迷信色彩，有悖于社会主义精神文明，有害于社会主义道德风尚，撤销了该注册商标。同年还撤销了"福尔摩莎"的注册商标，因为"福尔摩萨（Formosa）"是16世纪葡萄牙侵占台湾后对台湾的蔑称，具有浓厚的殖民色彩，"福尔摩莎"与"福尔摩萨"相似，作为注册商标具有不良影响。

---

❶ 北京市高级人民法院（2014）高行终字第2072号行政判决书。

❷ 法国知识产权法典第L.711-3条。

❸ 俄罗斯联邦商标、服务商标和商品原产地名称法第6条第3款。

❹ 巴西知识产权法第124条。

❺ 美国兰汉姆法第1052条（a）。

❻ 印度商标法第9条第2款第（3）项。

❼ 黄晖.商标法［M］.2版.北京：法律出版社，201：46.

公序良俗的一般事由着眼于整个社会的公共利益、社会秩序、民族感情和社会文化，从商标注册申请行为人的主观心态和外在行为两方面界定注册商标无效的绝对事由，充分发挥注册商标无效制度的伦理性品质，避免"相关权利授予可能对社会道德和伦理关系带来的负面影响"，❶ 既注重申请注册商标标志的不良影响，同时也要求申请注册者的主观心态是善意的。我国的《商标法》从公序良俗的原则到具体情形均有规定，主要体现在第 7 条、第 10 条的第 6、7、8 款，以及 2019 年《商标法》修正后的第 4 条、第 19 条中。其具体内容包括：申请注册和使用商标，应当遵循诚实信用原则；带有民族歧视性的、带有欺骗性而容易使公众对商品的质量等特点或者产地产生误认的、有害于社会主义道德风尚或者有其他不良影响的标志不得作为商标使用；不以使用为目的的恶意商标注册申请，应当予以驳回，以及违反职业代理的恶意商标代理行为，即商标代理机构知道或者应当知道委托人申请注册的商标是不以使用为目的的恶意注册，或是损害他人在先权利、以不正当手段将他人已经使用并具有一定影响的商标抢先注册的，或是属于被代理人、被代表人的商标，或是具有合同、业务往来关系等其他关系的人明知他人商标存在而委托的注册的。

我国司法实践的相关判决丰富了公序良俗的具体内容。在"斗山"商标异议复审行政纠纷案中，法院从商标申请者的不诚实信用主观意志和可能产生的不良影响两方面否认了当事人注册商标申请的正当性。该案诉讼申请人向商标局申请注册的商标是他人已经具有较高知名度的商标，事实上申请人还在第 4 类润滑油等商品上大量注册了诸如"HONDA 本田""本田""花冠""标致雪铁龙PSA""雪佛兰"等多件知名汽车品牌及旗下各种品牌的商标。根据以上事实北京市高级人民法院认为，本案中申请注册商标的行为

---

❶ 赵万一. 知识产权法的立法目标及其制度实现——兼论知识产权法在民法典中的地位及其表达［J］. 华东政法大学学报，2016（6）：67.

侵权之诉，不具有正当性。❶ 国外亦有同样的司法实践。在法国的一起仿冒商标和不正当竞争案中，原告 SA Setric Biologie 公司注册了"LALVIN 522 Davis"和"LALVIN 2056"两个商标，诉讼中的被告认为，因缺乏显著性所以原告在任何情况下都不能对两个商标主张据为己有的权利，并据此提出注册商标无效的反诉。凡尔赛上诉法院认为，SA Setric Biologie 公司以在某一行业和科学领域人所共知和常用的文字为基础申请商标，其目的在于控制法国市场上运营公司的垄断地位，以阻止潜在对手，且本人并非该产品的选取者和独占的销售者，所以认定其通过欺诈注册取得的商标应宣告无效。❷

### 三、以不正当手段取得注册

公序良俗的原则要求商标注册人在申请注册商标时手段正当、合理。我国《商标法》第 44 条规定，"以欺骗手段或其他不正当手段"取得注册构成注册商标无效的绝对事由。需要说明的是，该"不当手段"与《商标法》第 32 条规定的"不得以不正当手段抢先注册他人已经使用并有一定影响的商标"中的不正当手段的指向有所不同。前者为违反诚实信用原则而扰乱商标注册秩序的不正当注册行为，是对公共秩序的侵害，以避免注册商标申请人采取虚构、隐瞒事实真相、伪造相关文件甚至采取贿赂等方式取得商标注册，即主要考虑是否有"以欺骗手段以外的其它方式扰乱商标注册秩序、损害公共利益、不正当占用公共资源或者谋取不正当利益的"等情形。❸ 而后者是指商标注册者在明知或应知的心理状态下恶意损害特定权利人利益的不当注册行为，属于无效的相对事由。

---

❶ 最高人民法院（2014）民提字第 168 号民事判决书。

❷ 陈锦川. 法国工业产权授权、无效的诉讼制度对我国的启示 [J]. 电子知识产权，2004（9）：43 - 44.

❸ 《最高人民法院关于审理商标授权确权行政案件若干问的规定》（法释〔2017〕2 号）第 24 条。

另外要澄清的是第 44 条中"不正当手段"的涵摄不属于《商标法》第 10 条第 8 款规定的"其他不良影响"的内容。《商标法》第 10 条是一个列举加概括的例示性规范，第 8 款是整个第 10 条的兜底条款，其他不良影响仅指"与有害于社会主义道德风尚相类似，可能对我国政治、经济、文化、宗教、民族等社会公共利益和公共秩序产生消极、负面影响的情形，属于禁用禁注的绝对事由之一，"❶ 是对违法性的注册事由概括规定，以弥补法律的漏洞。而且该内容已经整体被《商标法》第 44 条纳入到注册商标无效的绝对事由中，特别将这一款抽离出来视为第 44 条单独的一项内容不合乎立法技术和逻辑，因而该"不正当手段"的内容并不能由"其他不良影响"涵盖。

从适用范围上看，"以欺骗手段或其他不正当手段"是注册商标无效的绝对事由的兜底条款，而非相对事由的兜底条款或整个注册商标无效事由的兜底条款。从来源看，禁止以其他不正当手段取得注册的规定源于 1993 年修改后的《商标法》，为规制抢注等不正当竞争行为，该法第 27 条规定以其他不正当手段取得的注册可以由商标局撤销。❷ 1995 年的《商标法实施细则》将"以欺骗手段或者其他不正当手段"细化为 5 种情形，❸ 2013 年修改《商标法》时，除以"虚构、隐瞒事实真相或伪造申请书及有关文件进行注

---

❶ 孔祥俊，夏君丽，周云川.《关于审理商标授权确权行政案件若干问题的意见》的理解与适用 [J]. 人民司法，2010 (11)：24.

❷ 《商标法》（1993 年）第 27 条第 1 款规定：已经注册的商标，违反本法第 8 条规定的，或者是以欺骗手段或者其他不正当手段取得注册的，由商标局撤销该注册商标；其他单位或者个人可以请求商标评审委员会裁定撤销该注册商标。

❸ 1995 年《商标法实施细则》第 25 条规定：下列行为属于《商标法》第 27 条第 1 款所指的以欺骗手段或者其他不正当手段取得注册的行为：（1）虚构、隐瞒事实真相或者伪造申请书件及有关文件进行注册的；（2）违反诚实信用原则，以复制、模仿、翻译等方式，将他人已为公众熟知的商标进行注册的；（3）未经授权，代理人以其名义将被代理人的商标进行注册的；（4）侵犯他人合法的在先权利进行注册的；（5）以其他不正当手段取得注册的。

册"和"以其他不正当手段取得注册的"以外，另外三种情形均属于平等主体之间权益纠纷，已经被第 45 条直接吸纳为注册商标无效的相对事由。可见，不正当的手段在立法上已经被排除平等主体之间权益纠纷的范畴，不再属于注册商标无效相对事由的范畴，或者说以欺骗手段或者其他不正当手段所规则的是注册商标无效宣告的绝对事由。目前《商标法》第 45 条规定了注册商标无效的相对事由，该条以引用其他条款的方式将注册商标无效的各种相对事由集中于一个条文，除此之外不存在其他的相对事由。法无明文禁止即允许是民事权利的行使原则，民事法律规则应给予民事主体更多的鼓励而非限制，没有列明的事由不应纳入注册商标无效事由的范畴。而且第 45 条所引用的第 32 条，其内容事实上已经起到相对事由兜底条款的作用，❶ 通过对该条中"不得损害""在先权利"的适当解释，所有列明或未列明的在先权益均能够纳入到注册商标无效相对事由中得以保护。从法律文本的构成来看，第 44 条和第 45 条分别被视为绝对事由和相对事由的分类，体现了立法者明确的意图，这样绝对事由和相对事由均有各自的兜底条款，无论从理念上还是立法技术上都比较合理。所以在第 45 条已经列明注册商标无效相对事由的立法框架内，不宜认为以不正当手段取得注册是注册商标无效的相对事由，它只能成为注册商标无效绝对事由的兜底条款，以弥补商标注册及无效宣告制度的漏洞或缺陷。《商标法》通过这一兜底条款把法律上未予明确，但事实上不正当占有公共资源、违反公共利益、扰乱商标注册秩序和其他谋取不正当利益的行为进行规范。❷

有学者对"以欺骗手段或者其他不正当手段取得注册"这一条款的必要性提出了质疑，认为这一款应当删除。其理由是该条款的

---

❶ 《商标法》（2019 年）第 32 条：申请商标注册不得损害他人现有的在先权利，也不得以不正当手段抢先注册他人已经使用并有一定影响的商标。

❷ 孔祥俊，夏君丽，周云川.《关于审理商标授权确权行政案件若干问题的意见》的理解与适用 [J]. 人民司法，2010（11）：29.

立法由来表明，当初禁止的以欺骗或其他不正当手段的注册只有五种情形（1995 年修改的《商标法实施细则》第 25 条），除欺骗注册机关扰乱注册秩序的行为外其余四种形式均已被列明为注册商标无效的事由，所以可将其删除，再将另外的第五种情形即"虚构、隐瞒事实真相或者伪造申请书件及有关文件进行注册的"纳入注册商标无效的绝对事由，以使法律规范更加明确和周延。❶ 但对比"以欺骗手段或者其他不正当手段取得注册"与"虚构、隐瞒事实真相或者伪造申请书件及有关文件进行注册"的表达形式及内容可以看出，后者比较具体明确，前者相对抽象涵摄内容更丰富。立法从技术上讲，以具体代替抽象的表述更可能出现不周延。法律是立法者对社会事实状态及其运行后果的主观判断，对于一些无法预测的情形，法律必然要留有足够的制度空间。所以把以不正当手段取得注册作为注册商标无效绝对事由的兜底条款具有合理性。而且目前《商标法》第 27 条规定，商标注册申请"材料应当真实、准确、完整"，❷ 其内容已经将不得"虚构、隐瞒事实真相或伪造申请书件及有关文件进行注册"类似的意思涵盖。立法之所以不将第 27 条的规定纳入为注册商标无效绝对事由，其法理依据在于如果是因申请人的过失导致注册材料在真实、准确、完整性上有所欠缺，商标注册行政机关可以要求申请人进行完善，如果这种真实、准确、完整性的缺陷严重且属于申请人恶意地"虚构、隐瞒事实真相或伪造申请书件及有关文件进行注册"，则可以"以欺骗手段或者其他不正当手段取得注册"宣告注册商标无效，也就是说目前的《商标法》很好地解决了 1995 年的《商标法实施细则》第 25 条规定的五种情形。

需要说明的是，以欺骗手段或其他不正当手段取得注册的规定只是注册商标无效的绝对事由，不适用于商标注册审核等程序。注

---

❶ 曹博. 商标注册无效制度的体系化研究 [J]. 知识产权，2014（4）：116.

❷ 《商标法》（2019 年）第 27 条：为申请商标注册所申报的事项和所提供的材料应当真实、准确、完整。

册商标无效事由与商标注册的条件是密切相关的，违反商标注册条件通常将引发注册商标无效的法律后果，但这并非是必然的、绝对一一对应的关系。事实上以"欺骗手段或不正当手段取得注册"的法律文本字面含义清晰，该规则适用的对象仅指已经注册的商标，它仅仅是注册商标无效的事由，不能应用于除此之外的法律适用情形，如不得以违反该规定而拒绝注册、提出异议等。商标的审查、核准是商标局的行政职权，应严格遵守行政职权法定的原则，只能以《商标法》所规定的法律条件为依据，而不得适用除此之外的其他规定，否则就是对行政权力的滥用。以"其他不正当手段"是对违反商标注册条件的概括性称谓，其具体内容已经被商标法对注册的有关规定涵盖，无须通过适用或借用该款去解决商标审查和异议程序中的问题。❶

---

❶　孔祥俊. 商标法适用的基本问题 [M]. 北京：中国法制出版社，2014：307 – 308.

# 第四章 注册商标无效的相对事由

## 第一节 在先权利或在先权益与商标注册

注册商标无效相对事由的核心概念涉及特定人的"在先权利或在先权益",本书将其合称为在先法益,即注册商标损害他人在先法益的,利害关系人可以申请有权机关裁定、判决注册商标无效。相对事由涉及合法注册的商标专用权与其他私权之间的冲突,注册商标无效制度是根本上解决该冲突的有效途径。

### 一、在先法益的本质

#### (一)在先权利与在先权益之分

侵害他人的在先法益而注册的商标,通常构成注册商标无效宣告的相对事由。以在先法益作为比在先权利和在先法益更更高一级的概念,可以统率学者一直无法达成一致的理论分歧,也可以较好地理解我国 2019 年修改的《商标法》第 13 条、第 15 条、第 16 条、第 30 条、第 31 条和第 32 条规定的注册商标无效的相对事由的本质。

在先法益存在于注册商标创设之前,在法律效力上可阻却在后的注册商标行为。在先权利是已经由商标法、其他知识产权法、民法、反不正当竞争法等所确定权利,如外观设计专利权;在先权益是其他法律未做规定而由商标法规定的利益,如注册申请在先的标志。损害在先权利的,在先权利人可直接要求认定注册商标无效,除非《商标法》例外规定;损害在先权益的,根据《商标法》可阻却在后商标注册的明确规定,在先权益人可申请已注册商标无效。也就是说,除非《商标法》有例外规定,损害在先权利的商标注册可被认定无效；除非《商标法》有明确规定，损害在先权益的商标注册才可能被认定无效。

在先权利与在先权益的之分首先源于我国《商标法》对"在先权利"内涵的不同理解。根据我国《商标法》第 32 条的规定，禁止申请商标注册损害他人现有的"在先权利"，否则构成注册商标无效的相对事由可宣告注册商标无效。而目前学界对该"在先权利"的范围或界定尚未形成统一认识。有一种观点认为，该在先权利的范围包括在先识别性标志和其他在先权利，如在先使用的图书标题、电视栏目名称、商号、地理标志、在先注册商标等。另有一种观点认为，在先权利是一个开放的抽象概念，在先权利的范围包括"在先权益"和"在先权利"，并以作品塑造的形象、角色、标题、未注册商标等在先的利益为主。司法实践中将知识产权法与民法通则所明确规定的权利以及合法利益都归为在先权利。并通过分析相关案例，总结了法院判断是否属于在先权利客体的三要素。❶一是性质判断，要判断在先权利是否在《商标法》的保护范围之内，并据此确定给予何种程度、措施的保护。2009 年在"散列通"注册商标案中，商标评审委员会、一审、二审、再审法院，及最终提审的最高人民法院均对"散列通"是否为在先未注册商标还是通用名作出判断（通用名称不受《商标法》保护），再据此决定应否维持商标评审委员会撤销"散列通"的裁定（宣告无效）。❷二是影响力判断，要判断在先权利客体的知名度。如果知名度较高，更可能属于享有在先权利的客体，能够阻却在先后商标注册。比如作品越有名，作品中的人物名称、形象、作品名称等蕴含的识别性利益越高就越可能被人申请注册为商标，相应的就更应当构成禁止商标注册的事由。三是知名范围判断，在先权利客体的知名范围必须是在商标权产生的地域范围内。在 2011 年的"盲公"注册商标案

❶ 韩景峰. 商标法中在先权利的法理分析 [J]. 知识产权，2010（10）：26 – 29.
❷ 最高人民法院（2009）行提字第 1 号行政判决书。

中，最高人民法院认为，商品名称和标识在澳门可以使用而在内地并非当然地可以使用，这是由商标的地域性和法定性特征决定的，所以在澳门的广泛使用不能当然地构成合法的权利。● 有学者明确提出，商标法中所有已经明确了的权利，如专利权、著作权、姓名权、肖像权等都不在"商标立法者规定的在先权利"范围，可排除于在先权利的范围。❷ 司法实务将上述观点总结为，在先权利包括"明确规定的权利和未成为权利的在先权益"，可以将其统称为"在先权益"。❸

实际上，上述两种观点对"在先权利"范围的理解并无本质不同，都采用了一种广义上的权利的概念。认为《商标法》第32条所说的"在先权利"不仅包括法律上明确规定的权利，还将未以权利途径保护的利益纳入进来。只是第一种观点区分了标志性权利与其他权利，第二种观点认为该法条中的"在先权利"的概念不够严谨，其实际的含义应是指代"在先权利"和"在先权益"，可是这两个含义不同、等级不同的"在先权利"的概念的说法难免让人觉得逻辑混乱。

若从注册商标无效相对事由的本质出发，在先识别性标志、在先权利、在先权益、开放的在先权利的表达都不够准确，"在先法益"才是最能体现其本质的概念。引入法益的概念体系后，《商标法》第32条中的"在先权利"可理解为所有可能受注册商标损害的"法益"，该法益的内容包括在先权利和在先权益（本书合称其为"在先法益"），则可比较完美的解释第32条中的"在先权利"的内容。早在2010年最高人民法院就明确界定在先权利的内容，认为该条中的在先权利包括由《商标法》特别规定的权利和由民法

---

● 最高人民法院（2011）民提字第55号民事判决书。

❷ 李扬. 商标法中在先权利的知识产权法解释［J］. 法律科学（西北政法学院学报），2006（5）：44－45.

❸ 陈锦川. 商标授权确权的司法审查［M］. 北京：中国法制出版社，2014：317.

通则及其他法律规定的合法权益。❶ 其合理性在于以在先权利和在先权益两类不同的法益界定该条款当中的"在先权利",但不当之处在于把民法通则和其他法律给予保护的合法权益排除于权利的范畴,幸好最高人民法院在 2017 年纠正了这一不当做法,从概念上厘清了由民法确立的权利与其他应予保护的权益。❷

注册商标无效宣告的相对事由实际上是指因"在先法益"受到侵害,法益享有者有权申请注册商标无效的事由,具体事由不同可细分为在先权利和在先法益。这里既未采用纯粹法律注释的方法,以避免缺乏理论意义上的反思,也未采用立法论的方法,动辄主张建立新的权利或权益类型,事实上采用的是一种解释论的方法,以民法的基本理论、观念、规范进行整体解释,分析影响注册商标无效的在先权利和在先权益。

在先法益的提出借鉴了学者提出的一种民法保护客体的二元结构理论。该理论认为法益是受法律保护的私益,法益在民法中有补充、示范和体系作用,法益是权利的上位概念,与权利共同构成民法保护的客体,并通过原则和规则的法律规范体系的有效配置,实现对权利和未上升为权利的法益的保护。❸ 该理论认为权利为法益的一种,但未提及法益的其他内容,未免留下理论上的漏洞,因为从逻辑上看,一个上位概念下面仅包含一个下位概念的理论建

---

❶ 《最高人民法院关于审理商标授权确权行政案件若干问题的意见》(法发〔2010〕12 号)第 17 条:要正确理解和适用《商标法》第 31 条(2019 年修改的《商标法》第 32 条)关于"申请商标注册不得损害他人现有的在先权利"的概括性规定。人民法院审查判断诉争商标是否损害他人现有的在先权利时,对于《商标法》已有特别规定的在先权利,按照《商标法》的特别规定予以保护;《商标法》虽无特别规定,但根据民法通则和其他法律的规定属于应予保护的合法权益的,应当根据该概括性规定给予保护。

❷ 《最高人民法院关于审理商标授权确权行政案件若干问题的规定》(法释〔2017〕2 号)第 18 条;《商标法》第 32 条规定的在先权利,包括当事人在诉争商标申请日之前享有的民事权利或者其他应予保护的合法权益。

❸ 孙山. 知识产权的私法救济体系研究 [M]. 武汉:华中科技大学出版社,2016:摘要第 Ⅱ - Ⅲ.

构是无法自洽的。如果法益是上位概念，除了权利之外就必然还应该存在处于同一位阶的内容，这一内容就是"未上升为权利的法益"，可以称之为"权益"，如此则形成了以法益为上位概念，其下包含权利和权益的概念体系，民法保护的客体就是权利和权益。

对于什么是权利在法理上有各种不同的学说，如利益说、法力说、意思说、资格说、规范说、自由说和主张说等，其中利益说最能揭示权利概念的本质。注册商标无效相对事由中的在先权利是指"被制定法所承认，并冠之以权利之名者"，[1] 是具有使用、处分、收益和排除他人干涉等权能并可得到法律救济的利益，注册商标专用权、专利权、著作权，以及在民法上确定的姓名权、企业名称权、肖像权、外观设计专利权、美术作品等都属于在先权利的范畴。作者并不赞同下面这样一种观点，即知识产权法理论中的在先权利是指"法律效力低于知识产权特别法规定的权利的某些权益"。[2] 同为民事私法上的权利，在商标法制度中存在法律效力高低之别的观点与通常的认识确有较大的差异，而且这种论点还把权利与权益两个概念混为一谈，并不利于精确分析注册商标无效的相对事由。

某些尚未上升为法律明确规定的权利的"法益"，可根据法律得到相应的保护，甚至有学者主张可视其为"权利"。我国《侵权责任法》第2条将现有法律体系内的民事权益列举为18种之多，包括专利权、著作权、姓名权等人身、财产权益等，[3] 立法上对法益的保护持一种开放的态度，法院也可以通过判例的方式将利益

---

[1] 应振芳. 商标法中"在先权利"条款的解释适用问题 [J]. 政治与法律，2008 (5)：118.

[2] 李扬. 商标法中在先权利的知识产权法解释 [J]. 法律科学（西北政法学院学报），2006 (5)：41.

[3] 《侵权责任法》第2条。

"权利化"。❶ 把利益权利化的观点沿用了"诉因寄生理论"的思维，❷ 把应受法律保护的利益转化为权利，以适应复杂的社会生活需要，弥补法律的滞后性。但把利益转化为权利再进行保护的制度迂回实无必要，这种转化的权利与法律明确的权利在功能、性质、范围等方面有很大不同，通过司法判例创设"权利"更有违反宪法、立法法之嫌。与其假借"权利"之名进行法律规范，莫不如直接以"权益"之名给予保护，重要的是厘清那些影响社会经济活动确定应由法律调整的法益范围。

权益是能为主体带来的好处或便利，法律并未规定其为权利时，不具有禁用、处分等权能，仅在某种条件下受到法律有限的保护。2019 年修改的《商标法》第 13 条、第 15 条、第 30 条、第 31 条和第 32 条后半段特别规定的情形不属于专门法、民法通则认定的在先权利范围，因商标法对这些特殊情形下的注册商标、未注册商标已经有明确规定，❸ 按本书的逻辑应划为在先权益的范畴。构成注册商标无效相对事由的在先权益，是基于智力活动或投资而应当享有的识别性利益，法律对该利益是否需要保护未明确规定，比如在被他人注册为商标前已经在先使用的商业标志。对在先使用的商标给予保护，只能依据相关法律提供特别的、有限的法律之力，因商标在先使用而享有的权益与注册商标专用权相比缺少很多权

---

❶　全国人大常委会法制工作委员会民法室. 中华人民共和国侵权责任法解读 [M]. 北京：中国法制出版社，2010：10.

❷　诉因寄生理论主张：对尚未被确认为民事权利的某种民事利益的保护，可通过法律解释的方法将该民事利益纳入到一个已经受到保护的民事权利的范围（或已经得到确认的诉因）之内的方式实现。张新宝：民事法官能够直接引用宪法条文判案吗？——最高人民法院法释 ［2001］25 号另解 ［G］//杨立新. 民商法前沿（第 1、2 辑）. 长春：吉林人民出版社，2002：129.

❸　孔祥俊，夏君丽，周云川.《关于审理商标授权确权行政案件若干问题的意见》的理解与适用 ［J］. 人民司法，2010（10）：28. 原文中"《商标法》第十三条、第十五条、第二十八条、第二十九条、第三十一条后半段"是指 2001 年修改的《商标法》中的条文，对应于 2019 年修改的《商标法》第 13 条、第 15 条、第 30 条、第 31 条和第 32 条的后半段。

能。在先使用的未注册商标不是《商标法》规定的"商业标志权"客体，法律虽然也不禁止权益人将未注册的商标许可他人使用并获取利益，因"在先使用未注册商标具备民事权益的属性，理应进行保护"，❶ 但其他人也完全可以不经许可而直接使用该未注册商标，且权益人无法以侵害商标权为由要求损害赔偿。司法实践已经肯定了以未注册商标为标的的合同的合法性。杨国伟诉北京亮丽新世界美容有限公司特许经营合同案中，涉案的"美丽妈妈"商标仍处于商标局的审查期间，尚未获得核准注册，亮丽美容公司在商务部进行了特许经营备案。双方当事人之间签订加盟协议书，后因合同履行发生争议。北京市高级人民法院认为，虽然当事人使用的"美丽妈妈"确系未注册商标，但并不影响其特许经营资格，不能据此要求解除合同。❷

在先权益的存在可以从客体形式和权益内容两方面理解。从客体形式来看，在先权益的客体是在先使用的任何能够将某商品与他人的商品区别开的标志或标志组合，其中"能够"二字强调了标志本身潜在的识别能力或固有显著性。不具备固有显著性的标志，将无法发挥识别商品或服务来源的作用，民事主体申请其为注册商标的可能性微乎其微，即使提出注册申请，通常也会被商标机关拒绝注册。从权益的内容上看，在先权益是指因在先使用行为而给使用人带来的识别商品或服务来源的利益。商标是标志、对象和来源三要素构成的结合体，❸ 从在先标志本身的维度无法探究在先权益的本质，必须结合其区分商标或服务来源的能力来考察，即在先标志与商品或服务相结合，具有指代来源的功能，该指代功能是受商标法特别保护的权益。在后申请注册商标的行为将损害该利益，造成

---

❶ 魏大海，李高雅. 私权视野下在先使用未注册商标权益的合理保护 [J]. 知识产权，2013（11）：60.

❷ 北京市高级人民法院（2009）高民终字第4104号民事判决书。

❸ 吴汉东. 无形财产权基本问题研究（第三版）[M]. 北京：中国人民大学出版社，2013：357.

消费者的混淆、误认，如果通过审核注册，在后注册商标与在先的识别性权益就会发生冲突，并导致商标管理秩序混乱。商标法律制度的根本目的是通过保护商标上所附着的商誉，为消费者提供正确识别商品或服务来源的信息，所以赋予在先未注册商标使用人阻却在后注册的权利，进而提供要求在后注册商标无效的矫正制度就成为多数国家的法律选择。

**（二）判断"在先"的时间标准**

不得侵犯他人的在先法益是在后权利合法性的前提条件，否则在后权利不应得到法律的认可。注册商标无效相对事由是在后的注册商标专用权与在先法益存在冲突的情形，而先、后是以时间为标准进行区分的。知识产权冲突的第一协调原则为保护在先权原则，或称为"扬先抑后"原则，即"张扬在先权利，否定在后权利。"❶保护在先权原则是以权利产生的时间先后为主并以程序在先为补充作为判断的标准。❷在先法益是指成立时间在先的权利或权益，但判断"在先"的时间标准是以商标注册申请日还是以商标核准注册之日为标准，需要平衡在先法益人和注册商标专用权人双方的利益。

一种观点认为应以商标申请日为标准确定在先法益，凡是在商标申请日之前存在的法益属于在先法益，其后产生的法益在申请商标注册时无须考量是否存在冲突或侵害的情形。有学者从保护商标注册申请人利益的角度出发，提出了"商标申请权"的概念，认为商标申请权是"基于商标注册申请人的商标注册申请行为而产生并因该注册申请行为最终获得商标注册主管机关核准而受到保护的一种民事权利"，商标申请权是民法上的期待权，是附条件的实在权利。❸不论商标申请权的理论能否成立，从提出商标注册申请之日

---

❶　曹新明. 论知识产权冲突协调原则 [J]. 法学研究, 1999 (3)：76 .

❷　邱平荣，张大成. 试论商标法中在先权的保护与限制 [J]. 法制与社会发展, 2002 (3)：75.

❸　周波. 商标申请权作为合法权益应当予以保护 [J]. 人民司法, 2012 (16)：100.

起，根据《商标法》第30条、第31条对在先申请的规定，被申请注册的标志在商标法上都受到特别的保护。❶ 对于注册商标申请人来说，他对于申请日后发生的权利或权益的变动状态没有能力也无义务去关注，若以商标核准日为判断基准，将不适当地加重申请人的义务，故应以商标注册申请日作为确定在先法益的标准。欧洲共同体商标条例也采用了这一时间标准，将在先权益定义为一种禁止在后商标使用的权利，该权利取得于申请注册之日或提出申请共同体商标优先权日之前。❷

另有观点认为应以商标核准日为在先时间的判断标准。❸ 其理由如下：商标核准注册日既是注册商标专用权产生之日，也是与其他权利或权益产生冲突之时，❹ 在此之前尚未产生注册商标专用权，自然也不可能损害在先法益。而且从申请商标注册之日到审查核准注册这一期间内，也可能产生权利或权益，该法益应受到法律保护以免受到损害。该观点以权利为核心，准确地把握了《商标法》第32条的本质，充分考虑到了从商标申请日到商标核准日期间的事实状态变化，且该时间比较确定，不容易引起争议。

## 二、注册商标专用权与在先法益的冲突与消解

注册商标专用权成立后，可能会因审核注册过程存在瑕疵，导致该权利与其他人的在先法益形成冲突，这种冲突通常被视为是对在先法益的损害，将对商标注册或注册商标专用权效力产生影响。

---

❶ 陈锦川. 商标授权确权的司法审查［M］. 北京：中国法制出版社，2014：320.

❷ 欧洲共同体商标条例第8条第4款。

❸ 商标评审委员会商评字（2010）第39759号《关于第4863722号"瑞贡天朝"商标争议裁定书》；北京市一中院行（2011）一中知行初字第1316号政判决书；北京市高级人民法院（2011）高行终字第1383号行政判决书。

❹ 芮松艳. 商标法第三十一条中对"在先权利"的理解——评析内蒙古小肥羊餐饮连锁有限公司诉商标评审委员会、内蒙古华羚科贸有限责任公司商标异议复审案［G］//北京市高级人民法院知识产权庭. 北京法院商标疑难案件法官评述（2011）. 北京：法律出版社，2012：66.

该影响在各国商标法上以三种方式表现出来：一是把与在先法益冲突作为阻却商标注册和认定无效的事由，如德国和法国。二是作为限制商标注册的理由，如日本。三是综合前两种做法，根据具体的权利或权益，或者作为阻却商标注册和认定无效的事由，或者作为限制商标注册的理由。无论哪一种模式，当在后注册的商标损害在先法益时，在先法益人有权要求注册商标无效。根据《商标法》第32条和第45条的规定，我国采用的是第一种模式。

## （一）损害的构成

在民法体系范围内，在先权利或权益种类繁多，但并非所有的在先法益都能成为阻却商标注册的事由。知识产权法的特性决定，在同一客体上可以存在互不影响的知识产权，如在一个美术作品上存在著作权和注册商标专用权，也可以同时存在知识产权与其他权利，如商标专用权与企业名称权等。只有具备一定条件的在先法益才能阻却在后的商标注册，该条件是在先法益可能受到损害。广义上的损害是指财产或法益所受之不利益，❶ 损害的内容表现为财产性和抽象性。

财产利益方面的损害，主要表现为注册商标申请人未支付"符号许可费"这种智力成果的价值，导致在先法益人的利益损失。未经许可而将他人的作品、外观设计专利等注册为商标的，应承担停止侵权、赔偿损失等责任，这在侵权行为法上并没有什么争议。其中赔偿损失的金额就是在先法益人的利益损失，具体来说可以是因侵权获得的收益、在先法益人收入的减少或者是法院根据实际情况依法确定的赔偿金额。另外，从在后商标注册人财产支出的角度来说，使用他人具有一定知名度或具有固有显著性特征的在先法益的客体，节约了自行设计的成本，并可迅速建立起商标与商品之间的联系，减少运营成本，其本应支出的费用通过利用他人的法益而得以减少或避免，从法律规范的角度而言，该本应支出的费用可视为

---

❶　史尚宽. 债法总论［M］. 北京：中国政法大学出版社，2000：287.

在先法益人财产方面损失的金额。

对在先法益的抽象性损害实质上是一种"知识产权权益"性质的损害，是对在先法益客体"所蕴含的商誉、影响力或者号召力"的搭便车或故意混淆。损害的内容因在先法益的具体形式而有所不同，如注册商标对其他企业名称、个体工商户字号、域名等标志的损害，是给消费者造成来源混淆；注册商标对其他人姓名、肖像、知名商品特有的包装、装潢、对广为知晓的文学作品中的人物形象等的损害，是指不恰当地攀附他人的声誉。这种损害既包括对在先法益的现实损害，也包括将来的损害。越是知名度高的在先法益的客体，越容易被侵害。所以各国商标法对驰名商标、名人的姓名及肖像、知名商品的包装及装潢等给予特别关注的做法也就不难解释了。

如果从"符号圈地"的现象来理解，在后注册的商标对在先法益的抽象性或无形性的损害形式表现为两类。第一类可称为"商标注册层面的损害"。在后的注册商标申请人，把在先法益的客体申请注册为商标，若没有任何真正的使用意图，事实上是把该标志能够体现在《商标法》上的利益抢先垄断于自己的手中，剥夺了在先法益人的潜在利益。且未经在先权利人许可而申请注册商标行为本身就是对在先权利人的占有、处分、使用权能的侵犯，因为"任何东西根据权利是我的，或者公正地是我的，由于它和我的关系如此密切，如果任何他人未曾得到我的同意而使用它，他就是对我的损害或侵犯"。❶ 有观点认为，仅将在先法益的客体注册为商标并不构成侵权，其理由是抢先注册的标志未使用于商品或服务上时不产生商誉，该注册商标不具有指代商品或服务的功能，它只有作为商标的潜质而不是商标。❷ 这种观点的错误之处在于，一旦在先法益的客体被他人申请为注册商标，无论是称其为形式意义上的商标还

---

❶ 康德. 法的形而上学原理 [M]. 沈叔平，译. 北京：商务印书馆，1991：53.

❷ 韩景峰. 商标法中在先权利的法理分析 [J]. 知识产权，2010 (10)：25.

是特定标志，都将损害在先法益人把它申请为注册商标并使用而享有的利益。第二类可称为"权利行使中的损害"。在后的注册商标申请人形式上享有完全的注册商标专用权，他有权以侵权为由，禁止在先法益人在相同或类似商品上使用与注册商标相同或近似的标志，事实上形成对在先权利或在先权益的限制。❶

　　注册商标之所以会构成对在先法益的"知识产权权益"性质的损害，根源在于注册商标客体的特殊性。申请注册的标志经商标行政管理机关审查核准后，即具有了合法权利的形式，但实质上可能是因违反注册的有关规定而不应受法律制度的保护。物权具有一物一权的性质，物权本身不存在冲突的可能，在权利的归属上只会发生所有权纠纷，而知识产权的特性决定了与其他权利冲突的不可避免性。在众多的知识产权客体法学理论中，"信息论"对事物本质的解释力更强。郑胜利教授主张知识产权的客体为财产性信息；❷徐瑄教授认为知识产权的本质是智慧信息；❸ 张玉敏教授将知识产权保护的对象界定为蕴含人的创造力并具有一定价值的信息；❹ 日本学者中山信弘教授认为知识产权是禁止不正当模仿所保护的信息；❺ 郑成思先生则直接宣布知识产权客体的本质就是信息。❻ 信息是其核心词语，财产性、智慧、有价值、被不正当模仿等均是对信息的进一步阐释，强调信息与物的差异性特征，突出知识产权客体的本质。知识产权法上的信息具有二重性，即"信息必然依赖于

　　❶ 借鉴了"注册中的符号圈地"和"权利行使中的符号圈地"的界定方式。参见李琛. 商标权救济与符号圈地 [J]. 河南社会科学，2006（1）：66.

　　❷ 郑胜利，袁泳. 从知识产权到信息产权——经济时代财产性信息的保护 [J]. 知识产权，1999（4）：7.

　　❸ 徐瑄. 知识产权的正当性——论知识产权法中的对价与衡平 [J]. 中国社会科学，2003（4）：144.

　　❹ 张玉敏. 知识产权法学 [M]. 2 版. 北京：法律出版社，2011：12.

　　❺ 中山信弘. 多媒体与著作权 [M]. 张玉瑞，译. 北京：专利与文献出版社，1997：1.

　　❻ 郑成思. 知识产权论 [M]. 3 版. 北京：法律出版社，2007：127.

某种物质载体的绝对性和它对某个特定载体依赖的相对性成为信息最本质的特性"。❶ 也就是说信息必然依赖载体而存在，但这个载体却是不确定的某些物，多个载体可同时附着同一信息。信息具有共享性，可被多人拥有和使用且不会造成该信息的损耗。上述特殊性决定了知识产权客体的控制与占有的方式只能由法律确定，权利主体无法通过控制信息载体达到控制知识产权客体的目的，或者因这种控制的成本过高而无法被社会选择为法律制度。所以知识产权客体之间、知识产权客体与其他无形财产之间也容易产生冲突。同一信息上存在不同所有权主体的不同种类的知识产权是常态，比如对某图画的著作权、商标权等。也容易出现知识产权客体与其他无形财产的冲突，如注册商标与企业名称等。

## （二）损害的消解

注册商标标志损害了在先法益时，将形成注册商标专用权与在先法益冲突的事实，存在引发侵权纠纷或不正当竞争纠纷的可能。法院虽然有权对侵权或不正当竞争案件进行审查判断并作出诉讼请求成立与否的判决，解决个案纠纷，但只要注册商标与在先法益同时存在，就不能消除两者都具有合法依据的冲突。

任何权利都不应建立在非法侵犯他人利益的基础上。从实质正义的维度出发，审核注册行政行为的合法性只是产生注册商标专用权的理由之一，并非充分条件。法律推定注册商标所有人的权利有效，但凡推定之权利皆可推翻，"商标注册不是绝对的合法性证明"。❷ 依据知识产权特别法、民法通则、反不正当竞争法等享有的在先法益，与经合法的行政程序产生的注册商标专用权等阶相同，顺序在先的更具有正当性，这是正义观念的合理延伸而非逻辑推论。所以有学者认为，在先权利是指依法先产生的权利，且该权

---

❶ 李宗荣，周建中，张勇传. 关于生命信息学业研究的进展——以不违背热力学第二定律的方式理解生命 [J]. 自然辩证法研究，2004（3）：64.

❷ 李琛. 商标权救济与符号圈地 [J]. 河南社会科学，2006（1）：66.

利客体可以同时或先后受到多种权利的保护。❶ 在后注册的商标损害了在先法益，通过注册商标无效使其退出法律权利范畴，是从根源上消解在先法益与在后注册商标冲突的有效途径。

各国立法均禁止在后的注册商标专用权侵害在先法益，但在具体做法上却有所不同。采用的具体路径有不得构成混淆、申请注册的商标因在先法益的存在而不符合注册的实质要件、为在先法益人提供救济的权利。如日本商标法规定，可能会与他人业务相关的商品或服务产生混淆的商标不得取得注册。❷ 德国商标和其他标志保护法规定，在相关公众中存在混淆的可能时，可以注销商标的注册。❸ 此外，意大利商标法还将在先使用且具有知名度的标志视为没有新颖性（显著性），因此其他人不得在后将其注册申请为商标。❹ 埃及知识产权保护法赋予在先使用者对注册商标所有权的质疑权，达到注册商标无效的目的。❺

注册商标专用权与在先法益发生冲突时，确认在后的注册商标无效是解决冲突的途径，但并非唯一的解决方式，商标法中尚有其他的替代制度。如《巴黎公约》第6条之七就规定，未经所有人授权而以代理人或代表人名义注册的，该所有人可以要求将注册商标转让给自己。意大利商标法根据民法的意思自治原则，赋予在先权利人充分的选择权，既可以强制被核准商标注册无效，也可通过法院强制要求将注册商标转让给在先权利人。❻ 选择性模式的出现，属于民法的行为本位与资源本位的折中，是意思自治原则与国家公

---

❶　张广良. 知识产权实务及案例探析［M］. 北京：法律出版社，1999：174.

❷　日本商标法第4条（1）15。

❸　德国商标和其他标志保护法第9条（1）2。

❹　意大利商标法第17条（1）2：……标识的在先使用，只在未产生知名度或仅在地方具有知名度，则不损其新颖性；申请人或先前的权利人对标识的在先使用不构成注册的障碍。

❺　埃及知识产权保护法第65条：除非有证据表明第三方已在先使用，否则，凡进行商标注册并自注册日起已使用5年者，应被视为注册商标的所有人。

❻　意大利商标法第25条。

权的权威性之间的相互妥协，以维护市场经济秩序及消解权利冲突。

## 第二节　注册商标无效相对事由之一：在先权利

注册商标的识别性特征决定只有与商标识别性功能相冲突的权利客体才能够阻却商标注册，进而成为注册商标无效的相对事由，并非任何在先权利都可以成为阻却商标注册的事由，所以在先权利是指在先的"根植于商标及其构成要素这一共同客体的其他权利"。❶ 在先权利的范围包括由民法、商标法、专利法和著作权法等法律确认的权利，除此之外能够阻却商标注册的法益则属于在先权益的范围。

《巴黎公约》把侵犯第三人既得权利作为注册商标无效的事由，TRIPS 要求注册商标专有权不应损害任何现有的优先权，❷ 两公约都规定侵犯他人权利的注册可确认无效，但并未指明在先权利的范围和具体内容，仅《巴黎公约指南》把在先权利解释为"已在有关国家受到保护的商标权利，或者其它权利，如商号权或版权"。❸ 不同国家商标法对在先权利范围的界定提供了可资借鉴的法律样本。德国主要从被侵犯"权利"的角度规定注册商标无效的相对事由，即申请注册的标志侵犯了注册商标权、驰名商标权、通过使用获得的商标和商业标识权、肖像权等权利时可以注销。❹ 巴西从"客体"方面作出规定，在先权利包括工业设计、他人商标、集体商标或证明商标、机构名称、企业名称中的特征部分或显著性部

---

❶　邱平荣，张大成. 试论商标法中在先权的保护与限制 [J]. 法制与社会发展，2002 (3)：74.

❷　《巴黎公约》第6条之五 B，TRIPS 第16条第1款。

❸　博登浩森. 保护工业产权巴黎公约指南 [M]. 汤宗舜，段瑞林，译. 北京：中国人民大学出版社，2003：114–115.

❹　德国商标和其他标志保护法第9条到第13条。

分、地理性标志或该标志的组合、个人的姓名或签字、家庭名字或父名或他人的肖像,知名人士的笔名或昵称,个人或团体的艺名,和故意复制或模仿且容易导致混淆和误认的标志。❶ 而法国知识产权法典从"权利及其客体"和两个方面进行界定,如商标注册不得侵犯著作权、侵犯在先注册商标、驰名商标、公司名称或字号、原产地名称等。❷

有学者以概括加列举的方式把在先权利归纳为三类:在先的其他知识产权,在先的其他民事权利和随着社会的发展逐渐出现的其他新型权利。❸ 还有学者通过列举的方式确定在先权利包括以下十类,即商标或驰名商标享有的权利,姓名权、肖像权,公司名称和企业名称,字号和商号,版权,工业品外观设计,原产地名称,域名及网站名称,知名商标特有的名称、包装和装潢,经国务院批准举办的全国性和国际性的文化、体育、科学研究及其他社会公益活动所使用的,由文字、图形组成的名称及缩写、会徽、吉祥物等特殊标记,如亚运会的"盼盼",大运会的"拉拉"等。❹ 也有学者认为学术界对在先权利的范围的理解已经形成了共识,即该范围应包括在先的知识产权、在先人格权、地理标志等以及《商标法》第15条规定的有关权益。❺ 从法学理论上讲,权利的类型是对同类客体共性的概括,比具体的客体更为抽象,但在内涵上又应具有一定的明确性。对注册商标无效事由意义上的在先权利研究,应着眼于权利的类型,再论及客体的具体形态。依据各国商标法的规定,借鉴学者现有的理论研究,本书将在先权利的类型分为在先知识产权

---

❶ 巴西知识产权法第124条。

❷ 法国知识产权法典第 L. 711 − 4 条。

❸ 赵凤梅,胡远明. 商标法在先权利保护的理论探讨 [J]. 山东科技大学学报 (社会科学版),2004 (3):70.

❹ 黄晖. 商标与其他在先权利的冲突及解决程序 [J]. 工商行政管理,2001 (23):44 − 47.

❺ 李扬. 商标法中在先权利的知识产权法解释 [J]. 法律科学 (西北政法学院学报),2006 (5):43 − 44.

和在先人格性权利。

## 一、在先知识产权

在后注册的商标不得与在先注册商标相同或近似，否则在先注册商标权人可请求宣告在后注册商标无效。专有使用权和禁止权两方面权能构成注册商标专用权的完整内容，注册商标的使用被限定在核准的商品或服务上，禁止权的指向范围要大于使用权，涵盖了在类似商品上的相同或近似标志。驰名商标禁止权的范围可扩展至不同种类的商品或服务上的标志，但概括地说驰名商标可以得到跨类的法律保护并不准确，在社会公众中广为知晓的驰名注册商标，只能得到与其驰名程度、范围相适应的额外保护，而驰名程度较弱、社会知名度不高或仅在特定行业、专业、地域、群体内享有盛誉的驰名商标，其保护范围不宜过多扩张，应限于其知名度覆盖范围内的商品或服务。

在先著作权是另一类比较常见的在先知识产权。商标评审委员会在"江苏银行 BANK OF JIANGSU 及图"标志案，即 2015 年第 6285542 号图形商标无效宣告案中，确立了判断注册商标是否与著作权相冲突的要件。江苏银行委托他人设计了"江苏银行 BANK OF JIANGSU 及图"，并将其中的图形作为行徽进行了著作权登记，取得了著作权登记证书。后香港某公司将该图形申请为注册商标，江苏银行提出了注册商标无效宣告的申请。商标评审委员会认为，将他人的作品申请为注册商标而未经许可的构成对在先著作权的损害。商标评审委员会总结该情形的适用要件为：申请注册的商标与他人在先享有著作权的作品相同或者实质性相似；商标注册申请人接触过或者有可能接触到他人享有著作权的作品；著作权人未许可商标申请人将其注册。❶ 上述内容可概括为"标志相同或相似、接

---

❶ 第 6285542 号图形商标无效宣告案［EB/OL］.（2015 – 09 – 23）［2016 – 12 – 18］. http：//spw. sbj. cnipa. gov. cn/alpx/201509/t20150923_229775. html.

触可能、未经许可"三要件。但"接触可能"要件的合理性值得商榷，俄罗斯商标法中就只规定了标志相同和未经许可两要件，❶因为在先著作权人很难举证在后的商标申请注册人是否接触过作品。

能够阻却商标注册的专利权通常是外观设计专利权，但相关案例比较少。外观设计的保护范围应以图片或照片中的表示整体上把握，不能局限于其中的某部分构成要素。在"万花筒"商标案中，外观设计专利由"万花筒""姚记精品扑克""playing cards"文字及花卉图案等要素共同构成。文字"万花筒"被他人注册为商标后，外观设计专利权人认为注册的商标损害了其权利，但二审法院认为，"外观设计专利权的保护范围并不及于其中的文字"，所以注册商标并未侵害外观设计专利权。❷

## 二、在先人格权

### （一）自然人的人格权

姓名、肖像是自然人人格权的重要内容，与个人独立性、尊严等精神性需要直接相关，有损于人格尊严的行为应予以禁止。但这并不意味着对他人的人格尊严没有损害就可以擅自将其注册为商标，原因在于商事人格权的出现。"商事人格权，是指公民、法人为维护其人格在商事活动中所体现出的包含金钱价值在内的特定人格利益——商事人格利益而享有的一种民（商）事权利"。❸社会经济发展对人格权的商事化影响显著，主要表现为自然人的姓名、肖像等人格权客体附带的财产性利益被认可，姓名、肖像在信息化

---

❶　俄罗斯联邦商标、服务商标和商品原产地名称法第7条第3款：下列相同的标识不得作为商标注册……未经著作权持有人或其权利继承人许可，俄罗斯联邦著名的科学、文学和艺术作品的名称、其中的人物或摘录，艺术作品或其局部图，且这些作品的权利先于申请注册商标的优先权日产生。

❷　北京市高级人民法院（2006）高行终字第445号行政判决书。

❸　程合红. 商事人格刍议 [J]. 中国法学，2000（5）：86.

的社会里呈现出人格标志的特征，在商业活动中用以识别商品或服务来源，可以成为商业标志。具有较高知名度的姓名、肖像等具有较高的商品化价值，更可能被他人注册为商标。擅自将他人姓名、肖像等注册为商标，将导致相关公众误以为使用该注册商标的商品或服务与特定自然人存在某种关系，如投资、赞助、代言、许可等。

　　作为在先权利客体的姓名，是指可用以指代、称呼、识别特定自然人的符号，包括艺名、笔名、别名、曾用名、译名、绰号等。对姓名的认定，应采用客观的标准，某符号组合事实上构成对特定自然人的指代时即被认定为该自然人的姓名，而不考虑该自然人是否具有主动使用或以该符号组合指代自己的意思。在后注册商标申请人是否具有主观恶意，也是判断在先姓名能否阻却在后商标注册的考量因素。以姓名权要求注册商标无效案件中，影响最为广泛的非"乔丹"商标案莫属。2016年12月最高人民法院对涉及"乔丹""QIAODAN"商标系列案作出判决，撤销三件"乔丹"注册商标，但肯定了以拼音"QIAODAN"和"qiaodan"注册的商标的效力。最高人民法院认为，构成《商标法》上在先权利客体的姓名应具备三个条件：有一定知名度，为相关公众熟知；用于指代该自然人，对于外国人的译名，应考虑到我国相关公众的称谓习惯；该名称与特定自然人之间已建立起稳定的对应关系。该案事实状态是，我国部分报纸、期刊、网站上刊登的与迈克尔·杰弗里·乔丹（Michael Jeffrey Jordan）有关文章、书籍等均主要以"乔丹"作为其名字的指代；经公证的两份市场调查报告表明，多数受访都会将"乔丹"与美国篮球运动员"Michael Jeffrey Jordan"联系起来，且认为后者与"乔丹体育"有关。所以迈克尔·杰弗里·乔丹（Michael Jeffrey Jordan）对"乔丹"在中国享有姓名权，乔丹公司对"乔丹"申请注册商标是未经许可对迈克尔·杰弗里·乔丹（Michael Jeffrey Jordan）姓名的使用，损害了其姓名权。且乔丹公司将"乔丹"注册为商标具有明显的主观恶意，其后的经营状况、对其企业名称和有关商标的宣传、使用、获奖、被保护等情况均不足以使得因侵犯他人姓名权的商标注册具有合法性，故撤销了法院维持"乔丹"注册商标效力的判决。❶ 汉语拼音"QIAODAN"和"qiaodan"并不会被我国相关公众视为是迈克尔·杰弗里·乔丹（Michael Jeffrey Jordan）的姓名，因而其对汉语拼音"QIAODAN"和"qiaodan"不享有姓名权，他主张乔丹公司的注册商标构成侵权的请求不成立，乔丹体育股份公司对"QIAODAN"和"qiaodan"继续享有注册商标专用权。

### （二）法人的人格权

当代人格权的发展趋势受到民法商法化和商法民法化的影响。在民法商法化影响下，普通人格权向商事人格权发展，民事权利具有更多的营利性的商事权利属性，进而演化为相应的商事权利，如美国确认的"名声权"，荷兰承认的"商事肖像权"。在商法民法化的影响下，纯为营利而存在的商事主体的名称、商誉等受到社会重视，甚至法律直接宣称应对法人的人格利益进行全面保护，❷ 如我国把企业的名称、字号被认为是区别不同市场主体的商业标识。❸ 在两种趋势的冲击之下，能够指代法人的名称、徽记等标志如自然人的姓名或肖像一样成为"商事人格权"的客体。但也有学者认为不存在法人人格权，因为法人的名称权、名誉权等权利无精神利益，非为任何团体人格存在之必须。❹ 普通人格权理论认为，人身权不可以继承或转让，不具有财产权属性，按此理论进路，自然不存在法人人格权的概念。如果正视当代人格权的发展趋势，把人格权的内容视为包括精神性权益与财产性权益的整体，法人人格权概念就有其存在的合理性，将企业的名称、字号等认定为财产权符合经济利益最大化和维护市场秩序的法律价值。

---

❶ 最高人民法院（2016）最高法行再 27 号行政判决书。

❷ 程合红. 商事人格刍议［J］. 中国法学，2000（5）：87.

❸ 最高人民法院（2005）民三监字第 15 - 1 号民事裁定书。

❹ 尹田. 论法人人格权［J］. 法学研究，2004（4）：51.

　　法人的名称、徽记、域名及商号、字号等属于法人的商事人格权的客体，性质上为商事人格权中的"主体人格外在标识利益"，❶该利益源于使用者在主观具有以该标志区别来源的意图，相关公众事实上也认为该标志属于某企业的显著标志、营业标志或其他标志，等同于该企业的特殊标志，❷如果允许被他人注册为商标，将引起消费者混淆。

　　在后申请注册的商标是他人企业名称的，并非一定构成对在先企业名称权的损害。如"太奇"商标案的判决就认为，不能仅以其字号的使用时间早于注册商标的使用时间就主张当然地拥有在先权利，就认为在后的商标注册侵犯其字号权，法院应综合考虑市场主体使用该商业标识的完整历史渊源来判定是否构成在先权。❸在2016年9月判决的"赤那思"商标案的判决书中，江苏省高级人民法院延续了"太奇"案的判决思路，详细阐释了企业名称与商标之间的内在联系。法院认为，企业将自己在先使用的字号申请为注册商标时，从商标申请到最终获得核准注册期限内，企业通常会以未注册商标的方式在产品及宣传资料上使用，所以表征该字号和注册商标的符号组合就具有了"字号简化使用和未注册商标使用的双重性质，因此而累积的知名度及商誉应当然及于"该符号组合。为保护相关公众和消费者利益，鼓励诚实信用的商业伦理，法院遵从保护商誉的立法宗旨，以市场的事实状态为基础，采用了一种广义的商标定义，认为"字号本身也是商业标识，当字号与注册商标文字完全相同时，字号与注册商标的使用事实上难以机械割裂，因此字号知名度应当及于注册商标"。此时企业字号与注册商标是"相互促进的叠加效应关系"，所有由此带来的市场商誉最终都将累加归属于该经营者，也就是说注册商标"赤那思"的商誉或受法律保

---

❶　程合红. 商事人格刍议［J］. 中国法学，2000（5）：86.

❷　德国商标和其他标志保护法第 5 条（2）。

❸　江苏省高级人民法院（2015）苏知民终字第 00098 号民事判决书。

护的时间应当自企业字号开始使用时起计算。在"赤那思"获得注册之前，第三人在其他地区把该文字作为字号登记为公司名称时，第三人的公司虽然享有企业名称权，但"赤那思"注册商标并不构成对它的在先企业名称权的侵权。❶

## 第三节　注册商标无效相对事由之二：在先权益

我国《商标法》确定的在先权益的客体，在形态上都是具有识别功能的未经商标行政部门审核注册的商标。我国对在先权益的立法体现在《商标法》第 13 条规定的未注册驰名商标、第 15 条规定的具有特定关系的人抢注未注册的商标、第 16 条规定的标示某商品来源于某地区的地理标志、第 31 条规定的申请在先或使用在先的商标和第 32 条规定的他人已经使用并有一定影响的商标，我国反不正当竞争法还对知名产品特有的名称、包装和装潢提供法律保护。从在先权益的基本理论出发，构成注册商标无效事由中的在先权益所指的未注册商标的范围还包括具有"注册商标"形式的标志，如在核准使用的商品或服务类别上复制、翻译、模仿、申请注册已经注册的驰名商标，代理人或代表人等特定关系人在其他类别商品或服务上抢注已注册的商标等。

### 一、未注册商标

未经注册但具有区别商品或服务来源或区别同类商品或服务功能的标志，是未注册商标，也可称为实质商标。关于在先使用的未注册商标的法律性质，目前学术界主要有民事权利说、商标权利说、非权利说和利益说等四种观点。民事权利说认为，"未注册商标权是一种民事权利，使用人依法享有一定的占有、使用、收益、

---

❶　江苏省高级人民法院（2015）苏知民终字第 00205 号民事判决书。

处分的权利"。**❶** 商标权利说认为，我国《商标法》中的商标权包括注册商标专用权，也包括未注册商标权人享有的基本权利，后者是未注册商标所有人通过使用而形成的权利。**❷** 非权利说认为，未注册商标的使用"不是商标权意义下的使用"，在先使用不具有对抗在先申请的效力因而不是权利的表现。**❸** 利益说区分了权利和权益的概念，认为《商标法》中的在先利益是低于知识产权特别法规定的权利，是因为"付出了足够的知识性劳动和投资因而在反不正当竞争法和民法上应当享有的某种利益"。**❹** 民事权利说比较笼统，不能明确为具体的何种权利。商标权利说与我国实行的商标权注册取得模式相悖。非权利说的缺陷在于不符合保护在先使用商标的潮流。除了非权利说以外，其他几种观点虽然对未注册商标的法律性质认识不一，但都认为应保护在先使用而产生的一定利益。利益说则发现了在先权益的根本问题所在，即在法律未明确其为权利时，基于正义价值、秩序价值以及立法主旨而对在先法益给予保护。**❺** 本书认为，"未注册商标权"只是学理上的探讨，我国《商标法》未确定未注册商标权，未注册的商业标志使用者对其仅享有一定的权益而不享有商标专用权。

　　无论采用商标权注册取得模式还是使用取得模式的国家，都会依据在先使用的事实状态为未注册的商业标志提供相应的保护，但具体做法不一。在美国，在先使用是产生商标权的条件，在后的商标注册申请不得侵犯在先商标权。对于仅采商标权注册取得模式的国家，实定法上不存在未注册商标权，法律根据标志的具体使用情

---

❶　刘贤. 未注册商标的法律地位 [J]. 西南政法大学学报，2005（3）：112.

❷　邱平荣，张大成. 试论商标法中在先权的保护与限制 [J]. 法制与社会发展，2002（3）：77.

❸　董炳和. 商标在先使用的法律意义 [J]. 法学，1999（5）：50–51.

❹　李扬. 商标法中在先权利的知识产权法解释 [J]. 法律科学（西北政法学院学报），2006（5）：45.

❺　杜颖. 在先使用的未注册商标保护论纲 [J]. 法学家，2009（3）：127.

况给予某种程度的保护。如巴西和葡萄牙商标法规定，在先商标使用产生注册优先权，在注册优先权的保护模式下，如果未注册商标使用者把使用的标志申请注册后，法律视在先使用的时间为其商标申请日，从而实现对在先使用的保护。

### （一）商业使用因素

构成注册商标无效相对事由的在先未注册商标，应已经在商业活动中在先使用，"商业使用"就成为判断注册商标无效相对事由构成要件中核心要素。

在主观意思方面，未注册商标的在先商业使用应当是处于在先使用人主观意图控制之下的把标志作为识别商品或服务来源的使用。在先使用的主体"不但要有将商业标识在市场上实际使用的行为，更要有将该商标标识进行商业化利用的主观意图"。[❶] 未注册商标的权益产生于使用和显著性为构成要件的事实行为，与使用人意思无关的观点不能成立。[❷] 在 2009 年"伟哥"商标案中，在中国内地辉瑞公司和辉瑞制药公司没有以"伟哥"为商标进行过商业活动，也未以"伟哥"为商标对自己进行过宣传，尽管多家媒体在报道中把"伟哥"与"Viagra"相对应，但不能认定两公司当时有把"伟哥"作为商标使用的真实意思，所以最高人民法院最终否认"伟哥"为未注册驰名商标。[❸] 在"索爱"商标案中，最高人民法院坚持同样的观点，认为索尼爱立信公司没有把"索爱"作为公司商业标识的意图，索尼爱立信公司公开声明"索爱"不代表索尼爱立信，所以其他人把"索爱"文字注册为商标不构成对该公司在先权利的损害。[❹]

在客观行为方面，在先未注册商标的使用应以营销活动中的商

---

❶ 袁博. 商标俗称的法律保护途径——"索爱"商标争议案评析 [J]. 中华商标，2012（5）：48.

❷ 冯术杰. 未注册商标的权利产生机制与保护模式 [J]. 法学，2013（7）：46.

❸ 最高人民法院（2009）民申字第 312 号民事裁定书。

❹ 最高人民法院（2010）知行字第 48 号民事裁定书。

业使用，是具备指示商品或服务来源功能的实质性商标，是在商业活动中的包装、宣传、展览等识别商品来源的行为。<sup>❶</sup> 非商业性使用，如滑稽模仿、新闻报道以及新闻评论、字典等参考书中的使用，不属于注册商标无效相对事由的"在先使用"。北京市高级人民法院细化了在平面或立体媒介上对商标标识的使用和服务商标的使用情形，认为商标的使用是指"标明商品的来源"和"区分市场主体"。<sup>❷</sup> 我国台湾地区的"商标法"第 6 条把《商标法》上的使用限定为必须具有"营销之目的"，这种以列举加概括的方式，从目的、方式、效果三个方面对商标意义上的使用进行界定，与北京市高级人民法院的观点大同小异，即在先使用应当是把标志贴附于商品进行销售或者进行其他交易，或与商品流通相联系的使用行为，否则商标的识别功能无从发挥；如果只是商业宣传使用，应有营销的目的，并足以令相关公众认识到该标志是被作为商标使用的。

　　未注册商标的在先使用应当是已进入流通环节的真正的商业使用，这方面美国商标法的做法值得借鉴。美国兰汉姆法第 1127 条要求商标的使用应是"在通常的贸易过程中真诚的而非仅以保留该商标权利为目的之使用"。具体而言，商标使用的含义包括以下内容：第一，应是实际的真正的商业上的使用，仅是"小的、零星的、无关紧要"的销售量是无法成立在先使用权的。1999 年美国第三巡回法院在 Lucent 案确立了判断构成商业使用的四要素标准，主要着眼于商品的销售情况，即购买者数量、广告宣传数量、销售数量和销售增长趋势。<sup>❸</sup> 第二，只在生产环节或商业宣传环节的使

---

❶ 《商标法》第 48 条：本法所称商标的使用，是指将商标用于商品、商品包装或者容器以及商品交易文书上，或者将商标用于广告宣传、展览以及其他商业活动中，用于识别商品来源的行为。

❷ 北京市高级人民法院关于印发《北京市高级人民法院关于审理商标民事纠纷案件若干问题的解答》的通知（京高法发〔2006〕68 号）第 2 条、第 3 条。

❸ Lucent Information Management Inc. v. Lucent Technologies Inc., 186 F. 3d 311, 51 U. S. P. Q. 2d 1865 (6th cir. 1998).

用不构成在先使用，商标应实际上附随商品进入流通环节，但不一定要流通到消费者手中。❶ 第三，商标注册程序中"使用"的含义与商标维持和商标侵权程序中"使用"的含义可以不同。在 1974 年的 SNOB 案件中，美国第二巡回法院就认为维持商标有效和禁止他人对商标使用两种情况下在先使用的含义有所不同，认为禁止其他经营者使用商标在使用数量上应设定更高的标准；仅是保护注册有效，则不宜在使用数量上设定高标准。❷

在先使用的未注册商标应达到实质性商标的标准，该标准已经高于在先注册商标的要求，因为仅仅注册在先的事实本身就构成对在后注册的阻却。在实行商标权注册取得模式的国家，通过正当程序取得的注册商标，即使其未实际使用或因使用的范围、期间、方式、地域有限而未产生商誉，仍具有否定其后在相同或类似商品上对相同或近似标志注册的效力。未注册商标使用人显然不能仅凭在先使用行为就可以阻却与其识别性利益相冲突的在后商标注册。为维护商标注册取得制度的法律地位，在先使用的未注册商标应比未使用过的注册商标更具有市场价值才可能得到法律的特别保护。如果实际使用与注册的法律效果相同，在理性经济人看来，与其浪费时间、金钱等方面的成本去注册商标还不如直接使用而不申请注册，这将从根本上摧毁商标权注册取得制度的基础。

## （二）影响力与主观恶意因素

构成注册商标无效事由的未注册商标通常应当具有一定的知名度。如我国《商标法》第 13 条规定的未注册驰名商标、第 32 条规定的有一定影响力的商标，我国《反不正当竞争法》则以"知名商品特有"对包装、装潢进行限定，上述立法都考虑了在先使用商标的影响力因素。该影响力因素在我国《商标法》条文被表述为驰

---

❶ 杜颖. 在先使用的未注册商标保护论纲 [J]. 法学家，2009（3）：129.

❷ La Societe Anonyme des Parfums le Galion v. Jean Patou，Inc.，495 F. 2d 1265，181 U. S. P. Q 545（2d Cir. 1974）.

名商标、在先使用具有一定影响力的商标、为相关公众所熟知的商标等表述。我国对驰名商标的特别保护，首先是源于商业活动中对具有较高知名度商标的攀附行为泛滥，其次也是为了履行《巴黎公约》、满足 TRIPS 的要求（我国 1985 年我国加入《巴黎公约》，2001 年加入 WTO）。《巴黎公约》规定成员负有保护驰名商标的义务，TRIPS 第 16 条把驰名商标的保护范围扩展到不相同或不相类似的商品或服务上，并以"相关部门或公众对该商标的了解程度"来表征驰名商标，目的在于防止驰名商标的淡化，制止傍名牌的不正当竞争行为。在英国，在先使用的商标获得了商誉后，在先使用者即具有仿冒法上的权利，在后的注册商标使用者不能以商标已注册为由，对仿冒法上的权利进行抗辩。❶ 另外，标志本身的独创性越高，前后商标的相似性越强，越能够得出在后商标损害在先权益的结论。如在 Haupt 商标案中，商标评审委员会认为字母组合"Haupt"具有较强的独创性，可以很容易判断出在后注册人具有恶意。❷ Haupt 的字母组合属于臆造性标志，是生活中不存在的拼音或英文单词，在后注册申请人善意而巧合地创设出相同字母组合的可能性几乎没有。

特定情形下，某些在先使用的未注册商标即使不具有一定的知名度，也能成为注册商标无效的相对事由。如我国《商标法》第15 条第 2 款、第 16 条和第 31 条规定的特定关系人抢注的商标、虚假的地理标志及同日申请时批准在先使用的商标，都没有商标影响力的要求。

以他人未形成一定影响力的未注册商标申请注册时，注册商标申请人的主观心态决定在先使用人能否阻止在后商标的申请，即应坚持主观恶意的标准。在后申请人对在先商标的明知、应知，具有

---

❶　李艳. 论英国商标法与反不正当竞争法的关系 [J]. 知识产权, 2011（1）: 110.

❷　汪泽. 对"以其他不正当手段取得注册"的理解与适用———"Haupt"商标争议案评析 [J]. 中华商标, 2007（5）: 35, 38.

不正当竞争或牟取非法利益的主观心态，注册后有向在先使用人索要高额转让费或侵权赔偿金等行为的，应视为具有恶意，由此取得的注册商标无效。恶意构成对未注册商标保护的关键，不应对被抢注商标的商誉作出要求。

但对注册商标申请人的恶意的要求也有例外。如对于同一天申请注册的，我国《商标法》第31条的规定是直接以时间的先后决定注册与否而未规定恶意的要求，该规定是一种立法技术上的需要，目的在于方便商标注册的管理。另一种常见的例外见于驰名商标，各国商标法确定的注册商标无效相对事由中涉及驰名商标的，通常未附加在后申请者的主观恶意要件，把他人具有较强影响力的未注册商标申请注册行为本身即可推定其恶意，❶ 这将有效避免抢注驰名商标行为的发生。

### 二、几类特殊的在先权益

#### （一）地理标志

地理标志的主要功能在于标示特定商品来源于某地域或该地域中的某地方，且该商品的质量、信誉等特征与该地区的自然因素或者人文因素直接相关，地理标志属于广义的未注册商标。地理标志不属于某一特定主体所有，符合条件的主体均可使用该地理标志，以表达所生产商品的来源，该地域范围内任一主体的使用在特定商品上就构成该地理标志的使用。根据 TRIPS 第22条的规定，地理标志是表明商品来源、与商品特定的质量、信誉或其他特征紧密相关的标记，起着区别商品来源、识别商品的作用。如果商标包含的地理标识所标明的区域并非商品的来源地，且使用该标识会使公众对其真实原产地产生误解，商标行政机关可依职权或依利害关系方的请求，拒绝其注册或宣布注册无效。TRIPS 第23条还对葡萄酒和烈酒的地理标识给予特别保护。许多国家将上述内容直接纳入国

---

❶ 冯术杰. 未注册商标的权利产生机制与保护模式 [J]. 法学，2013 (7)：47.

内法，我国《商标法》对地理标志的规定与 TRIPS 内容基本相同，但未对葡萄酒和烈酒的地理标识作出相应规定。

地理标志识别商品来源的功能与普通未注册商标的识别来源功能有所不同。地理标志直接引导相关公众注意某商品来源于某特定地区，而不突出彰显具体的生产厂家、与其他同类产品的差异，普通未注册商标的识别性特征，则主要在于表达某商品来源于何企业、与其他同类产品的区别。所以地理标志指代的特定地区内即使没有人将其使用于某商品上，如果在后申请注册的商标指定使用的商品与地理标志的产品并非相同，注册后可能导致公众误认为该产品来源于该地区的，仍构成注册商标无效的事由。❶

### （二）代理人或代表人抢注的标志

代理人或代表人抢注是另一类对在先权益的损害。之所以将其单独而未纳入未注册商标部分论述，原因在于理论界和实务界对被抢注的客体是否应包括注册商标尚有不同看法。《巴黎公约》规定，未经授权而以代理人或代表人名义注册的，所有权人有权反对或要求取消注册。❷ 我国《商标法》第 15 条禁止被代理人或被代表人未经授权而将被代理人或者被代表人的商标注册，禁止特定关系人在明知情况下的抢注行为，否则被代理人、被代表人或未注册商标的在先使用人可申请宣告注册商标无效。该条款中特定关系人的范围被解释为与代理人或代表人存在亲属关系等特定身份关系的人，与在先使用人之间具有亲属关系、劳动关系、营业地址邻近、就达成代理或代表进行过磋商、就达成合同或业务往来进行过磋商的商标申请人。❸

司法实践对《商标法》第 15 条所指的商标是否包括注册商标

---

❶ 《最高人民法院关于审理商标授权确权行政案件若干问题的规定》（法释〔2017〕2 号）第 17 条。

❷ 《巴黎公约》第 6 条之七。

❸ 《最高人民法院关于审理商标授权确权行政案件若干问题的规定》（法释〔2017〕2 号）第 15 条、第 16 条。

存在不同的观点。第一种观点认为被抢注的商标仅指未注册商标。2013 年"龟博士"商标异议复审行政纠纷案二审中，北京市高级人民法院认为，《商标法》第 15 条目的在于避免恶意抢注行为，对被代理人或被代表人提供一种商标注册层面的救济，只有在尚未提出注册申请的情况下才可能构成对该商标的抢注，如果是注册商标，在商标注册层面上的合法权益是无法被侵害的，故《商标法》第 15 条应不适用于被代理人或被代表人已将其商标提出注册申请或该商标已被注册的情形。北京市第一中级人民法院认为，被引证的商标"龟博士"为注册商标，所以无论是否构成代理或代表关系，都不适用于《商标法》第 15 条的规定。❶ 2016 年判决的"普天天纪"商标异议案中，北京高院认为《商标法》第 15 条规定的"被代理人或者被代表人的商标"，原则上不能是在先已注册商标或者已在先提出有效注册申请的商标，否则应适用《商标法》的其他条款处理，而不宜再适用《商标法》第 15 条规定。❷ 持此观点的理由在于，特定关系人申请注册的商标是已被注册的商标时，由此引发的纠纷通过《商标法》第 30 条和第 32 条的结合适用即可处理，❸ 无须适用《商标法》第 15 条。如果是已注册商标或提出有效注册申请的商标，注册商标权利人或申请人的法律地位已经明确成立，在"商标注册层面"的利益的确不可能再受到侵害，若有其他权益受损可通过商标侵权等途径解决。

第二种观点认为《商标法》第 15 条所指商标应包括已注册商标。2015 年在"龟博士"商标再审判决中，最高人民法院认为，

---

❶ 北京市高级人民法院（2012）高行终字第 887 号行政判决书；北京市第一中级人民法院（2011）一中知行初字第 1083 号行政判决书。

❷ 北京市高级人民法院（2016）京行终 2164 号行政判决书。

❸ 《商标法》第 30 条：申请注册的商标，凡不符合本法有关规定或者同他人在同一种商品或者类似商品上已经注册的或者初步审定的商标相同或者近似的，由商标局驳回申请，不予公告。《商标法》第 32 条：申请商标注册不得损害他人现有的在先权利，也不得以不正当手段抢先注册他人已经使用并有一定影响的商标。

被抢注的商标仅指尚未提出申请注册的商标的观点会不当地限缩该条的适用范围，应予纠正。❶ 囿于案件本身的具体情况，最高人民法院并未从理论上扩展阐释为何该条仅指未注册商标时会"不当地限缩"第 15 条的适用范围。本书认为，该观点在法理上更为妥当。第一，《商标法》第 15 条第 1 款条文使用的是概念为"商标"而非"未注册商标"，为注册商标的适用预留了空间。整部《商标法》中，立法者在不同的情况下明确地区分了注册商标和未注册商标的概念，如第 15 条第 2 款就直接使用了"在先使用的未注册商标"，第 13 条则使用了"在中国注册的驰名商标"等。所以第 15 条中的"商标"是未注册商标和注册商标的统称，不能仅视为未注册商标而限缩法律条文的内涵。第二，根据《商标法》第 15 条，限制代理人或者代表人申请注册的范围包括：与被代理人或者被代表人商标所使用的商品相同或类似且标志相同或近似，❷ 这显然属于注册商标禁用权的范围，未注册商标附载的权益无法包含该内容。第三，若将代理人或代表人抢注的商标理解为包括已注册商标，可从制度上防止另外一种不正当的抢注行为，即将他人的注册商标注册于其他类别的商品或服务上。在商标注册制度中，通常并不禁止将他人的注册商标申请注册在完全不同种类的商品上，如果在后申请者具有利用在先注册商标的故意，除非在先商标达到驰名的程度，否则在后申请者无法阻止该注册。如果第 15 条适用注册商标，代理人或代表人抢注注册商标时，被代理人或代表人就可以依据该条款直接提出异议阻却该不当抢注行为。

### （三）商品化权

根据民法诚实信用的原则，司法实践中还将《商标法》和其他法律尚未规定的在先权益给予保护，比如"商品化权"。2016 年判

---

❶ 最高人民法院（2015）行提字第 3 号行政判决书。

❷ 孔祥俊，夏君丽，周云川.《关于审理商标授权确权行政案件若干问题的意见》的理解与适用 [J]. 人民司法，2010（10）：27.

决的"黑子的篮球"案就是以司法权确立在先权益的典型案例。❶
该案涉及的日本动漫作品《黑子のバスケ》自 2009 年在中国大陆
公开播出、发行，并被媒体广泛报道，对应的中文译名《黑子的篮
球》在中国具有一定的知名度。2012 年尚蓝体育公司向商标局申
请把"黑子的篮球"注册为商标，后被核准注册，但日本集英社于
2014 年提出注册商标无效宣告申请，2015 年商标评审委员会裁定
该注册商标无效，尚蓝体育公司不服裁定诉讼至法院。北京知识产
权法院认为，随意将他人作品名称以及涉及的角色名称等作为商标
予以注册，是借助他人投入、攀附他人优势地位而获利的行为，有
违诚实信用原则，属于谋取不正当利益，其注册争议商标的行为扰
乱了商标注册秩序。法院的判决思路是，"作品名称及角色名称尚
不能构成法定的在先权利时，就不可能存在在先权利人或者利害关
系人来阻止这种商标注册行为，这种不正当的行为（尚蓝体育公司
将"黑子的篮球"进行商标注册的行为）就不能得到有效制止。
因此，应当将该行为作为以其他方式谋取不正当利益予以规制。"
该案传递了这样一种理念：正当的权益在现有的权利体系内无法得
以保护时，根据民法和商标法的基本原则，法院会通过个案分析和
判决的方式，确立在先权益的正当性。

## 第四节　注册商标无效相对事由之排除

世界知识产权组织商标、外观设计及地理标志常务委员会第22
次会议报告对共存协议有个定义，即"在先注册商标权人出具的同
意在后商标注册的书面文件"。❷ 有学者认为，商标共存协议是
"商品或服务经营者为避免公众对商品或服务来源产生混淆或避免

❶　北京知识产权法院（2015）京知行初字第6058号行政判决书。

❷　转引自刘梦玲. 当共存遭遇混淆——行政授权确权案件中共存协议的效力思考
[J]. 中华商标，2016（1）：23.

侵权纠纷发生，而就各自商标的使用方式、使用市场或使用地域范围所达成的合意"。❶ 实践中，商标注册共存协议表现为两种形式：一是在先注册商标权人与注册商标申请人双方签订的协议书，二是由在先注册商标权人单方面出具的同意书。商标注册共存协议的内容一般包括在先注册商标权人认为两商标不构成近似、共存于市场不会造成混淆、同意在后商标申请注册、各自商标使用的方式、地域范围、不会提出注册异议或宣告注册无效、以后不追究侵权赔偿责任等。可见，商标注册共存协议是为避免可能发生的纠纷，由在先注册商标权人同意其他人的申请注册，并就取得注册后各自商标的使用方式或使用地域范围等所达成的合意或单方意思表示。

通过商标行政管理机关的审核注册是取得注册商标的唯一方式，这是采商标权注册取得模式的必然。我国商标行政管理机关在注册过程中奉行法律家长主义思维，实行"强制驳回制度"，即商标法预先设定商标注册的积极条件和消极条件，违反注册条件的商标局拒绝注册，已经注册的可宣告注册商标无效。其法理基础在于，法律推定上述情形下在先法益将受到损害，应矫正失衡的利益以维护市场公平竞争秩序。但是若存在商标注册共存协议，在先法益人同意在后的商标注册申请，商标局还能否拒绝注册？若通过了注册后，利害关系人能否申请宣告注册商标无效，也就是说注册商标无效的相对事由能否因当事人之间的注册共存协议而排除。

## 一、商标注册共存协议与混淆

商标注册共存协议本质上是民事主体之间的私人协议，是权利主体按自己的意愿对注册商标相关权益处置，本属于纯粹的私权关系。但在商标法律制度的框架内，司法实践认为商标注册共存协议可作为判断商标近似或混淆误认的证据，成为考量商标可注册性的一个因素。如"STELUX"商标案中，北京市高级人民法院认为，

---

在商标所有人出具《同意书》同意申请注册并对商标指定使用商品的范围作出明确界定的情形下，申请商标与引证商标可以在市场上予以区分，能够排除消费者对两商标产生混淆误认的可能性。❶

各国商标法均禁止将不具有显著性的标志注册为商标。判断显著性应以消费者为主体，容易导致消费者混淆则商标不具有识别性，正常的市场竞争秩序将受到影响，维护市场公平竞争秩序的商标法的价值追求无法实现。于是一系列精巧的制度设计下，消费者的混淆可能性演变为社会公共利益的代名词，法律的家长以可能导致公众混淆而损害公共利益为由拒绝注册，并以异议、无效宣告、撤销、侵权救济等制度作为法律保障。但该模式的理论前提是预设在先注册商标权人不希望、不愿意自己的注册商标与他人的商标混淆，而商标注册共存协议恰恰是对该前提的否定。

存在商标注册共存协议时，在后申请人将与在先注册商标相同或近似的标志在相同或类似商品上注册，可能引发消费者混淆并导致市场秩序混乱的法律推论未必成立，可以从消费者、在后商标注册者和在先商标权人三方面进行分析。从消费者的角度来说，在商业活动过程中，相同或类似商品上注册的相同或近似商标的存在并不一定导致消费者发生误认，而且在商品种类繁多、可选择的同类商品日益丰富的今天，消费者认为辨识两种商标需要花费时间、精力后还可能误认时，最可能的做法是转而选择其他同类替代产品，其自由交易的权利不会受到影响。从在后商标注册人的角度来说，若消费者因混淆而选择了其商品恰恰是其希望的结果，即使消费选择了在先注册商标权人的商品也未超出其预料。从在先权利的角度来说，他签订商标注册共存协议的行为表明，他并不介意消费者因混淆选择在先注册商标权人的商品。

消费者因商标近似可能发生混淆是否会对在先权利构成侵害，最有判断能力的是在先权利人而非立法机关或商标行政审核机关。

---

❶ 北京市高级人民法院（2013）高行终字第958号行政判决书。

消费者因误认而选择其他产品时，在先注册商标权人的确将丧失自己商品交易的机会，但在先注册商标权人签订商标注册共存协议的行为意味着他已经预见并自愿容忍这种损失。2015年北京知识产权法院审理的"KNORR"（家乐）案中，北京知识产权法院认为，商标审核注册中商标行政机关或法院对混淆可能性的判断仅仅是从相关公众角度作出的一种推定，而处于市场中的利益相关人，引证商标所有人对是否可能产生混淆的判断更加符合市场实际，所以对近似商标的判断应充分考虑引证商标所有人对两商标能否共存的态度。商标共存协议是排除混淆可能性的有力证据，除非有明显因素表明存在混淆的可能性。❶ 正是从尊重民事权利主体的理性出发，法律上提供的异议、注册商标无效宣告、注册商标的撤销、侵权诉讼等制度救济均以在先权利人的申请而启动，相关机关不得直接行使权力予以处理。

上述分析表明，存在商标注册共存协议时，消费者不受混淆并不必然属于公共利益，保护消费者不受混淆的利益就是为了保护注册商标专用权人利益的预设并不成立。在消费者利益未必受到侵害，注册商标权人已经认可了预期利益损失，在后注册商标不构成对在先注册商标的侵权时（其侵害行为已经得到被害人同意），所谓因消费者混淆可能导致市场秩序混乱而不得注册只是商标行政管理机关主观上的一种臆断，可宣告注册商标无效的正当性并不存在。

依据商标注册共存协议判断混淆可能性事实上也没有实际意义。审核注册阶段对混淆可能的判断只是一个价值命题，"价值不是对事实的描述，而是对事实的评价与取舍，如何评价与取舍，完全依赖人的主观意愿和经验直觉。"❷ 注册商标权的创设也属于价

---

❶ 北京知识产权法院（2015）京知行初字第4711号行政判决书。

❷ 熊文聪. 事实与价值的二分：知识产权法的逻辑与修辞 [M]. 武汉：华中科技大学出版社，2016：摘要Ⅱ.

值判断问题，将来可能产生的混淆并不影响私权的创设。无论商标注册共存协议是否存在，在相同或类似商品上商标共存事实均可导致消费者混淆。从商标注册共存协议的本意出发，正是因为两商标之间存在混淆的可能，才需要该协议，商标注册共存协议无法消除消费者事实上的混淆。2012 年"拉飞逸 lafayette new york 148"商标案，北京市第一中级人民法院就认为双方达成的商标共存协议无法改变相关公众误认的后果。❶ 混淆的可能性是一种事实状态，消费者是否会对相似商标误认的市场调查是证明混淆的最有效证据，而商标局对申请注册商标与在先商标是否混淆的审查仅仅是主观上的推论，是审查员基于整个市场行业、商品或服务的种类、相关公众的范围、商标标志构成要素等多方面综合后的判断，具有事前防范的价值追求。

既然混淆无法避免，而"申请商标与在先商标之间是否存在冲突主要是私权纠纷"，❷ 如何解决由此产生的权利冲突就成为商标注册共存协议的主要内容。商标注册共存协议通常会约定，在先权利人不得以在后申请注册的商标与其商标相同、近似或容易导致混淆为由提出异议；获得注册商标专用权后，在先权利人无权指控在后注册商标损害其权利；在先注册商标所有人或利害关系人无权要求宣告在后注册商标无效。所以商标注册共存协议从根本上说是为避免因权利冲突而发生相关纠纷，并不需要将其与判断注册商标混淆的可能性直接关联。

## 二、商标注册共存协议的效力

商标注册共存协议的法律效力是指其对在后商标注册的影响。我国《商标法》并未对商标注册共存协议作出规定，但司法实践已

---

❶ 北京市第一中级人民法院（2012）一中知行初字第 1174 号行政判决书。

❷ 国家工商行政管理总局商标评审委员会法务通讯总第 30 期（2007.11）［EB/OL］.（2009 - 04 - 09）［2019 - 07 - 15］. http：//spw. sbj. cnipa. gov. cn/fwtx/200904/t20090409_226883. html.

经对商标注册共存协议的效力作出了积极地探索。

对商标注册共存协议的法律效力，有以下三种观点。第一种观点为绝对无效论。该观点以保护消费者利益为出发点，认为《商标法》的宗旨之一是保护消费者不受混淆，若认可商标注册共存协议则意味着相同或近似的注册商标在市场上共存，注册商标区别商品或服务来源的功能无从发挥，导致消费者混淆，故不应当认可商标注册共存协议的效力。第二种观点为绝对有效论。该观点从商标权的私权性质出发，认为在私权领域内在先商标权人自由处分自己权益的行为不受限制，当事人之间达成的商标注册共存协议的效力应得法律的认可，商标机关应依据共存协议直接准予商标注册。如我国台湾地区"商标法"第30条第（12）到（15）项规定，特定关系人将相同或近似商标注册、将自然人的姓名注册、将著名社会组织的名称注册有致相关公众混淆之虞或商标注册有侵害他人知识产权的，若权利人同意时则不受限制。❶ 该规定即采用了商标注册共存协议的绝对有效的观点。第三种为相对效力论。认为应把商标注册共存协议作为判断申请注册的商标与在先注册商标是否近似或导致消费者混淆的考量因素，据此再决定是否准许注册。❷ 该观点是以混淆为路径，视具体情况承认商标注册共存协议的效力。代表性

---

❶ 台湾"商标法"第30条：商标有下列情形之一，不得注册：……

十二、相同或近似于他人先使用于同一或类似商品或服务之商标，而申请人因与该他人间具有契约、地缘、业务往来或其他关系，知悉他人商标存在，意图仿制而申请注册者。但经其同意申请注册者，不在此限。

十三、有他人之肖像或著名之姓名、艺名、笔名、字号者。但经其同意申请注册者，不在此限。

十四、有著名之法人、商号或其他团体之名称，有致相关公众混淆误认之虞者。但经其同意申请注册者，不在此限。

十五、商标侵害他人之著作权、专利权或其他权利，经判决确定者。但经其同意申请注册者，不在此限。

❷ 石必胜. 商标共存协议只能作为适用商标法第二十八条的考量因素 [N]. 中国知识产权报，2013-08-09（7）；刘梦玲. 当共存遭遇混淆——行政授权确权案件中共存协议的效力思考 [J]. 中华商标，2016（1）：23-24.

的案件是项目管理协会有限公司诉商标评审委员会商标申请驳回复审行政案。该案的初审法院北京市第一中级人民法院认为，即使双方达成商标共存协议，由于两商标的近似度较高，若在类似服务上共存仍会造成混淆，所以商标共存协议不能成为审核注册的依据。❶其思路是根据《商标法》第 30 条同他人在类似商品上已注册的商标相同或近似的，驳回注册申请。该案的申请注册商标与在先商标高度相似，会造成消费者混淆，即使有共存协议也不能避免混淆的产生。二审北京市高级人民法院的观点与初审法院相反，认为由于申请商标与引证商标虽高度相似但并不完全相同，共存协议中的同意行为可以佐证两商标在类似商品上的共存不容易造成混淆或误认，所以判决撤销了一审判决并判令商标评审委员会重新作出复审决定。❷上诉法院作出该判决的法理为，申请注册的与已经在先注册的商标"不完全相同"，所以商标注册共存协议具有否定混淆的效力。该案无论一审还是二审法院，都持相对承认商标共存协议的效力观点。

遵循注册商标无效制度的正义价值和秩序价值理念，在商标注册共存协议不侵害社会公共利益的前提下，本书赞同绝对有效的观点。商标注册共存协议是权利人意思自治的体现。注册商标申请的效果意思是为产生注册商标专用权这一民法上的私权，该行为过程与其他权利或权益产生冲突本质上是平等主体之间的权利纠纷。从财产法进路分析，在先注册商标权利人与商标申请人就实际存在的或可能产生的权利冲突达成某种协议，实质上是权利人自愿对自己财产权利的限制和处分。民法实行意思自治原则，民事主体有权按自己的意愿处分自己的权利不受非法干涉。意大利的立法可资借鉴，其商标法第 21 条规定，经权利人同意可将其姓名、用于艺术、文学、科学、政治或体育领域的标志注册为商标。

---

❶ 北京市中级人民法院（2012）一中知行初字第 2490 号行政判决书。

❷ 北京市高级人民法院（2013）高行终字第 268 号行政判决书。

商标注册共存协议具有法经济学上的经济性，是解决权利纠纷的一种效益高、成本低的有效途径，体现了财产性私权与经济性的合理统一。作为市场活动中的经济人，自由意愿选择的通常是最利于本人利益的结果。在先注册商标权利人与商标申请人签订协议或出具同意书，意味着他对可能发生的混淆、侵权、权利纠纷等已经过慎重决策，事前明确放弃自己提出异议、申请宣告无效、要求对方停止使用、获得赔偿等法律上的权利，化解了潜在的侵权纠纷。通过商标注册共存协议，在先注册商标权利人事前预防了可能产生的纠纷，在后的注册申请人获得了注册商标，商标行政管理机关和法院减少了对可能发生的异议、无效等事务的处理或审判。由此，私权主体利益纠纷事前得以解决，公共权力机关节省了行政资源，商标注册共存协议完全符合"帕累托效率（Pareto efficiency）"，❶无疑具有显著的经济性和法律的正义性。

对商标注册共存协议的效力，我国商标行政管理机关经历了一个从不认可向有条件认可的发展过程。商标评审委员会曾经绝对否认商标注册共存协议对审核注册的影响，但在 2005 年修改《商标评审规则》时为商标注册共存协议纳入审核注册的考量因素预留了制度空间，其第 8 条规定（2014 年修订时保留了这一规定），当事人可以在商标评审期间达成和解，商标评审委员会可以据此作出决定或裁定。❷ 2007 年后商标评审委员会的观点更为明确，认为签订商标注册共存协议的双方具有相互不"搭车"并相互区分的善意，

---

❶ 资源分配的一种理想状态，在人员和资源确定的前提下，从一种分配状态变化到另一种状态，没有使任何人境况变坏，但却使得其中至少一个人变得更好。

❷ 《商标评审规则》（2014 年 5 月 28 日国家工商行政管理总局令第 65 号第三次修订）第 8 条：在商标评审期间，当事人有权依法处分自己的商标权与商标评审有关的权利。在不损害社会公共利益、第三方权利的前提下，当事人之间可以自行或者经调解以书面方式达成和解。

对于当事人达成和解的案件，商标评审委员会可以结案，也可以作出决定或者裁定。

不考虑当事人之间的共存协议不尽合理。❶ 商标评审委员提出了采信商标共存协议时应考虑的三个因素，即商标、市场和公共利益。首先是商品的类似程度和商标标志的近似程度，若属于使用在相同商品上的相同商标，则商标注册共存协议不能排除两商标混淆的可能，不会使系争商标具有可注册性。其次是双方当事人对市场格局是否有明确的划分，并约定了避免混淆的合理必要措施。最后是共存协议不能存在明显损害公共利益的情形。❷

我国司法实践则较早就承认了商标注册共存协议的法律效力。2009 年"鳄鱼"商标案中，最高人民法院就承认了商标注册共存协议的效力，认为商标注册共存协议和同意书能够表明商标构成要素上的近似性不必然构成混淆性近似，因而商标注册共存协议是排除混淆可能性的有力证据。❸ 有法院认为在先商标权人出具的共存协议符合私权属性和意思自治的原则，是对其权利的自由处分，除非侵害了公共利益或垄断了公有资源。2012 年"UGG"商标案中，北京市高级人民法院认为注册商标"UCG"的所有人出具了同意书，同意他人申请"UGG"为注册商标并使用的行为是对自己商标权的处分，所以两商标在相同或类似服务上的共存引起混淆的可能性较小，申请商标应当予以核准。❹

但商标注册共存协议如损害公共利益的，其法律效力则不能得到承认。我国《合同法》第 52 条规定，损害社会公共利益等违反法律强制性规定的合同视为无效合同，所以损害公共利益或不当垄断公有资源的商标注册共存协议不具有法律效力。"KNORR"（家

---

❶ 国家工商行政管理总局商标评审委员会法务通讯总第 30 期（2007.11）[EB/OL].（2009 – 04 – 09）[2016 – 09 – 15]. http：//spw. sbj. cnipa. gov. cn/fwtx/200904/t20090409_226883. html.

❷ 徐琳. 2014 年商标评审案件行政诉讼情况汇总分析 [J]. 中华商标，2015（9）：59.

❸ 最高人民法院（2009）民三终字第 3 号民事判决书。

❹ 北京市高级人民法院（2012）高行（知）终字第 1043 号行政判决书。

乐）商标案中，法院认为在保护商标注册人的合法权益的主旨下，注册商标所有人可按自己的意思自由处分商标权，商标局或法院不应不合理地干预，但涉及重大公共利益的则应特别考虑。❶ 垄断公有资源的商标注册共存协议就属于侵害公共利益。在 2013 年台湾地区神隆公司图形商标案的二审判决中，法院认为在构成要素、构图特征和整体外观等方面近似程度较高时，商标共存协议通常是排除混淆可能性的有力证据，应充分尊重当事人商标共存的意思表示。但该案中申请注册的商标为分子结构图形，若该公有资源被核准为注册商标则会损害公共利益所以应拒绝注册，从而否认了不当垄断公有资源的商标共存协议的法律效力。❷

在商标注册制度中，防止消费者的混淆并不必然构成公共利益，也就是说即使商标注册共存协议无法避免消费者的混淆，其法律效力也不应受到影响。在 2014 年"真的常想你"商标案中，法院认为商标权本质上是私权，也是财产权，在先商标权人的意志应受到特别尊重，当防止消费者的混淆误认与尊重在先商标权人的意志两者发生冲突时，通常应当优先考虑前者。商标评审委员会应当站在消费者的位置而不是取代消费者的位置对混淆可能性作出判断，所以基于在先商标所有人的同意，在后商标即使相同或近似而"容易导致混淆"时也可以获得注册，除非该协议损害了社会公共利益。❸

从广义上说，商标注册共存协议还应包括享有在先权利的民事主体与注册商标申请者签订的共存协议或单方出具的同意注册的承诺，这与商标注册共存协议具有相同的法理基础，应适用相同的法律原则。根据欧盟《协调成员国商标立法第一号指令》第 4 条第 5 款的要求，在先权利所有人同意在后商标注册申请时可不必宣布无

---

❶ 北京知识产权法院（2015）京知行初字第 4711 号行政判决书。

❷ 北京市高级人民法院（2013）高行终字第 281 号行政判决书。

❸ 北京市高级人民法院（2014）高行（知）终字第 3024 号行政判决书。

效。理论上已经将出具商标注册共存协议的一方主体扩大到所有的在先权利人。英国商标法第 5 条第 5 款还特别规定了在先权利尤其是指依据著作权、设计权或注册设计而获得的权利。

　　我国商标注册实行全面审查制度，商标行政管理机关依据商标法的规定，对违反注册的相对事由的注册申请采用"强制驳回制度"。商标注册共存协议是私权意思自治原则的体现，商标注册共存协议虽不能消解混淆的可能，但却避免了可能的权利冲突及纠纷的产生，具有经济学上的经济性。我国司法实践逐渐认可商标注册共存协议的效力，商标立法应该充分吸收司法实践成果，改变"强制驳回注册"的模式，充分尊重民事主体对财产权的自由处分，在确定不违反公共利益或垄断公有资源的情况下，商标行政管理机关或法院应承认商标注册共存协议构成注册商标无效相对事由的限缩，即在确定是否违反了拒绝注册的相对事由时，如果存在商标注册共存协议则应准予注册，注册后在先权利人或利害关系人也不得申请注册商标无效。

# 第五章　注册商标无效的法律后果

　　注册商标无效是"法律对商标注册行为欠缺法定条件而作出的否定性评价"。❶ 注册商标经法定程序被确认无效后引起的法律后果表现在两个方面。一方面是注册商标本身的法律效力问题，注册商标无效的法律后果涉及"一行为一标识和一权利"，即审核注册行为、注册商标和注册商标专用权。主要表现为：注册商标无效的法律后果为行政机关的审核注册行为无效，注册商标脱下法律的外衣恢复成为纯粹的商业标记，商标专用权自始不存在是商标注册无效的本质特征，❷ 注册商标申请人自始不享有对某商标的专用权、占有权和排除他人使用的权利。注册无效可以是全部的，也可以是部分的，部分无效的条件是其余部分不违反注册的条件。另一方面涉及注册商标无效相关问题及其无效后产生的相关问题的处理，比如注册商标专用权无效究竟自何时起发生效力、被宣告无效的注册商标的法律地位、注册商标无效的追溯力等。

## 第一节　审核注册行为无效

### 一、商标注册行为的复合性

　　商标注册是由民事行为和行政行为共同构成的一系列行为，民事行为指当事人的注册申请行为，行政行为指商标行政管理机关的

---

❶　周泰山. 商标注册无效制度 [J]. 中华商标，2006（7）：43.

❷　赵永慧，刘云. 论商标注册无效审定制度的完善 [J]. 中华商标，1996（4）：42.

审查核准行为。❶ 借助民事法律行为理论及行政行为理论，可以充分解析商标注册行为的复合性。

根据民法理论，申请商标注册行为是自然人、法人或其他组织等民事主体依照《商标法》规定的条件和程序，向商标注册机关提出的以取得注册商标及注册商标专用权为效果意思的单方要式民事法律行为。申请注册商标是民事法律行为，民事法律行为是依据法律规定能够导致民事法律关系变动的客观情况，它是以发生私法上的效果意思为要素的法律事实，❷ 与公法上的行为相区别。注册商标专用权是私权、绝对权，体现为平等主体的民事财产关系。该民事法律关系的主体（民事权利、义务主体）是注册商标专用权人和相关公众，客体是注册商标，内容是主体根据《商标法》而享有的权利及负担的义务。申请注册行为是单方民事法律为，行为人欲为自己创设注册商标财产权的意思表示从作出时起成立，无须与其他人的意思形成一致，没有相对人，仅由申请人单方的意思表示即可。申请注册行为是要式民事法律为，行为人除通过以提出申请的行动将其效果意思表达出来外，还必须履行法律特别规定的形式和程序，即按规定的格式填写书面或电子申请书，经由商标行政管理机关审核并公告。《商标法》规定采用要式的理由在于"使法律行为成立及内容得以公开，以维护公众或相对方利益"，❸ 即借助权威性的公告公示方式，明确注册商标专用权的边界、内容，并令社会其他主体知晓。采取要式的形式，还能促使当事人谨慎地进行民事活动，明确具体的法律关系并留下可靠的证据，防止发生纠纷，

---

❶ 张玉敏. 商标注册与确权程序改革研究：追求效率与公平的统一［M］. 北京：知识产权出版社，2016：63.

❷ 梁慧星. 民法总论［M］. 4版. 北京：法律出版社，2011：161-162. 梁先生认为"法律行为"是民法上特有的概念，绝不会与其他部门法概念发生混淆。但由于本书涉及行政法等公法理论，民法学者自认为确定无疑的概念未必会与其他部门法上的理解完全一致，故本书仍采用《民法通则》中的"民事法律行为"这一表达方式。

❸ 胡雪梅，俞丽伟. 略论要式法律行为的"要式"［J］. 企业经济，2004（12）：182.

保障重要的民事法律关系。❶

申请注册行为本身的效力将影响商标注册的效力。衡量法律行为是否符合法律精神及其强制性要求，应以社会公共利益、正义价值、秩序价值等为理念，以决定是否应以法律之力保障行为人效果意思得以实现。在注册商标无效制度中，商标申请行为的不合法性，如申请主体不合法、以不正当手段申请注册、代理人等有特定关系人的恶意抢注行为等，符合申请注册民事行为无效的要件，属于注册商标无效的事由。具体分析参见本书第三章第一节。

在商标法领域，对行政机关的审核注册行为性质的认识有两种典型的学说，即确权说和授权说。确权说认为，行政机关的审核注册行为是对既存权利进行审查并作出相应的确权决定，❷ 实质上承认事实状态的法律效力。确权说较好地解释了早期商标存在的理论基础，即法律就是要保护商标使用者以商标区别自己商品与他人商品的功能，保护该商标上附载的商誉。然而商标注册制度是伴随着社会经济和无形财产理论的建立不断演进的，当臆造且未使用的标志成为注册商标并享有商标专用权时，确权说的理论缺陷就比较明显了。第一，臆造的商标本来就是之前不存在于社会文化领域内的标志或符号组合。第二，若申请注册的标志未实际使用过，该标志无法发挥区分商品来源的功能，行政机关的审查核准自然不是对已经存在的商标权益的承认。第三，若申请注册的标志实际上已经使用并具有一定的影响力，经核准注册后将在全国范围享有注册商标专用权，原商标使用人在更大的地域范围内享有权利，这种权利范围与未注册时的权利范围不同，所以审核注册行为也不是对已存在权利的承认。第四，未注册的驰名商标经审核注册后，被赋予跨商

---

❶ 张玉敏. 民法 [M]. 北京：高等教育出版社，2007：111.

❷ 国家工商行政管理总局. 商标注册与管理 [M]. 北京：中国工商出版社，2012：34.

品类别保护的法律效力,同样超出了之前未注册时的利益保护范围。确权说理论也与世界上大多数国家采用商标权注册取得制度的事实相矛盾,确权说无法解释这种源于概念的冲突并受到了来自授权说理论的批判。

授权说认为,注册商标专用权源于国家授权,[1] 行政机关在商标权创设中扮演的是把商标权授予申请人的角色。[2] 当事人提交了商标注册申请后,行政机关依法律规定对申请注册的商标进行审核并决定是否准许注册,该行为属于授权或创设注册商标专用权的行为。[3] 授权说的一个重要论据源于各国商标法,如我国、法国、日本、德国、英国等的商标法规定,经核准注册的商标为注册商标,商标注册人享有商标专用权。而且各国商标法对拟注册为商标的标志都没有实际使用的要求,未使用的标志经注册后可以产生商标财产权,这显然不是对既存权利的确认。授权说赞同者还以 TRIPS 第16 条使用的表达形式为"所授予的权利"(Rights Conferred)作为论据。但不赞同授权说者认为,授权说会使人误解为注册商标专用权是行政机关代表政府授予申请人的,而行政机关本身并不拥有商标权,也无法将自己没有的权利授予他人,核准注册只是对申请人符合法律规定的申请的认可,而且 TRIPS 第62 条的表述为"某种知识产权须经授权或注册方可获得",[4] 所以注册商标专用权是经

---

❶ 袁博. 商标俗称的法律保护途径——"索爱"商标争议案评析 [J]. 中华商标,2012(5):47.

❷ 沈俊杰. 行政法视角下商标局核准注册商标行为定性之争:是商标授权,还是商标确权 [J]. 电子知识产权,2012(7):72.

❸ 孔祥俊. 商标与不正当竞争法:原理与判例 [M]. 北京:法律出版社,2009:316.

❹ TRIPS 商标部分第 16 条 Rights Conferred,郑成思先生将其译为"所授予的权利"。第62 条第2 款原文:Where the acquisition of an intellectual property right is subject to the right being granted or registered。见郑成思. 关贸总协定与世界贸易组织中的知识产权:关贸总协定乌拉圭回合最后文件《与贸易有关的知识产权协议》详解 [M]. 北京:北京出版社,1994:184.

注册获得，专利才是经授权产生的。

实际上，授权说和确权说都脱离了行政法的基本理论体系，是知识产权学者按自己对"确权"和"授权"的理解批判对方观点或论证自己的观点。在行政法理论上，行政授权具有明确的含义。行政授权是指"在行政法制度中某些行政法规范的制定机关通过法律或者法规的形式将一定范围的行政权授予行政系统以外的组织或机构行使的法律行为"。❶ 行政授权是行政组织内部权力分配的特定方式，不是将其本身不享有的民事权利授权其他民事主体。行政授权的特征是，授权的主体为享有行政法规范制定权的机关，被授权的主体只能是单位而不能为个人。商标局对申请注册的商标标志进行审核并决定公告的行为，显然不是商标局将其行使的行政权力或享有的民事权利授权给商标注册申请人，也不是将其掌握的公共物资或资源发放给注册申请人，因而不是行政授权行为。

行政法理论上并不存在行政确权行为，相关概念是"行政确认行为"。行政确认行为指"行政主体依法对行政相对人的法律地位、法律关系或有关法律事实进行甄别，给予确认、认定、证明（或否定）并予以宣告的具体行政行为"。❷ 行政确认行为在行政法理论上具有清晰的界定，既包括对已经发生的事实、状态和存在的权利、权益给予权威性的认可，还包括对行政相对人申请内容的认定和证明，并以公告的方式进行公示。从行政法的角度看，"知识产权行政授权确权行为是一种行政确认行为"，❸ 商标局的审核注册是行政确认行为，是商标局对申请人意欲引起注册商标权法律关系发生的商标申请民事法律行为符合法定条件的确认。❹ 注册商标专

---

❶ 关保英. 社会变迁中行政授权的法理基础 [J]. 中国社会科学, 2013 (10): 103.

❷ 姜明安. 行政法与行政诉讼法 [M]. 北京: 北京大学出版社, 高等教育出版社, 1999: 197.

❸ 杜颖, 王国立. 知识产权行政授权确权行为的性质解析 [J]. 法学, 2011 (8): 95.

❹ 冯术杰. 论注册商标的权利产生机制 [J]. 知识产权, 2013 (5): 21.

用权不是因"行政相对人"的商标注册申请这一民事法律行为而产生，未经行政机关的确认注册，申请人不能获得注册商标专用权。商标行政管理机关的审核注册行为，是以行政权力的公信力对申请注册的标志具有显著性、符合法律规定的注册条件、使用于某类商品或服务、不违反公序良俗等的认定和证明，是一种对事实的确认，❶ 商标局核准注册的行为应当被认定为经济行政确认行为或行政确认行为。❷

从行政法理论上讲，商标行政管理机关对申请注册的商标标志进行审核注册并公告的行政确认行为是依申请的要式具体行政行为，具有羁束性和授益性。行政行为是享有行政权能的组织（行政主体）运用行政权对行政相对人所作的单方法律行为，按不同标准将产生不同的分类，从而可知审核注册行为的性质。以相对人是否特定为标准，❸ 行政行为可分为抽象行政行为和具体行政行为，后者是针对特定相对人所作的行政行为，不服行政机关作出的具体行为的，相对人可以向法院起诉。以是否由行政主体主动实施为标准，可分为依职权的行为和依申请的行政行为，后者指只有在行政相对人提出申请后行政主体才能实施而不能主动实施的行政行为，商标行政管理机构只能依当事人申请才能启动审核注册程序。以是否必须具备法定形式为标准，可分为非要式和要式行政行为，后者是指必须具备某种书面文字或具有特定意义符号的行政行为，商标局核准注册的必须发布公告、颁发注册证书。以法律是否对其严格拘束为标准，可分为自由裁量行为与羁束行政行为，羁束行政行为中行政主体对法律的适用没有或只有较少选择或裁量余地，商标行

❶ 罗豪才. 行政法学 [M]. 北京：中国政法大学出版社，1996：232.

❷ 姜明安. 行政法与行政诉讼法 [M]. 北京：北京大学出版社，高等教育出版社，1999：201；沈俊杰. 行政法视角下商标局核准注册商标行为定性之争：是商标授权，还是商标确权 [J]. 电子知识产权，2012 (7)：72.

❸ 姜明安. 行政法与行政诉讼法 [M]. 北京：北京大学出版社，高等教育出版社，1999：141.

政管理机构必须按法律规定的程序、条件、标准进行审查。以其内容对行政相对人是否有利为标准，可分为负担性行政行为和授益行政行为，后者是指"行政行为的效果系对相对人设定或确认权利或法律上的利益的行政行为，如准许商标注册"等。❶

　　要式和羁束行政行为意味法律对行政机关行为的要求更加规范和严格，行政机关违反法律规定的可能性更高。授益行政行为的内容对直接行政相对人有益，与授益行政行为有利害关系的间接相对人（在商标权利研究范围内是指除注册商标权利人以外所有的人）的在先权利或在先权益可能会因该行政行为受到损害。注册商标无效制度就是法律设定的救济制度，通过该程序宣告或判决审核注册行为失去法律上的效力。

　　申请注册行为与审核注册行为的关系，有学者根据民法理论总结为以下三种。第一种观点是民事法律关系的事实构成说，认为申请注册的法律行为和审核注册事实行为合在一起共同引起商标权法律关系的产生。第二和第三种观点都认为申请注册是民事法律行为，但两者的区别在于：要式法律行为说认为审核注册行为是申请注册行为成立的必要形式，特定生效要件说认为审核注册行为是申请注册行为特定的生效要件。❷ 上述三种学说的共性在于，认为申请注册行为与审核注册行为结合而成同一民事法律事实，但理论缺陷在于把商标局的审核注册行政行为完全吸收掉了，这显然与知识产权学者所主张的注册商标权是因审核注册而取得的观点和事实相悖。

　　参照商事登记行为法律性质的理论，商标注册行为在性质上"兼具公法与私法双重属性，属于以行政行为为主的复合行为"，是商标局的审核注册行政行为与民事主体申请注册的商事行为的复合

---

❶　吴庚. 行政法之理论与实用［M］. 台北：三民书局，1999：314.

❷　冯术杰. 商标注册的权利产生机制［J］. 知识产权，2013（5）：22.

行为，主要体现为行政确认。● 从商标注册法律制度看，申请行为是一个能够触发审核注册行为的起点，并不占据主体地位。商标注册程序因民事主体向商标局申请商标注册而启动，商标局不能依据职权主动对某标志进行审核注册，但最终决定注册商标创设的不是申请行为，而是商标局的审核注册行为。该行为居于核心地位，所以要式法律行为说和特定生效要件说才特别强调了审核注册行为对商标注册行为的意义。由此，商标注册行为是以商标局审核注册行政行为为主的复合行为，该行为包括商标申请行为与审核注册行为两个各自独立的部分。复合行为的理论表明，应将商标申请行为和审核注册行为单独对待，两行为彼此不能互相吸收，注册商标是两行为共同作用的产物，但审核注册行为占据其中的绝对地位。所以注册商标无效后，其直接的法律后果是审核注册行为的法律效力将被否定。

## 二、审核注册行为的无效

审核注册行为是依申请的要式、羁束、授益行政行为，具体而言属于行政确认。注册商标无效的法律后果涉及审核注册行政行为的法律效力评价，行政行为法律效力体现为公定力、确定力、拘束力和执行力四个方面。商标注册以后，产生的商标专用权及注册商标受社会公众的尊重，未经许可不得擅自使用。注册商标权利人和行政机关也受到约束，权利人在指定的商品或服务以外的商品或服务上使用注册商标，或使用非经核准的标志均不受商标法的保护；行政机关无法定理由不得宣告注册商标无效，即使商标注册不符合规定的条件，非经法定程序处理，审核注册的结果依然具有公定力、确定力、拘束力和执行力。

实现注册商标无效的途径，在我国是由商标局或商标评审委员会作出注册商标无效的决定或裁定。商标局依法主动作出注册商标

---

● 冯翔. 商事登记行为的法律性质［J］. 国家检察官学院学报，2010（6）：152.

无效决定的行为是依职权的单方行政监督行为，监督的对象为审核注册行为。商标评审委员会依当事人申请对注册商标效力作出裁定的行为属于行政司法行为，被裁定的对象仍然为审核注册行为。国际条约及绝大多数国家的商标法都明确规定，商标行政机关的注册行为无效是注册商标无效的法律后果。《巴黎公约》规定，若注册商标侵犯了商标注册的管理秩序或代表国家的标识利益时，应使国际注册无效；向联盟国家申请商标的注册不因未在原属国申请、注册或续期为由拒绝注册，或使注册无效；对未经许可将含有或仿制联盟国家的国徽、国旗、其他国家徽记，或官方符号和检验印章及政府间国际组织特有符号用作商标或商标组成部分的，拒绝注册或使其注册无效。《巴黎公约》英文文本表述为 invalidate the registration 或 invalidate the registration of marks（使注册无效或商标注册无效）。❶ 签订于 1989 年、经 2006 年和 2007 年修正后的《马德里协定有关议定书》，使用的英文表述为 Invalidation of an international registration may not be pronounced（宣告国际注册无效）。❷

商标局的审核注册行为是商标局对申请人意欲创设注册商标法律关系的注册申请行为是否符合法律要件的确认。商标局需按法律规定对申请注册的商标标志是否具有显著性、违反公序良俗、侵犯他人在先权利等情形，申请注册行为是否违反诚实信用原则、有无以欺骗手段或其他不正当手段取得注册等情形进行审查。通过审核注册则意味着当事人获得注册商标专用权和注册商标的意思表示得到法律确认，注册商标成为商标法保护的客体。违反了商标法上述规定而商标局又给予注册的，属于缺乏实质要件而不能发生法律效力的行政行为，应通过注册商标无效制度使该审核注册行为无效。注册商标原始取得的唯一途径是由商标行政管理机关审核注册并公

---

❶ 《巴黎公约》（1979 年）第 6 条。

❷ 《马德里协定有关议定书》第 5 条、第 6 条，1989 年签订，2007 年 11 月 12 日修订。

告，通过审核注册后产生注册商标，商标注册人享有"完全意义上的"注册商标专用权。注册商标专用权是对世权或绝对权而非程序性权利，商标专用权的权利边界，即注册商标和它使用的商品范围是由注册人申请并经商标局审核注册确认。审核注册行为无效后，注册商标和注册商标专用权全部或部分无效。

另外需要分析的问题是，行政机关的审核注册行为无效是否会影响到申请商标注册的民事法律行为？商标法及其他知识产权法都是民事基本法，跟民法是部分与整体的关系，❶ "知识产权的发生、行使和保护，适用全部民法的基本原则和基本的民事规范。"❷ 申请商标注册行为是要式民事法律行为，自然人、法人或其他组织等民事主体为取得注册商标，必须依照商标法规定的条件和程序向商标注册机关提出申请，该申请是取得注册商标及注册商标专用权的效果意思。对于不按规定完成要式形式的民事法律行为，具有"成立要件主义"和"对抗要件主义"两种观点。❸ "对抗要件主义"认为，对于未按规定满足要式形式的认定民事法律行为虽然成立，但不能对抗善意的第三人，商标注册在西方部分国家视为享有权利的初步证据就是这种理论的采用。❹ "成立要件主义"在商标法中具有更强的理论适应性，即经过行政机关对申请注册的商标进行审查、核准和公告，是实现民事主体申请注册的效果意思的要件，且当其他人提出异议时行政机关还应依法处理。缺少商标行政管理机关的审核注册行为这一要件，法律上认为申请注册行为不成立。注册商标无效的后果表现为审核注册行为无效，注册行为无效意味着该行为在法律上不具有任何效力，相当于申请注册行为的"要式"

---

❶ 刘春田. 民法原则与商标立法 [J]. 知识产权，2010（1）：5.

❷ 刘春田. 知识财产权解析 [J]. 中国社会科学，2013（4）：118.

❸ 李开国. 民法总则研究 [M]. 北京：法律出版社，2003：242.

❹ 南非商标法第51条：在所有与注册商标（包括本法第25条规定的申请）有关的诉讼中，某人被注册为商标所有人这一事实应被作为证明原始商标注册及其后续转让和转移具有有效性的初步证据。印度商标法第31条。

未被满足，所以申请注册行为不成立。

审核注册行为无效不会使申请注册行为无效。申请商标注册行为不是附条件的民事法律行为，商标局的审核注册是申请注册行为"生效条件"的观点值得商榷。❶ 根据民法理论，如果审核注册行为是申请注册行为的生效条件，则审核注册行为无效意味着申请注册的民事法律行为缺少生效要件，在法律后果上申请注册行为应为确定的、当然的、自始的无效，该申请商标注册行为自成立时就不发生民事主体效果意思追求的法律效力，之后也绝对没有再发生法律效力的可能；该无效不需要当事人主张其无效，不问当事人的意思。这显然与各国商标法及国际条约的立法实践不符，目前还没有规定注册商标无效将导致申请商标注册行为无效的立法例。根据商标注册行为的复合性理论，申请注册行为与审核注册行为是各自独立的行为，前者的法律效力不由后者的法律效力决定，正如申请注册行为与注册商标之间的关系已被商标局的审核注册行为隔断一样（商标专用权仅在审核注册后产生），注册商标无效的法律后果也不溯及申请注册行为。所以各国注册商标无效的法律后果只涉及"一标识一权利和一行为"三项内容，即注册商标、注册商标专用权和审核注册行为，而不包括申请注册行为这一项。国际条约以及各国的注册商标无效制度中也完全寻觅不到申请注册行为的影子。

## 第二节　注册商标专用权无效

日本和韩国等国家的商标法规定，注册商标无效后体现为商标权利无效，❷ 我国《商标法》规定"注册商标专用权视为自始即不存在"，且同时还采用了"宣告注册商标无效"的表述。❸ 这里就

---

❶　张玉敏. 商标注册与确权程序改革研究——追求效率与公平的统一 [M]. 北京: 知识产权出版社，2016: 65.

❷　日本商标法第28条、第46条、第47条，韩国商标法第71条、第72条。

❸　我国《商标法》第44条、第45条、第47条。

需要厘清注册商标无效与注册商标专用权无效之间的关系。

## 一、注册商标的权利表达

注册商标是商标法的核心概念，是设计商标法律制度的基点，也注册商标无效制度的重要内容。注册商标无效是指不具备商标注册条件却已经通过审核注册的商标失去财产地位的效力，该"注册商标"恢复到未注册之前的法律地位，具有商标的识别特征时成为未注册商标，否则成为纯粹的商业标识或单纯的符号组合，法律对注册商标提供的保护不再适用。未被宣告无效之前，这种状态的注册商标在法律的评价上是"违反商标法及其实施条例规定的禁用条款或者以欺骗手段等违背民法诚实信用基本原则的方式取得注册的商标"，❶ 可称其为"形式合法的注册商标"。宣告无效后，注册商标丧失财产权对象的地位，成为一种商业标识，可称之为"宣告无效的注册商标"。

本书并不赞同商标无效和无效商标都是伪术语的观点。该观点认为，注册商标只是一个使用于商业活动的标识，是一种纯粹的客观存在，不能以"有效"或"无效"描述。商业活动中的标志或符号（成为知识产权客体时被称为知识产品、❷ 信息❸或符号组合❹等）是不依赖于人的主观意志而存在的客观事物。人类对客观事物存在与否的感知与主观价值追求无关，其认知结论不外乎两个：有或无，不存在第三种可能。所以无论商标负载了社会何种意义，首先还是商业活动使用的标记，商标是一个"事实概念"而非"价值概念"，❺ 事实的描述在于"有、无"，而有效或无效属于价值判断。TRIPS 商标部分第 15 条对商标的界定是："任何能够将一企业

---

❶ 耿健. 对注册商标无效和可撤销制度的重新厘定 [J]. 中华商标，2008（4）：48.

❷ 吴汉东，闵锋. 简论知识产品的特点 [J]. 政治与法律，1987（2）：23.

❸ 郑成思. 知识产权论 [M]. 3 版. 北京：法律出版社，2007：36.

❹ 李琛. 论知识产权法的体系化 [M]. 北京：北京大学出版社，2005：126.

❺ 李锡鹤. 民法基本理论若干问题 [M]. 北京：人民出版社，2007：256.

的商品或服务与其他企业的商品或服务区分开来的标记组合"。据此可以推论，凡是能够区别商品或服务来源的就是商标，否则就不是商标，所以商标无效和无效商标都是伪术语，无法成为逻辑自洽的严谨用语。美国海关和专利上诉法院法官 Giles S. Rich 在 1969年就认为根本不存在"无效商标"（Invalid Trademark）的说法，认为一个未注册标记或者具有显著性特征成为商标，或者缺乏显著性不被视为商标法意义上的商标。❶ 本书之所以不赞同该观点，在于该观点其实只适用于未注册商标，把商标的概念等同于使用过且具有显著性的标志，未在理论上区分商标、未注册商标和注册商标三个密切相关的概念，忽略了未使用过或未产生显著性的注册商标的存在。注册商标经审核注册产生，无论实际上能否区别商品来源都不能否认其客观存在的事实。

注册商标在法律上已经是一种价值判断，而不仅仅是客观存在的事实。注册商标是被打上了法律烙印，即经过主观理性选择出来的具有财产价值的标志，不再是一个纯粹的客观存在。注册商标本身，包括其功能、作用、意义等，均是特定时代背景和社会语境下，依据立法者的价值观念作出的主观评价、判断和选择。法学家眼里的"效力"同样是依据一定理念原则给予的主观价值评价。❷ 在注册商标制度产生后，符号组合一经审核注册即成为注册商标并受到商标法的严格保护，成为在指定商品和服务上的无形财产，即使在商业活动中尚未使用，他人也不得擅自使用或制造该商标。审核注册行为是对注册商标财产权地位的法律评价，审核注册行为无效自然也会导致这种财产性地位的灭失，也就是无效。《巴黎公约》规定，向联盟国申请注册的商标是复制、仿制或翻译驰名商标易于

---

❶ DUFT B J. There Is No Such Ting as "Invalid Trademark" [J]. Patent Office Society, 1982, 1 (1): 40–47.

❷ "对法律效力的探求，则是试图确定一条法律是否值得遵守"。值得与否的标准无论是应然还是实然都无法脱离人的主观判断。参见博登海默：法理学：法律哲学和法律方法 [M]. 邓正来，译. 北京：中国政法大学出版社，2004：348.

混淆的，在自注册之日起至少 5 年内，可提出撤销这种注册商标（Cancellation of such a mark）。❶《商标国际注册马德里协定》规定，主管机关依据法律驳回商标注册或延伸保护的申请时，应给商标所有人提供及时的救济措施，否则不得宣布通过国际注册的商标无效（Invalidation of an international mark）。❷ 1993 年 12 月欧洲议会通过了欧洲共同体商标条例(40/94)，该条例第 51 条、第 52 条和第 54 条使用的表达为商标应被宣告无效（Trade mark shall be declared invalid）。❸ 经多次修订，2015 年最新文本仍然未变，即"Declaration that the later trade mark is invalid"。❹

在法学理论的研究范式，对财产的研究必然会转化为对其权利表达的关注。权利是社会个体利益在法律上的存在形式，是个人财产在法律上的表达形式，是连接人与利益、财产的法律纽带，权利的边界、范围、变化是影响人与人之间社会关系的根本原因。注册商标专用权无效是注册商标无效的权利表达，从权利的维度更容易理解注册商标无效的法律后果，所以日本、韩国及我国商标法都直接规定注册商标专用权无效。

注册商标专用权可简称为商标专用权，我国法律文本中并未采用商标权的概念。其他多数国家的商标法明确通过注册后产生商标权，❺ 但这或许只是语言翻译上的差异，与我国的注册商标专用权

---

❶ 《巴黎公约》（1979 年文本）第 6 条。在注册商标无效制度中，英文中的"撤销"（cancel）与"无效"（invalidate）可以通用，均指注册商标自始无效。自撤销（cancel）之日起导致注册商标灭失的与我国的注册商标撤销制度相对应，不在本书的讨论范围。

❷ 《商标国际注册马德里协定》（1979 年）第 5 条、第 6 条。

❸ Council Regulation（EC）No. 40/94 on the Community trade mark［EB/OL］.（1993 - 12 - 20）［2019 - 07 - 15］. http：//www. wipo. int/edocs/lexdocs/laws/en/eu/eu017en. pdf.

❹ REGULATION（EU）2015/2424 of the European Parliament and of the council of 16 December 2015［EB/OL］.（2015 - 12 - 24）［2019 - 07 - 15］. http：//www. wipo. int/wipolex/en/text. jsp？ file_id = 394959.

❺ 法国知识产权法典第 L. 712 - 1 条，意大利商标法第 1 条和第 4 条，日本商标法第 18 条，英国商标法第 2 条和第 9 条，韩国商标法第 41 条，巴西知识产权法第 129 条。

并无实质性区别。我国现行《商标法》同时使用了"商标专用权"和"注册商标专用权"两个术语，前者涉及 10 个条文 11 处，● 后者涉及 9 个条文、1 个章节的标题共 22 处。❷ 从两个术语被使用的数量上看，使用"注册商标专用权"的情形比"商标专用权"多一倍。分析使用"商标专用权"的 11 处情形，可以推断在立法者的观念中，商标专用权与注册商标专用权本质上为相同概念，商标专用权为注册商标专用权的简化表达形式。从实质内容上看，除《商标法》第 1 条无法看出商标专用权与注册商标专用权的关系外，其他 9 处情形下的"商标专用权"直接等同于"注册商标专用权"，因为在同一条文内使用了"注册商标专用"的表述且更侧重于后者，或者根据文本字面意思就可直接推断其实质含义与注册商标专用权相同；另外一处使用"商标专用权"的情形为《商标法》第 63 条，该条虽然是规定侵犯"商标专用权"赔偿金额的问题，但前面的第 62 条是对工商行政管理部门查处侵犯注册商标专用权时可行使职权的列举，从整体意义上解释有理由相信第 63 条中"商标专用权"就是"注册商标专用权"。所以在中国商标法语境下，通过审核注册即表现为注册商标专用权，简称为商标专用权。

注册商标和注册商标专用权经审核注册后产生。在无形财产权理论发展的影响下，商标注册制度成为现代商标法的主流，经注册后的商标成为法律保护的独立客体。现代经济社会，商业贸易活动范围不断扩大，交易越发频繁，商品种类繁多，注册商标的价值体现为广告、投资、转让、许可他人使用、收益等一系列注册商标专

---

● 分别是《商标法》（2019 年）第 1 条、第 3 条第 1 款、第 4 条第 1 款、第 5 条、第 23 条、第 36 条第 2 款、第 42 条第 4 款、第 57 条第（6）项、第 60 条第 3 款、第 63 条第 1 款（2 处）。

❷ 分别是《商标法》（2019 年）第七章标题、第 47 条第 1 款、第 55 条第 2 款、第 57 条第 1 款及其第（3）（7）项、第 59 条第 1 款至第 3 款（3 处）、第 60 条第 1 款和第 2 款、第 61 条第 1 款、第 62 条第 1 款及其第（1）（3）（4）项、第 64 条（5 处）和第 65 条。

用权的权能。商标注册制度以其确定权利归属、划定权利边界、公示权利变动和便利交易活动的四大作用成为目前多数国家商标法的选择，❶ 仅少数国家如美国仍采用了以使用取得为主的商标权取得制度。所以，只有注册商标才能得到法律最周全的保护，注册商标持有人才享有完全意义的商标专用权。注册程序的介入，产生了一个没有时间限制的最有价值的书面记录，利于确定权利主体和权利边界。❷

在实行商标权注册取得模式的国家，注册商标专用权是一种实实在在的财产权利，并非程序性的、期待的、可能的财产权利。英国商标法第 22 条全部内容只有一个条款，即"注册商标是个人财产（在苏格兰属于无形动产）"。但有观点认为，商标注册后未实际使用时，注册人享有的只是"程序性"权利而非"实体意义的商标权"，只享有排除其他人将该标记与商品或服务进行联系之可能的权利，所以此时的注册商标仅徒有其名，实际上"不应算作商标，更谈不上商标权"，"实体商标权是由实际使用产生，而非注册。"❸ 为解决中国商标市场泛滥的商标抢注、恶意囤积商标等现象，该观点坚持自然权利原则，强调商标实际使用的价值，具有一定的合理性。但现代商标法理论认为，"商标权成立的基础在于商标注册的事实，而不是该商标使用的事实。不但如此，使用事实的存在不是注册的要件。"❹ 认为商标注册人只享有的是程序性权利而非实体意义的商标权的观点矫枉过正，认为未使用的注册商标不是商标、不享有商标权的主张与目前世界各国的商标立法不符，也

❶ 张玉敏. 商标注册与确权程序改革研究——追求效率与公平的统一 [M]. 北京：知识产权出版社，2016：59.

❷ SHERMAN B，BENTLY L. The Making of Modern Intellectual Property Law [M]. Cambridge：Cambridge University Press，1999：1760 - 1911，185 - 186.

❸ 刘春田. 商标与商标权辨析 [J]. 知识产权，1998（1）：12.

❹ 季啸风，李文博. 商标法与赔偿法（特辑）——台港及海外中文报刊资料专辑（1987）[G]. 北京：书目文献出版社，1987：6.

与注册商标已经演变为无形财产权的事实相悖。注册商标专用权虽然不是期待权，但权利的稳定性却有薄弱之处，如注册商标可能会因在先权利人提出无效申请等被宣告无效。在一定意义上，注册商标专用权是完全权利与推定效力的结合体。

## 二、注册商标专用权的无效

依法定程序使注册商标专用权归于消灭是注册商标无效的法律目的。[1] 商标注册的法律效力表现为：注册商标只能在商标局审核注册后产生；只有注册商标才受到商标法的专门保护；商标专用权的范围、边界，即注册商标和它使用的商品范围，是由注册人申请并经商标注册程序确认的。[2] 所以当审核注册行为无效后，因商标注册行为产生的上述法律效力同样归于无效。注册商标专用权的无效意味着其使用权能与禁止权能的消亡，意味着注册商标在商标法律关系中主体地位的灭失。

注册商标专用权为绝对权，但其保护范围具有相对性，只能在相同或者类似商品上排斥他人使用相同或者近似商标。[3] 在民法理论上，相对权与绝对权的划分是以权利人可以对抗的"人"的范围为标准的。注册商标专用权可以对抗任何人，任何人都负有尊重并不得侵害他人商标权的义务，故商标权为绝对权。德国学者卡尔·拉伦茨及我国台湾的王泽鉴先生都认为无体财产权（知识产权）属于绝对权。[4] 但是从权利保护范围上看，注册商标专用权的辐射范

---

[1] 赵丰华，谢焕斌. 论商标注册的无效制度 [J]. 辽宁行政学院学报，2009(3)：22. 该文中的商标权实质上是指注册商标专用权。为保持术语的严谨性和统一性，本书直接以"注册商标专用权"代替该文中的"商标权"。

[2] 唐广良. 论商标注册的法律意义 [G] //中国社会科学院知识产权中心，中国知识产权培训中心.《商标法》修订中的若干问题. 北京：知识产权出版社，2011：101.

[3] 孔祥俊. 商标法适用的基本问题 [M]. 北京：中国法制出版社，2012：084.

[4] 拉伦茨. 德国民法通论（上册）[M]. 王晓晔，谢怀栻，等，译. 北京：法律出版社，2003：300；王泽鉴. 民法总则 [M]. 北京：北京大学出版社，2009：69.

围是有限的，即限于核定使用的商品或服务种类。最高人民法院认为，在遏制不正当抢注他人在先商标行为时，应"准确把握商标权的相对权属性，不能轻率地给予非驰名商标跨类保护"。❶ 从注册商标的保护范围看，注册驰名商标虽然可以获得跨类保护，但前提条件是有误导公众而损害该驰名商标注册人利益的可能。

注册商标专用权在保护范围上具有相对性，仅限于核定的商品或服务上，但核定的商品或服务可能是一类也可能是多类。注册商标无效时，如果无效的事由仅及于部分商品或服务，则无效的法律后果也仅及于该商品或服务，而未涉及的商品或服务上的注册商标专用权仍然有效。该情形可称为"注册商标的部分无效"。巴西、德国、俄罗斯和英国等的商标法上均有类似规定。❷ 如德国商标和其他标志保护法第 50 条和第 51 条规定，由于驳回的绝对事由导致的无效和由于在先权利导致的无效，"当无效的理由只存在于商标注册的某些商品或服务时，则只应在这些商品或服务上注销其注册"；俄罗斯联邦商标、服务商标和商品原产地名称法第 28 条明确规定了商标权利人有不正当竞争行为或涉及驰名商标等情形下的部分无效。

注册商标所有权人行使的是"完全意义上的"注册商标专用权，包括对商标的使用和排他性两方面，即享有"使用、许可他人使用、转让、质押、禁止任何未经许可的使用和追究侵权责任的权利，以及对在后商标注册申请提出异议和无效宣告请求的"全部权能。❸ 注册商标专用权的内容包括使用（the right to use）与禁止（the right to exclude others using it）两方面权能。❹ 注册商标专用权

---

❶　《最高人民法院关于当前经济形势下知识产权审判服务大局若干问题的意见》（法发〔2009〕23 号）第 9 条。

❷　巴西知识产权法第 165 条：无效的注册可以是全部的也可以是部分的。部分无效的条件是剩余部分是可以注册的。英国商标法第 47 条（5）：如果无效理由仅涉及注册商标所及的部分商品或服务，无效应仅及于这些商品或服务。

❸　张玉敏. 商标注册与确权程序改革研究——追求效率与公平的统一［M］. 北京：知识产权出版社，2016：70.

❹　周云川. 商标授权确权诉讼规则与判例［M］. 北京：法律出版社，2014：7.

是指注册商标所有权人"在指定商品上独占地使用该商标，排除别人在该指定商品上使用该商标"的法律权利。❶ 从历史发展的维度看，商标禁止权能早于商标的转让、许可使用等权能。在商标注册制度出现之前，商标权只是自然权利，商标只是所有权标记、控制或保证标记，对其进行调整的规则是商业习惯和行会规则。1282年意大利的帕尔马市颁发了一部法令，其内容与现代商标法提供的法律保护措施非常接近，这是商标法历史上最早的对商标给予法律保护的规定，商标由此开始直接受到国家权力的保护，而不仅停留在市民生活、商业活动和民间商业行会的自律性约定中。该法令规定任何人不得在贸易和行会中使用该行会或贸易中他人的标记，也不得在刀剑上使用相同或相似的标记。当时的法国、意大利、德国和英国也有类似规定。❷ TRIPS 就仅规定了注册商标专用权人的禁止权。❸ 可见，那种认为注册商标专用权仅是"对注册商标的占有、使用、收益和处分的权利"的观点不够全面，❹ 它忽略了禁止权能，忽略了从商标侵权中获得救济的专有权。❺

　　注册商标无效后，注册商标的使用权能完全丧失，通常情况下禁止权能也同时丧失。从法律行为的角度分析，注册商标无效后曾经的"注册商标权人"对"注册商标"占有、收益、使用以及许可他人使用、转让、质押等行为是一种无权处分行为，因为该行为涉及的标的已经不是行为人的财产，行为人对处分的标的不再享有

❶ 纹谷畅男. 商标法50讲［M］. 魏启学，译. 北京：法律出版社，1987：16.

❷ PASTER B G. Trademarks – their early history［J］. Trademark Reporter，1969，59（551）：560.

❸ 郑成思. 关贸总协定与世界贸易组织中的知识产权——关贸总协定乌拉圭回合最后文件《与贸易有关的知识产权协议》详解［M］. 北京：北京出版社，1994：184. TRIPS 第16条第1款：注册商标所有人享有专有权防止任何第三方未经许可而在贸易活动中使用与注册商标相同或近似的标记去标示相同或类似的商品或服务，以造成混淆的可能。

❹ 刘春田. 知识产权法［M］. 5版. 北京：中国人民大学出版社，2014：258.

❺ 印度商标法第28条第1款。

法定的使用权能。但在部分无效的情形下，注册商标使用权能的灭失并不一定导致禁止权能完全消失，注册商标所有人仍享有某些方面的禁止权能。一是仍可排斥他人在相同或者类似商品上使用相同或者近似商标，就好像未被宣告无效一样。二是仍有权限制他人在相同或者类似商品上注册相同或者近似商标。禁止权是限制他人非法使用注册商标的消极权能，表现为禁止他人损害注册商标专用权的权利；而使用是注册商标的积极权能，享有在核定的商品或服务上使用注册商标的权利。禁止的范围延及类似商品和相似商标，使用的范围要小于禁止的范围。注册商标部分无效后，商标注册人在未被宣告无效的商品或服务种类上仍然享有注册商标专用权，该注册商标的财产地位继续存在，他人在相同或者类似商品上对相同或者近似商标的使用或注册行为，可能构成侵权，注册商标专用权人可提出注册异议或要求注册无效。

商标权产生的理论根源不同及商标注册的法律后果不同，注册商标无效后的法律后果也表现出较大差异。在美国，注册商标无效后注册者仅失去一些程序上的权利或失去证据上的效力，如推定商标已使用、不可争议性、全国范围内的排他性使用等，但商标所有人依据使用而获得的财产权利，不会因商标注册的撤销而丧失。❶这与多数国家规定导致商标专用权自始无效的做法相去甚远。

按照美国的法律，商标权源于商业活动中的使用，与商标是否注册没有直接关系。根据美国的普通法，市场主体在商业活动中使用的标志能够区别商品或服务来源而具有显著性特征时，就可以获得排他性的商标权。这充分表明"商标权来自商标的实际使用，来自于商标使用所产生的商誉"。❷美国设有专利商标局，对申请注册的商标进行审核，如认为申请注册的商标同现有商标相比构成混淆，可以拒绝注册，但这并不影响普通法上商标权的存在。根据美国兰汉姆法，在主簿上登记是主张所有权的声明，无论是对已使用

❶❷ 李明德. 美国知识产权法［M］. 2 版. 北京：法律出版社，2014：599，508.

商标还是意图使用商标的注册都是在整个联邦范围内享有商标权利的公告，是推定注册人在核定注册的商品或服务上在全国享有优先权及商标所有权的证据，注册"仅仅产生程序性的权利，而非实体性的财产权利"。这也是很多学者认为美国是实行纯粹"使用取得"制度的国家的理由。美国的联邦商标法并非创设联邦权利体系，本质上是州商标权的登记者。依据联邦商标法取得的商标注册与州普通法相比有很多优点。美国兰汉姆法规定在主簿注册后将产生以下后果：一是推定所有权产生，二是可以初步证明注册商标及商标注册有效、注册商标所有权有效、注册人在商业中对注册商标专用权的有效性表面成立，三是按规定连续 5 年使用后将成为不容置疑的权利证明，四是享有全国性保护的权利，五是阻止进口的权利。❶ 学者将其总结为三个方面：一是联邦注册可以对抗随后的善意使用者，即使在有些州没有使用也享有权利，也就是在全国范围内受到专门的法律保护；二是联邦注册给注册者提供了向各州法院证明已经使用商标且没有其他争议的条件，即商标的无可置疑性；三是联邦注册使注册者享有了普通法上无法拥有的注册商标权。❷

在美国，注册商标被判决无效后，注册行为自注册之日起无效，注册商标无法再成为证明注册者在注册之日起就享有推定权利的证据，但受限于美国商标注册的功能，商标注册者丧失的仅是因注册带来的相关利益，并不会导致因使用而产生的商标权当然无效，也不影响商标所有人依据普通法或反不正当竞争法享有的实体性权利，或者说商标所有人仍然可依据普通法或反不正当竞争法主张权利。在 "Morehouse Manufacturing Corporation v. J. Strickland and Company" 上诉案中，法院非常清楚地阐释了注册商标无效对

---

❶ 美国兰汉姆法，15U. S. C. §1072，1115（a）（b），第 1065 条，第 1121 条，第 1124 条。

❷ 米勒，戴维斯. 知识产权法：专利、商标和著作权［M］. 北京：法律出版社，2004：161.

商标权的影响。该案的原告生产脱毛剂，使用的商标是含有 Magic 字样的图形商标，被告就其生产和销售的发胶使用了"Blue Magic"商标，并于 1954 年获得了联邦注册。原告认为被告注册的商标与自己的商标近似，可能会造成消费者的混淆，而且被告违反了兰汉姆法的规定在申请商标注册时采取了欺骗或不正当的手段，故申请撤销注册（实质含义等同于本书所指的无效）。专利商标局的商标审判及上诉委员会裁定驳回申请，关税与专利上诉法院维持了该裁定。上诉法院的理由是，虽然商标注册时有一些失误，但被告一直在使用自己的商标，因为宣誓书中的轻微错误而撤销实际使用良好的商标注册的做法毫无意义，也没有服务于任何公共目的。认为商标排他性的使用权利是源于使用的事实和普通法，与专利商标局的注册无关，所以注册簿只是商业现实的反映，即使撤销了专利商标局依据法律所赋予的那些附加的权利，商标权也依然存在。❶

## 第三节　注册商标无效后相关问题的处理

　　注册商标无效后，注册商标专用权在法律上视为自始即不存在，注册商标就像从来没有存在过一样，也将对相关民事行为带来影响。其中涉及一些具体问题，还需要进一步澄清，比如注册商标专用权无效是自申请日还是核准注册之日起无效，被宣告无效的注册商标可否重新申请注册，被撤销、注销的注册商标还能否被宣告无效，商标续展、增补注册可否无效，注册商标无效的追溯力如何等问题。

　　注册商标专用权自始无效，是指注册商标专用权从其应当开始生效之时即不发生法律效力。这里的生效之日不是一个确定的日

---

❶　Morehouse Manufacturing Cop. v. J. Strickland and co., 407 F. 2d 881（CCPA 1969）.

期，根据具体情况是指核准注册之日，或初步审定公告 3 个月期满之日。在我国，商标专用权取得日的计算有两种不同情形。一是核准注册之日。对初步审定公告后无异议的，商标局予以核准注册并公告，核准注册之日为商标专用权取得的时间。二是初审公告期满3 个月之日，包括两种不同情况。第一种是对初步审定公告的商标提出异议的，商标局经调查核实后认为异议不成立的应准予注册并公告；第二种是对初步审查公告的商标提出异议后，被异议人不服商标局作出不予注册决定而向商标评审委员会申请复审，不服复审决定再向法院提起诉讼，法院经审查认为异议不成立而准予注册。这两种情形下，商标局初步审定公告 3 个月期满之日是取得商标专用权的时间起算日。

我们需要区分清楚注册商标无效的两个法律后果：注册商标专用权无效、审核注册行为无效。立法机关解释认为，"宣告注册商标无效，就是从开始注册时就无效"。该解释显然不是指的注册商标专用权无效的时间，因为这与注册商标专用权自始无效的规定存在逻辑上的矛盾。开始注册时，从法律上讲注册商标专用权尚未创设成立，一项根本不存在的权利是无法从法律效力上进行评价的。开始注册的时间是商标局的审核注册行为启动的时间，注册商标无效的后果之一是注册行为无效，所以注册商标无效的法律效力可以追溯到该审核注册行为开始启动时。比如巴西知识产权法第 167 条就明确规定："注册被认定无效后，其效力追溯至申请日"，此条款中的注册指的是审核注册行为而非注册商标专用权。

注册商标被宣告无效且是全部无效的，注册商标标志恢复为纯粹的符号组合，但并不意味着该符号组合成为公共资源而可以任意使用或再注册为商标。意大利商标法规定，注册被宣告无效之后，应禁止任何人使用该注册商标。❶ 商标的特征在于法律的显著性或

---

❶ 意大利商标法第 10 条：如果某一注册商标因非法使用而被宣告无效，那么，在其注册被宣告无效之后，应禁止任何人使用该注册商标。

商誉，能够识别商品或服务来源，这种显著性或商誉的形成不是短期内可以完成的，必然要经历一个消费者从陌生到熟悉的过程。而商标的显著性一旦形成，商标与商品或服务之间的联系也不会在短期内灭失，相当长的时间内相关公众仍会把商标标志与某商品或服务联系起来。正如商标的法律显著性不因注册而产生一样，该显著性也不因注册无效而消灭。注册商标无效后，其他人在相同或类似商品上使用被宣告无效的注册商标，会使消费者误认为使用者与原来的注册商标专用权人之间存在某种联系，存在混淆之虞。所以在注册商标被决定或裁定无效后，原注册商标标志在一定期间内参与商业活动的范围必然受到限制，但使用该标志不会带来混淆的除外。因而我国《商标法》第 50 条规定，注册商标自宣告无效之日起 1 年内，商标局对与该商标相同或者近似的商标注册申请，不予核准。

　　注册商标无效针对的是违反了商标法强制性规定的注册行为，注册商标本身的状态并不妨碍无效程序的启动。合法的注册商标在市场交易活动中将涉及注册商标的许可、转让、投资、质押、广告等民事活动，涉及注册商标专用权人及众多民事主体之间的利益及交易秩序的稳定性。宣告无效后注册商标专用权视为"自始即不存在"，这将影响到上述民事活动的效力。注册商标无效是因商标注册过程存在违反强制性规范的行为，由此产生的注册商标应得到法律的否定性评价，并使相当的民事法律行为得到妥当的处理。在当事人没有丧失启动注册商标无效程序的权利时，注册商标本身的状态不宜成为阻碍实现该权利的障碍，否则就影响了注册商标无效制度的正义价值和秩序价值的实现。所以在注册商标因 3 年不使用而撤销、因使用违法而注销等情形下，利害关系人仍可申请宣告注册商标无效。例如韩国商标法第 71 条第 2 款、第 72 条第 1 款规定，商标权即使已经消灭，当事人仍可以对违反注册规定和违反续展注册规定的注册商标提出无效评审请求。

　　商标权续展注册、商品重新分类注册和指定商品增补注册时都可能存在违反法律禁止性规定的情形，也可导致被续展、重新分类和增补注册的注册商标无效。相应的法律后果为续展注册行为、商品重新分类注册行为或增补注册行为无效，注册商标专用权自前次期限届满时、商品重新分类注册、增补注册时起无效，但不会导致该注册商标专用权从最初取得时无效。韩国商标法规定，若增补注册、续展注册或商品重新分类注册的商标"包含两个或两个以上的指定商品，则可以就每个指定商品分别提出注册商标无效评审请求。"❶ 1968 年美国"桃丽丝"案中，被告 1957 年注册的商标由"LasTorres"的文字与三个城堡塔的图形构成，但在实际使用时去掉了文字 Las 并将三个城堡塔的图形改为三个塔形，且仅使用在葡萄酒上，未在味美思酒和香槟酒上使用。1976 年期满申请续展时，提交的使用商标的样本不是正在使用的标志而是原来注册的商标样本，并且声称在三类酒上都在使用该商标。利害关系人提起撤销（无效）申请后，商标审判及上诉委员会经审查认为被告在申请续展时确实存在着重大的欺骗或者误导，裁定撤销对该商标的续展注册。被告不服并上诉到联邦巡回法院，法院认为被告明知在味美思酒和香槟酒未使用原申请的商标样本，知道或应该知道实际所使用的商标已并非原来的商标，申请续展时仍宣称在核定的商品上使用了原商标样本，显然是对专利商标局的故意欺骗和误导，应当确认注册无效。❷

注册商标无效的决定、裁定或司法判决通常不具有追溯力，即注册商标无效的决定、裁定或司法判决不影响其生效前发生的法律事实，只对其生效后的事实发生效力。通常来说，对于执行完毕的行政和司法机关的法律文书，比如作出的决定、裁定、判决和调解书等，或者已经履行完毕的民事合同，注册商标无效的法律效力不及于上述情形，即无追溯力。基于维护稳定的社会关系的秩序价

---

❶ 韩国商标法第 71 条、第 72 条和第 72 条之二第 1 款。
❷ Torres v . Cantine Torresella S. v. l. , 808 F. 2d 1483 （Fed. Cir. 1986）.

值，在注册商标无效之前，无论法院、行政机关还是进行交易的当事人，均是基于对注册商标财产权和行政权力公示公告的信赖进行决策，且法律文书的内容已经执行完毕或实际交易已经完成，法律不应将"已经发生的经济关系和社会活动加以剥离"，❶再否定已完成行为的法律效力必将影响社会交易的稳定性。我国《商标法》规定，无效宣告的决定或裁定对之前已经执行完毕的法律文书不具有追溯力，该类法律文书是指商标侵权案件中由法院作出的调解书、判决书、裁定书和行政部门作出的处理决定。

注册商标无效后其财产客体的法律地位已经不复存在，但以注册商标或注册商标专用权为主要标的的协议由于已完成，因此并不受影响。我国《商标法》规定，对已经履行的商标转让合同或使用许可合同不具有追溯力；❷德国商标和其他标志保护法第52条（3）规定，早于注销请求（注册商标无效是商标注销的原因之一）的终局侵权裁决，对注销请求的裁决作出之前达成并已经履行的合同，不受注销商标注册的影响。英国商标法第47条（6）规定，在不影响过去和已完成交易的条件下，注册商标视为在相应的程度从未获得过。《香港商标条例》第53条（9）规定，商标的注册根据该条在某范围内宣布为无效，应坚持不影响过往已完结交易的原则。

注册商标无效对于已经履行的民事行为不具有追溯力并非绝对，依据公平、正义的法律价值要求，部分情形下具有一定的追溯力。在注册商标专用权产生之后到作出注册商标无效的宣告或判决之前，已经完成的民事行为如果完全不受注册商标无效的影响，可能导致明显不公平的结果或有违社会公序良俗，此时法律应提供相应的救济或制度补偿。为稳定市场秩序，避免增加市场交易成本，遵循民法的诚实信用、保护善意第三人原则，法律并不一概否认已

---

❶　汪泽. 中德商标法国际研讨会综述［J］. 中华商标，2005（12）：59.

❷　我国《商标法》（2019年）第47条。

经完成交易的法律效力。为此，以注册商标无效决定、裁定或判决生效的时间作为标准，各国有条件地对之前已经完成的法律行为的效力予以认可，或者提供相应的救济措施。我国《商标法》第47条特别规定，注册商标专用权自始无效，但根据公平原则可以要求给予赔偿金或全部、部分返还商标转让费、使用费和商标侵权赔偿金。德国商标和其他标志保护法也规定可以依据公平原则要求偿还合同价款。❶

---

❶　德国商标和其他标志保护法第52条（3）：根据与部分由于商标所有人的故意或过失导致的损害赔偿有关的规定，或根据与不当得利有关的规定，对商标注册的注销不应当影响……某种程度上由具体情况决定的并依据相关合同支付的价款，可以依据公平原则要求偿还。

# 第六章 我国注册商标无效制度的运行及完善

## 第一节 我国注册商标无效制度运行的现状及问题

我国《商标法》在 2013 年修改后,以单独一章对"注册商标的无效宣告"进行规定,因而我国的注册商标无效制度应称为"注册商标无效宣告制度"。我国注册商标无效宣告制度运行过程中行政程序与司法程序相互交叉,且效率不高,需要区别具体情形进行改良,并应构建注册商标无效司法判决的法律制度。

### 一、现状:行政程序与司法程序交互

我国注册商标无效宣告制度的运行包含行政程序和司法程序两方面的内容。行政程序是指由商标局或商标评审委员会按照行政程序对注册商标的效力作出决定或裁定。具体表现为:具有注册商标无效宣告绝对事由的,由商标行政管理机关主动或依申请启动注册商标无效程序并在审查后作出注册商标无效决定,对此决定不服的当事人可向商标评审委员会要求复审,对复审决定不服的可继续向法院起诉。存在注册商标无效相对事由的,在先权利人、利害关系人可直接申请宣告注册商标无效,由商标评审委员会作出行政裁定,对裁定不服的再由法院审查。

司法程序是指经由商标局或商标评审委员会对注册商标的效力作出决定或裁定后,当事人不服的可以向法院提起诉讼,由法院按照行政诉讼规则予以审理。在上述两种情况下进入法院的行政诉讼程序,法院不能直接判决注册商标无效,但认为商标评审委员会作出的复审决定或裁定存在事实或法律适用错误时,可判决撤销该决

定或裁定并要求重新作出决定或裁定。商标评审委员会依据新的事实和理由重新作出裁定后，若当事人仍不服，可以再次起诉，上述程序可能循环往复地进行。

上述行政程序与司法程序的交互即为我国注册商标无效宣告制度运行的基本内容。以图表的形式可以表达如下：

**我国注册商标无效宣告制度的运行程序**

| | | 程序 | 行政决定 | 行政复审决定 | 行政诉讼一审 | 行政诉讼二审 |
|---|---|---|---|---|---|---|
| 具有绝对事由 | 商标局自行决定启动 | 参加人 | 商标局 | 商标评审委员会、注册商标所有人 | 北京知识产权法院、商标评审委员会、注册商标所有人 | 北京市高级人民法院、商标评审委员会、注册商标所有人 |
| | 任何单位或个人申请启动 | 程序 | | 行政裁定 | 行政诉讼一审 | 行政诉讼二审 |
| | | 参加人 | | 商标评审委员会、申请人、有关当事人 | 北京知识产权法院、商标评审委员会、申请人、有关当事人 | 北京市高级人民法院、商标评审委员会、原申请人、有关当事人 |
| 具有相对事由 | 在先权利人或利害关系人申请启动 | 程序 | | 行政裁定 | 行政诉讼一审 | 行政诉讼二审 |
| | | 参加人 | | 商标评审委员会、申请人、有关当事人 | 北京知识产权法院、商标评审委员会、原申请人、有关当事人 | 北京市高级人民法院、商标评审委员会、原申请人、有关当事人 |

除上述基本的行政程序与司法程序外，两程序运行过程中还可能存在其他行政和司法程序。我国《商标法》第 45 条规定，在注册商标无效裁定行政程序中，如果涉及在先权利确认的，商标评审委员会将中止审查而等待法院或行政机关对在先权利的处理结果。在法院对注册商标无效裁定司法审理程序中，如果涉及在先权利的确认，法院也会中止审查，等待其他案件的结果。可见，比较复杂的注册商标无效宣告程序可能历经商标局的决定、商标评审委员会的复审决定或行政裁定、法院或其他行政机关对在先权利的确定、法院对商标评审委员会裁定的行政诉讼、商标评审委员会再裁定、法院再诉讼等程序，行政决定、行政裁定、行政确认、民事诉讼、行政诉讼等司法程序与行政程序相互纠缠并可能循环往复。

## 二、问题：程序重复且低效

对注册商标无效制度的反思，必须以效率的价值追求作为标准，因为"在司法公正至上的前提下，我们已经进入了一个追求司法效率的时代"。❶ 效率一词源于拉丁语 Effetus，在物理学上指有效的输出量与输入量的比值，之后被逐渐引入到社会学、经济学、管理学、法学、哲学等各学科中。哲学研究者将其定义为"人类价值活动过程中，付出与成果之间的比较"。❷ 商标法律制度的变迁与演化体现着商人利益集团对自身利益的诉求，促进商事交易效率是商事审判的独立理念，❸ 为商业和市场发展提供便捷的制度是商标法律价值所在。

商标法从来就是与商业相伴相生的，其名称"Trademark"充分展示了与"商业"的"血缘"关系。商人群体对商标法的影响最早可追溯到欧洲的商业行会自发要求成员进行商标注册的中世纪

---

❶　彭世忠. 程序选择权及其经济学思考 [J]. 西南政法大学学报，2003（6）：14.

❷　王庆功. 和谐社会视野中的公平与效率 [J]. 山东社会科学，2007（10）：76.

❸　赵万一. 商法的独立性与商事审判的独立化 [J]. 法律科学（西北政法大学学报），2012（1）：54.

（公元 476 年至 1453 年）。1791 年美国以塞缪尔·布雷克（Samuel Breck）为首的波士顿帆布商向当时的国务卿托马斯·杰斐逊建议，政府应立法允许他们可以使用一种专有的标记以区分本地与外地产品，费城的商人致信波士顿报纸对此予以支持。❶ 在英国，1862 年谢菲尔德向英国的下议院提交了由不同地区商人和商会起草的允许将商标在财产法规则下转让的商标法议案。因而"商标法是规范商事活动的法，商事活动具有很强的时效性，商标法必须考虑到商事活动的这一特点"，❷ 以便捷的程序、快速地解决权利纠纷是商标法律效率价值的体现。

以效率的价值理念反思我国目前的注册商标无效宣告制度的运行程序，其不足之处主要表现为以下几个方面。

一是法院事实上享有矫正审核注册行政行为的权力，但不能直接判定注册商标无效，导致行政程序与司法程序纠结缠绕，无法及时对注册商标效力作出最终决定。当事人对商标评审委员会的决定或裁定不服起诉到法院，法院将会按行政程序进行一审、二审。如法院判决撤销商标评审委员会的裁定或决定，并令其重新作出裁定或决定，当事人对重新作出的裁定或决定仍不服时，上述程序可能循环往复地进行。上述行政程序中，如涉及在先权利时可以中止审查，待在先权利确定后再恢复审查程序。所以目前的注册商标无效宣告程序循环运行，费时耗力，涉及商标局的行政决定、商标评审委员会复审行政决定、商标评审委员会的行政裁定、法院或其他行政机关对在先权利的确定、法院对商标评审委员会裁定或决定的行政诉讼、再裁决或决定后的再诉讼等程序。

二是商标局和商标评审委员会的行政处理程序方面的重复。我国的商标异议制度规定，对初步公告的商标注册任何人可依据绝对

---

❶ DIAMOND S A. The Historical Development of Trademarks［J］. The Trademark Reporter，1975（65）：265.

❷ 张玉敏. 商标注册与确权程序改革研究——追求效率与公平的统一［M］. 北京：知识产权出版社，2016：123.

事由，在先权利人或利害关系人可依据相对事由提出异议，由商标局审查相关事实和理由，并作出准予注册与否的决定。若异议人不服商标局作出的注册决定，只能等商标核准注册后再申请宣告该注册商标无效，此时商标评审委员会裁定行为是对商标局已经处理过的事实和理由的再次处理。与未经过异议程序而直接申请注册商标无效的情形相比，目前的程序未加以区分而强制采用同样的处理程序，既浪费行政资源也影响了解决纠纷的效率。违反注册商标绝对事由的，商标局宣告无效后，当事人不服其决定再申请商标评审委员会复审，也会出现对违反商标注册条件的事由重复处理的问题。

三是缺乏"民事程序选择权"理念下的制度衔接。民事程序选择权由我国台湾学者邱联恭在 1992 年首次提出，他在台湾"民事诉讼法研究会"第 46 次会议作了名为"程序选择权之法理"的主题报告，简释了民事选择权的概念。❶ 之后不少学者对这一概念表示出了较大的学术兴趣并展开了深入的研究，对相关问题已经形成一定的共识。民事选择权是民事权利的一种，是指当事人在法律规定的范围内，在诉讼过程中选择有关程序及有关事项的权利。❷ 程序选择权的理论注重社会经济活动中私权主体的程序主体性、需要的特殊性，以及国家制度视野下程序本身的一般性、公共利益性和差异性。❸ 该理论主张，法律应给"程序关系人赋予相当的程序参与权和程序选择权，并据以实现、保障程序关系人的实体利益和程序利益"。❹ 而我国的注册商标无效宣告程序，未给予民事主体意思自治的程序关怀，无效宣告程序从商标行政管理机关的处理开始，其间经过司法程序，并最终由行政程序结束，所有程序都由法

---

❶ 邱联恭. 程序选择权之法理，民事诉讼法之研讨（四）［G］. 台北：台湾三民书局，1993：569.

❷ 对邱联恭论文《程序选择权之法理》的归纳，参见左卫民，谢鸿飞. 论程序选择权［J］. 法律科学，1998（6）：58.

❸ 李浩. 民事程序选择权：法理分析与制度完善［J］. 中国法学，2007（6）：80.

❹ 彭世忠. 程序选择权及其经济学思考［J］. 西南政法大学学报，2003（6）：14.

律强制性规定，当事人没有为自己利益选择其他程序的自由，不能直接选择到法院就注册商标效力问题提出诉讼。

法律制度的效率价值体现为对各种资源的利用和节约程度，即一方面尽可能简化程序，减少环节，另一方面以可选择的程序为当事人提供便利，降低制度成本。为弥补我国注册商标无效制度的不足，应以解决民事权利纠纷和矫正行政行为作为路径，以正义价值中效率因素为制度设计理念，采用"改良"和"改革"的两种进路，改善我国目前注册商标无效宣告制度的运行及立法，并构建注册商标无效司法判决的法律制度。

## 第二节　注册商标无效宣告制度运行的改良

### 一、商标评审委员会的终审裁定

注册商标损害在先法益时，通常违反商标法关于禁止注册或限制注册的规定，构成注册商标无效宣告的相对事由，利害关系人可申请宣告注册商标无效。注册商标自始无效，将从根本上解决在先法益与注册商标专用权之间在"知识产权权益"方面的冲突。但目前的注册商标无效宣告程序，未区分在先法益受到侵害的事实已经法院审判或未经法院审判的具体情形，而全部采用由利害关系人向商标评审委员会申请，由其进行裁定，但该裁定并非是终审裁定，当事人不服时仍可对裁定提出行政诉讼，导致效率低下。

具有注册商标无效宣告相对事由时，在先法益人可向商标评审委员会申请宣告注册商标无效，不服商标评审委员会裁定结果的可向法院提出诉讼。根据目前的相关规定，当事人不服商标评审委员会裁定的应到北京知识产权法院提出诉讼，商标评审委员会是被告，相关当事人为第三人。与普通行政诉讼案件判决审判不同，对不服注册商标无效裁定的案件，《行政诉讼法》第70条规定的7个判决撤销行政行为的理由中，法院一般不适用违反法定程序、超越职权、滥用职权和明显不当等几个理由。就目前相关案例而言，尚未发现法院以上述理由判决撤销商标评审委员会作出的注册商标无效裁定，法院判决的理由通常为证据不足，导致适用法律、法规错误。可见，对是否构成注册商标无效事由的审查，即对在先法益的合法性、范围、受注册商标专用权损害的事实状态等是注册商标无效诉讼案件最核心的内容，而这些事实状态若之前已由其他民事诉讼判决所确认，商标评审委员会据此作出注册商标无效裁定的，北京知识产权法院应维持该裁定的效力。最高人民法院最新的司法解释规定，已为人民法院发生法律效力的裁判所确认的事实，当事人无须举证证明。❶

在先法益受到注册商标专用权侵害时，对侵权纠纷在先法益人可通过普通的民事诉讼途径解决。以外观专利设计权人控告注册商标侵犯其专利权为例，法院对此作出侵权判决的，在先外观专利设计权的权利范围、效力和受到在后注册商标损害的法律事实等已然确定。此时外观专利权人以法院的侵权判决为依据，以在先权利受到损害为由，请求商标评审委员会宣告注册商标无效时，商标评审委员在审查相关事实和理由时，法院的侵权判决应是认定注册商标专用权损害该在先权利并进而作出注册商标无效裁定的重要证据。根据我国《商标法》第 45 条的规定，法院的判决结果是商标评审委员会确定在先权利的依据。❷ 商标评审委员会据此"宣告无效是执行生效判决，而不再经过无效宣告程序，申请人和注册人也不得提起诉讼"。❸

---

❶ 《最高人民法院关于适用〈中华人民共和国民事诉讼法〉的解释》（法释〔2015〕5 号）第 93 条第 4 款。

❷ 《商标法》（2019 年）第 45 条第 3 款：商标评审委员会在依照前款规定对无效宣告请求进行审查的过程中，所涉及的在先权利的确定必须以人民法院正在审理或者行政机关正在处理的另一案件的结果为依据的，可以中止审查。中止原因消除后，应当恢复审查程序。

❸ 汪泽. 商标权撤销和无效制度之区分及其意义 [J]. 中华商标，2007（10）：54.

上述分析为我们提供了一种对注册商标无效宣告运行的可行性改良，即赋予商标评审委员会一定条件下的终审权。在先法益人就自身利益受损向法院起诉，且法院判决注册商标损害在先法益事实成立的情形下，在先法益人据此要求宣告注册商标无效的，商标评审委员会应采用司法程序优先的原则，即在裁定注册商标无效案件时，以法院的判决为确定在先权利事实状态的证据，直接宣告注册商标无效。此时商标评审委员会据以作出裁定的事实是为法院生效判决所证明的，可谓事实清楚、证据确实充分，商标评审委员会的裁定行为属于执行法院的生效判决；若当事人仅以在先法益未受注册商标侵害为由不服裁定结果而起诉的，法院对此不必再重复审查，可直接裁定不予受理或驳回诉讼请求。TRIPS 第 41 条要求各成员对知识产权的最终行政决定提供司法救济，显然未考虑具体的注册商标无效事由，忽略了由法院作出注册商标侵权的生效判决后当事人再要求行政机关裁定注册商标无效的具体情形。

## 二、避免商标管理机关❶的重复处理

依绝对事由启动注册商标无效宣告程序的方式有两种。第一种程序是由除商标局以外的任何其他人（单位）申请宣告注册商标无效，商标评审委员会受理后按行政裁定程序进行审查并作出裁定，不服裁定的当事人可到法院起诉。第二种程序是在商标局发现具有无效宣告绝对事由时，可直接作出注册商标无效的决定，当事人不服该决定的向商标评审委员会申请复审，不服复审决定的到法院起诉。第一种程序是行政－司法进路的制度设计，符合司法提供最终救济的理念。第二种处理程序中，行政权力实际上参与了两次，即商标局作出无效决定和商标评审委员会对该决定进行复审。该程序

---

❶ 2018 年国家机构改革，不再保留工商行政管理总局，商标注册和行政裁决的职能由重新组建的国家知识产权局商标局负责。本书关于商标评审委员会相关工作的论述与目前的机构不完全适用，但其中的法理仍有参考意义。

设计在 2001 年《商标法》未修改前，是实现程序正义、保证当事人权利的有效制度，因为当时的注册商标无效实行行政终审制，商标评审委员会是终审的裁定机构。而 2001 年《商标法》修改后，由司法机关行使对行政决定的最终救济权时，该程序实质上是对构成注册商标无效绝对事由的重复审查和处理，严重影响行政效率。

对第二种程序的完善，可以考虑以下两种模式。一是商标局发现存在注册商标无效宣告绝对事由后，移交商标评审委员会处理，即取消商标局作出注册商标无效决定的权力，宣告注册商标无效的权力仅由商标评审委员会行使。商标局不主动宣告无效，是行政行为"确定力"原则的要求，行政机关应受自己作出的行政行为的约束，一般不得自行改变，这也是对受行政行为影响的可信赖利益的保护。商标评审委员会采用行政裁定的程序更益于查明事实，正确适用法律。商标评审委员会采用的是行政裁定程序，存在双方当事人，一方为商标局或其他提出注册商标无效宣告的任何人，另一方为注册商标专用权人。双方当事人的参与，将形成一种对抗式的审查模式，更利于查明注册商标无效事由的真实状态。二是以民事程序选择权为理念，商标局宣告注册商标无效后，当事人可选择向商标评审委员会提出复审，或选择直接向法院起诉进入司法程序，由当事人自己选择最适合实现权利或利益的程序。美国的做法就是该进路的最好注解。在美国，当事人对专利商标局局长或商标审判及上诉委员会的决定不服的，可以选择向美国联邦巡回上诉法院上诉或通过民事诉讼程序由法院判定注册应否撤销（Cancellation，意同"无效"）注册商标。❶

有些注册商标审核过程中，是经历过异议程序处理的，此时应准许当事人选择直接到法院诉讼要求判决注册商标无效。无论是具有绝对事由还是相对事由，在商标审核注册公告发布后，当事人都可提出异议，商标法上规定的异议事由和注册商标无效事由基本一

---

❶ 美国兰汉姆法第 1071 条。

致。注册商标无效制度与商标异议制度在功能上具有相似之处，即避免不符合注册条件的商标参与市场经济活动。2001 年修改的《商标法》规定的商标异议程序为：当事人提出注册—商标局审查、决定—商标评审委员会复审、裁定—法院诉讼。为避免上述异议程序久拖不决，优先保证商标的注册，2013 年修改《商标法》后规定，若商标局经审理后作出准予注册决定，该异议程序就直接结束，异议人不服的只能申请宣告注册商标无效，注册商标无效宣告制度是对未能在异议程序中主张权利者的补救。也就是说，某商标注册时被提出异议，商标局已就不得被注册的事由审查处理过；再依据同样的事由申请宣告无效时，为避免商标局或商标评审委员会就拒绝商标注册的重复处理，即遵循"一事不再理"的法律原则，应改变目前向商标评审会提出申请的做法，规定由当事人"直接向法院提起无效诉讼。"❶

一事不再理原则源于罗马法上的民事诉讼理论和规则，现已被各诉讼法领域接纳，成为学术界的理论共识。商标异议程序与注册商标无效宣告程序也应受其制约，已有学者将其中的法理归纳如下：一是两者具有实质的一致性，异议程序要确认申请注册的商标是否符合注册的条件以决定是否核准注册，无效程序要确认已注册商标是否存在违反注册条件的情形以决定是否宣告注册商标无效，两者的核心内容都是审查商标的"可注册性"；二是适用的法律规范、举证要求、事实认定标准相同，就同一事实将导致实质相同的法律后果，拒绝商标注册或宣告注册商标无效以避免不符合注册条件的注册进入市场；三是采用相同的审理方式，由双方当事人主张、举证，并由处于中立地位的权力机关作出裁定。❷ 2014 年修订的《商标法实施条例》关于"任何人不得以相同的事实和理由再

---

❶ 张玉敏. 商标注册与确权程序改革研究：追求效率与公平的统一 [M]. 北京：知识产权出版社，2016：121 – 122.

❷ 臧宝清：商标评审程序中"一事"如何"不再理"? [EB/OL]. (2015 – 07 – 10) [2019 – 07 – 15]. http://www.zhichanli.com/article/959.html.

次提出评审申请"的规定，实际上已经体现了"一事不再理"的原则，但遗憾的是囿于《商标法》的规定，不得不在注册商标无效宣告程序方面作出例外规定。❶ 从立法完善的角度看，上述例外规定实无必要，法律可直接规定：经异议程序予以核准注册的，在先权利人或利害关系人认为存在注册商标无效宣告事由的，可以选择向法院起诉要求判决注册商标无效。

### 三、排除注册商标专用权的司法判决

除了直接启动注册商标无效宣告程序外，在实践中还存在另一类质疑注册商标效力的情形：在注册商标侵权案件中当事人提出涉案注册商标存在无效的事由，应宣告无效。随着社会经济发展及人们权利意识的觉醒，涉及注册商标的侵权案件日益增多，且案情更加复杂，越来越多的被控侵权人以注册商标无效为由进行抗辩，并主张应由法院宣告所涉注册商标无效。由于法院不能行使注册商标无效宣告的权力，因此纠纷解决程序复杂化，司法效率低下。目前司法实践的普遍做法是，当事人以涉案注册商标无效为抗辩事由时，若注册商标无效宣告请求已进入行政处理程序，法院即中止审理，待注册商标无效宣告的裁定结果确定后再继续审理该商标侵权纠纷，而注册商标无效宣告程序"环节过多、费时耗力"；❷ 如未启动注册商标无效宣告程序，则视为注册商标有效并继续审理，而不关注当事人所提交的证据能否证明注册商标无效宣告的事由成立，其结果就是一旦作出侵权判决而涉案的注册商标又被商标评审委员会宣告无效，法院判决的公正性和权威性将受到质疑，法院事

---

❶ 《商标法实施条例》（2014 年）第 62 条：申请人撤回商标评审申请的，不得以相同的事实和理由再次提出评审申请。商标评审委员会对商标评审申请已经作出裁定或者决定的，任何人不得以相同的事实和理由再次提出评审申请。但是，经不予注册复审程序予以核准注册后向商标评审委员会提起宣告注册商标无效的除外。

❷ 李明德. 专利权与商标权确权机制的改革思路 [J]. 华中科技大学学报（社会科学版），2007（5）：13.

实上承受了制度的"负效应"（Negative Externality）。

在不改变注册商标无效确认的权力由行政机关独享的法律背景下，可借鉴日本的做法，由法院就个案作出"注册商标专用权排除"或类似的判决。日本的注册商标无效制度与我国非常相似，只是对行政机关作出注册商标无效裁定不服的，受理一审的法院为高等法院，再不服判决的只能到日本最高法院诉讼。日本商标法规定，对特许厅作出无效裁定或决定不服的，可向东京地方高等法院起诉。❶ 日本仅有一个专门的知识产权高等法院，它是东京地区高等法院的特别支部，受理针对特许厅作出注册商标无效审决不服而提出的行政诉讼案件。日本相关的判例表明，商标注册是否有效由复审决定而非法院判定，所以在侵权案件中当事人不能将商标注册无效作为抗辩，也不能向法院提起"商标注册无效确认"❷。同我国一样，知识产权高等法院不能直接改判行政部门作出的行政确权决定。但是在注册商标民事纠纷案件中，日本法院在尊重特许厅对注册商标效力享有决定权的同时，采取了一种迂回的判决以提高诉讼效率。其做法是基于 2004 年修改的特许法中第 104 条之三，有权认可被告提出的注册商标专用权无效的抗辩从而排除原告权利的行使。❸

日本法院的这种处理方式，回避了由法院直接判决注册商标专用权效力的问题，仅否定个案中注册商标专用权的排他效力，迂回地实现了"注册商标无效"制度的功能。适用的前提是有其他诉讼案件的发生，当事人以注册商标无效抗辩，此时由法院对当事人提出的注册商标无效事由进行审查判定，认为构成无效事由的，直接否定注册商标专用权人享有的要求停止使用或侵权损害赔偿等请求的权利。注册商标专用权在未经商标行政管理机关宣告无效前，虽

---

❶ 日本商标法第 63 条，美国兰汉姆法第 1064 条、第 1070 条、第 1071 条。

❷ 纹谷畅男. 商标法 50 讲［M］. 魏启学，译. 北京：法律出版社，1987：204.

❸ 易涛. 日本知识产权高等法院［J］. 科技与法律，2015（1）：118，121.

然保持着一个完整的无形财产权的形式，但已经被法院判决破坏了其财产权的内在构造，可谓有其名而无其实，并对注册商标实际的使用、许可等带来直接的影响，权利人已经无法得到法律给予的保护。在未根本改变注册商标无效宣告行政权力归属的框架内，法院通过司法审查及判决的方式在个案实现了与宣告注册商标无效相同的法律后果。

我国的司法实践在这方面也有一些探索。法院在审查相关事实后，认为存在注册商标无效宣告事由的，直接判决不侵犯注册商标权或驳回注册商标无效专用权人的诉讼请求，而不确认注册商标无效。2014 年在湖北十堰武当山特区仙尊酿酒有限公司因"武当红"等五个注册商标侵权纠纷再审案中，最高人民法院在判决中认为，注册商标的合法性是其获得法律保护的前提，抢注他人在先使用并有一定影响的商标的（构成注册商标无效宣告的相对事由），在先使用人有权依据商标法"在一定的期限内对商标本身的注册行为提出异议或者无效请求，其同样可以在民事侵权诉讼中以此为由提出不侵权的抗辩"。❶ 法院基于上述理由作出了不侵权判决，意味着法院排除了涉案注册商标使用权或禁用权方面的权能。

以注册商标无效抗辩时，并不限于构成注册商标无效宣告的相对事由，违反绝对事由的情形也同样适用。注册商标无效宣告的绝对事由通常侵害了公共利益，商标法规定任何人都可提出注册商标无效宣告的请求。但实践证明，除商标局依职权主动宣告无效外，提出注册商标无效请求者大多与注册商标之间存在利益纠纷。在注册商标侵权案件中，若当事人以构成注册商标无效宣告绝对事由提出无效抗辩的，如果依据利益的关联性通过诉讼解决，法院需要查明商标的注册是否存在欺骗或其他不正当行为，注册商标标志是否违反了禁注或禁用的规定，实质上已经将注册商标无效宣告事由的查明转化为私人主体之间的纠纷，法院可以判决排除注册商标使用

---

❶　最高人民法院（2014）民申字第 1234 号民事裁定书。

权或禁用权方面的权能。

上述分析表明，商标侵权案件中被告以注册商标无效抗辩时，彻底解决纠纷的最佳方式是由法院直接对注册商标的效力作出判决。但如果实行一种改良的方式，在不改变目前注册商标无效宣告的权力由商标行政管理机关独家行使的模式下，可以由法院对当事人提交的证明注册商标无效的证据进行审查、判断。法院认为确实构成法律规定的注册商标无效宣告事由的，应在判决书中认定当事人的抗辩符合法律规定，直接判决驳回原告的诉讼请求（包括构成侵权、损害赔偿、停止注册商标使用等），从而间接地认定注册商标专用权在该案涉及的范围内无效。

### 四、除斥期间适用的扩展及限制

各国注册商标无效制度都规定了除斥期间，即经过法定期间后当事人无权再向有权机关提出要求确认注册商标无效。除斥期间通常完全适用于注册商标无效的相对事由，但特定情形下也会受到限制。我国商标法规定，依据相对事由请求宣告注册商标无效的，应自商标注册之日起 5 年内提出，但对驰名商标恶意注册的不受 5 年的时间限制。法国的制度与我国相同。❶ 这意味着只有驰名商标被他人恶意注册的，除斥期间的适用才受到限制，而对普通标识或在先法益的恶意利用，经过 5 年后在先权利人或利害关系人是不得请求宣告注册商标无效的。这大大限制了除斥期间的适用范围，是公权对私权的不正当过度干涉。

注册商标无效宣告制度中的除斥期间的适用在一定条件下应当予以限制。出于对民法帝王条款即诚实信用原则的特别尊重，所有恶意注册的行为均不得经过除斥期间而使注册商标专用权有效。美国法律上"不洁净之手"的理论是对恶意行为的直接否定，美国最

---

❶ 法国知识产权法典第 L. 714 - 3 条。

高法院要求"走进衡平的人必须带着洁净之手而来"。❶ 知识产权
具有法定性，注册商标专用权是绝对权、对世权，恶意注册产生影
响的范围不是特定的民事主体，其权利的存在及效力应受到比普通
民事权利更为严格的制约，对恶意行为在任何时候都不应该容忍。
恶意利用他人标识性利益而造成相关消费者混淆，扰乱正常的市场
竞争秩序时，在保护社会公共利益与恶意注册行为人利益之间，法
律的选择并不是那么困难。德国、英国及欧洲共同体（现称欧盟）
等的商标法律规定，请求宣告无效的期间为 5 年，但"恶意注册"
的例外，❷ 即不适用除斥期间的标准只有一个，就是商标注册人主观
具有"恶意"。《巴黎公约》第 6 条之二规定，对于依恶意取得注册
的商标提出撤销注册的请求，不应规定时间的限制。欧洲共同体商标
条例第 53 条第 1 款规定，如果共同体商标所有人在明知道的情况下
已默许在后的共同体商标在共同体内连续使用 5 年，他不再有权以在
先的商标为由申请宣布在后的商标无效，或者反对在后商标在其使用
的商品或服务上继续使用，除非在后商标是以欺骗行为申请注册的。

在另外的情形下，则需要拓展除斥期间在注册商标无效宣告制
度中的适用。违反商标注册绝对事由的，按我国现行《商标法》，
任何人在任何时候都可以申请宣告其无效，商标局也可随时主动宣
告无效。其法理在于，注册商标无效绝对事由属于违反法律的强制
性规定、商标的显著性特征要求或违背公序良俗的行为，上述情形
永远不应得到法律的承认。但对绝对事由完全排除除斥期间的适用
有时也会带来不合理的后果。比如注册时商标标志不具有显著性
的，在注册后经过长时间使用产生了第二含义，具有法律上的显著
性或获得显著性时，当初违反注册绝对事由的法律事实已经发生改
变，情势变更后引起的法律后果亦应有所不同。若除斥期间的适用

---

❶　Precision Instrument Mfg. Co. v. Automotive Maintenance Mach. Co. , 324 U. S. 806, 814（1945）.

❷　德国商标和其他标志保护法第 51 条，英国商标法第 48 条，欧洲共同体商标条例第 53 条。

范围不延及此类情况，仍固守注册时存在注册商标无效绝对事由可在任何时候宣告注册商标无效的做法，将对已经稳定的市场秩序造成制度性的干扰。所以"有必要在商标注册绝对无效条款中明确已经取得显著性的商标不得被宣告无效"，❶ 应把除斥期间的适用范围扩展至具有注册商标无效绝对事由的情形。

比较法的研究表明，除斥期间适用的范围可包括注册商标无效的绝对事由。德国的注册商标无效制度中对除斥期间的规定分类清晰，值得我们借鉴。对于注册商标无效的绝对事由，德国商标和其他标志保护法区别了具体情况，分别规定了 2 年和 10 年的除斥期间，除此之外的绝对事由则不适用于除斥期间，比如对于不符合商标构成要求的或不符合主体资格的，请求宣告注册商标无效的时间都没有限制，在任何时间都可宣告无效。❷ 德国商标和其他标志保护法第 50 条规定，申请注册的商标具有第 8 条第 2 款第（1）项到第（3）项情形的，不应获得注册，否则可以宣告注册商标无效，但只能在自注册之日起的 10 年内提出注销请求。上述适用的情形包括：申请注册的商标缺乏显著性；仅由可在贸易中表示种类、质量、数量、用途、价值、地理来源、商品的生产日期或服务的提供日期，或者表示商品或服务的其他特征的标志或标记组成；仅由在目前语言中或在真诚并已确立的商业习惯中成为指示商品或服务的惯用语。上述情形下的符号组合或标志在注册时属于不具有显著性，而商标的显著性受时间因素的影响最大。一个注册商标经历 10 年期间的存在，可以推定因商业使用具有了识别商品或服务来源的功能，或者因为连续 5 年未使用符合应当撤销的规定，又或者因 10 年的商标保护期满且不具有商业价值不再被续展，由此形成的市场秩序再因注册商标无效而被打乱确无必要。

德国商标和其他标志保护法第 50 条规定，申请注册的商标具有第 8 条第 2 款第（4）项至第（9）项规定情形的不应获得注册，

---

❶ 曹博. 商标注册无效制度的体系化研究［J］. 知识产权，2014（4）：116.

❷ 德国商标和其他标志保护法第 8 条、第 50 条。

否则专利商标局可依职权注销商标的注册，但这一注销行为应自注册之日起 2 年内开始。规定的情形包括：申请具有欺骗性，尤其是关于商品或服务的性质、质量或地理来源；违背公共政策和普遍接受的道德原则；含有政府的徽章、旗帜或其他徽记，或含有地区、社团或国内其他公共团体的徽章；根据联邦公报上公布的联邦司法部的通告，包含国际政府间组织的徽章、旗帜或其他标志、印章或标记；根据有关公共利益的其他规定，明显禁止使用的商标。德国商标和其他标志保护法认为，注册商标专用权的效力只有尽快得以稳定，才能促进注册商标的商业使用及其价值、功能的发挥，2 年的时间足够相关权利人决定是否通过注册商标无效的方式维护自己的权利，2 年过后，在后注册的商标效力便不再受到质疑。

综上，建议我国借鉴其他国家商标法和国际条约的立法，对注册商标无效制度的除斥期间在以下方面作出修改：以相对事由要求宣告注册商标无效的，只要商标注册者具有"恶意"的主观心态，在先法益人提起注册商标无效宣告的权利都不应受到限制，即不适用 5 年的除斥期间的限制，不应仅限定在对驰名商标的恶意注册上，以免缩减了注册商标无效制度功能的发挥；将除斥期间的适用范围扩展到绝对事由，并针对不同事由分别设定 3 年（与我国规定的普通诉讼时效相契合）或 10 年（注册商标专用权的一个保护期）的除斥期间。

## 第三节　注册商标无效宣告制度运行的改革

### 一、注册商标无效司法判决为主流模式

决定注册商标无效的权力行使模式有三种：一是仅由商标行政管理机关行使，如中国、日本、印度、韩国和俄罗斯等；二是根据注册商标无效的具体事由，由行政机关和法院分别行使决定注册商标无效的权力，英国、巴西、德国、南非、美国等；三是仅由法院判决

注册商标无效，如法国、意大利和埃及等。我国采用第一种模式，由商标局或商标评审委员会行使决定注册商标无效的权力，当事人对此不服的可到法院诉讼，但法院无权直接判决注册商标无效。

从商标法的比较研究来看，目前英国、巴西、德国、南非、美国、法国、意大利和埃及等多个国家的司法机关直接行使决定注册商标无效的权力，法院有权直接判决注册商标无效。南非商标法规定，法院可在任何诉讼中对商标注册行为的有效出具证明；❶ 英国商标法规定，如诉讼中对商标有争议，无效申请必须向法院提出；❷ 巴西知识产权法规定，在司法程序中法官可中止注册的效力。❸ 法国和意大利把注册商标无效视为私权纠纷，采用注册商标无效的司法审判模式，注册商标无效由法院判决，商标行政管理机关对此不予处理。在法国的一宗仿冒商标和不正当竞争案中，原告 SA Setric Biologie 公司注册了"LALVIN 522 Davis"和"LALVIN 2056"两个商标，而被告 SA Oeno Fance 公司认为由于缺乏显著性固而原告在任何情况下都不能对两个涉案商标主张据为已有的权利，并据此提出注册商标无效的反诉。1994 年法国南特大法院在全面分析当事人双方的请求、理由、所争议商标是否满足法律规定的注册条件及相关证据的基础上，判决驳回诉讼请求，并直接宣告已注册商标无效。❹ 在德国，因相对事由无效的，受侵害一方到法院提起注册商标无效诉讼。在英国，也突显出法院对注册商标无效的终局地位。其商标法规定：对于因商标发生争议且在法院诉讼的，注册商标无效申请只能向法院提起；且向专利商标局局长提出的，在任何情况

---

❶　南非商标法第 52 条 (1)；在任何诉讼中，商标注册行为的有效性存在争议的，法院如果认定注册行为有效，可以对此出具证明。

❷　英国商标法 47 (2F) (3) (a)：如果有争议商标的诉讼仍处于法院审理中，无效申请必须向法院提出。

❸　巴西知识产权法第 173 条独立款；在司法程序中，法官可以在满足相关条件的情况下，中止注册的效力以及中止商标的继续使用。

❹　陈锦川. 法国工业产权授权、无效的诉讼制度对我国的启示 [J]. 电子知识产权，2004 (9)：43－44.

下局长可在诉讼的任何阶段将无效申请交由法院审理，对恶意注册的，专利商标局局长可自行向法院提出无效申请。❶

无需与其他可供选择的法律工具相互竞争，甚至也不需要法律经济学的论证，出于制度效率的考虑，一个更简单的程序和审判制度将产生成本更低的判决。❷ 行政与司法资源的节约无疑是正义价值中的效率因素制度化的体现。把效率作为评价法律程序的价值因素是一种法律学术范式，在普通法系和民法法系国家都比较流行。❸ 由法院对注册商标的效力问题直接判决，将能迅速、便捷地解决注册商标财产权的合法性问题，满足市场主体对效率价值的追求；无需商标行政管理机关启动注册商标无效的行政程序，节省了行政资源；法院也没有额外增加应有的司法审判工作。纠纷解决而行政资源和司法资源得到节约，这完全符合经济学上的"帕累托效率"（Pareto efficiency）。

我国注册商标无效宣告目前采用单一的由行政机关处理的模式。其理由为，注册商标专用权源于商标行政管理机关的注册行为，由行政机关宣告无效符合权责一致的原则，在注册商标效力问题上的判断，行政机关比司法机关更具有专业优势。其实所谓商标行政管理人员在专业知识、经验、技能及对相关领域的熟悉程度等方面的优势，与行政机关在商标注册方面拥有的资料、数据库等资源密切相关，而在一个强调政务公开的大数据社会背景下，信息的共享将足以消解这一优势。

## 二、注册商标无效司法判决制度的确证

在注册商标无效宣告审查的处理上，法律对法院和商标行政管

---

❶　法国知识产权法典第 L. 714-3 条，意大利商标法第 34 条，德国商标和其他标志保护法第 50 条至第 51 条、第 55 条，英国商标法第 47 条。

❷　马太. 比较法律经济学［M］. 沈宗灵，译. 北京：北京大学出版社，2005：14.

❸　COOTER R，GORDLEY J. Economic Analysis in Civil Law Countries：Past，Present，Future［J］. Int'l Rev，L. & Econ.，1991（11）：262.

理机关的执法能力要求并无差异，甚至对司法能力的要求更高。在现行法律框架下，商标民事侵权案件由法院审理，法院需要对商标标志是否相同或相似、使用商品的种类相同或类似、是否构成混淆等作出判断。面对纷繁复杂的经济社会，对客观事实进行认定并作出既符合法律规定又符合民意、满足市场经济需要的判决，司法机关若无相当的能力是无法胜任的。

　　无论行政机关还是司法机关，对法律规则的适用首先是纯粹的事实判断，与商标注册方面的专业性技能并无直接关联。司法审查是一个以规则或规范为前提的法律适用的逻辑运算过程，判定行为模式后根据法律规则确定法律后果。法律适用大致包括有效的规则（Validity of rule）、法律解释（Interpretation）、被证实的事实（Facts held proven）和法律裁判（Legal consequences appropriate to the proven facts）四个要素。❶ 是否构成注册商标无效宣告事由属于适用注册商标无效法律规则的事实因素。例如，当事人认为注册商标为功能性标志因而构成注册商标无效宣告事由的，法院首先应确定注册的标志是否属于仅由商品自身性质产生的形状或功能性形状；若判定符合法律规范界定的功能性标志，在现有法律规则下该"行为模式"将产生不应被注册或注册商标应被宣告无效的"法律后果"。在有些国家看来，商标注册的状态被视为证明注册商标专用权有效的一个证据，如南非、印度等国的商标法规定"注册是有效性的初步证据"。❷ 这样的法理基础下，拒绝注册的事由、注册行为的合法性及注册商标专用权的效力等就被转换为对证据和法律事实的判定。

---

　　❶ WRÓBLEWSKI J. The Judicial Application of Law［M］. Boston：Kluwer Academic Publishers，1992：11.

　　❷ 南非商标法第51条：在所有与注册商标（包括本法第25条规定的申请）有关的诉讼中，某人被注册为商标所有人这一事实应被作为证明原始商标注册及其后续转让和转移具有有效性的初步证据。印度商标法第31条（注册为有效性的初步证据）。

在法律适用上对事实状态的审查，法院拥有独立判断权。❶ 目前我国司法机关的观点比较明确，主张对商标案件中涉及的事实认定、法律适用进行"全面合法性审查"，❷ 认为司法审查可在更广阔的法律视野中根据证据对商业标志的合法性、显著性、与他人在先权利冲突等事实进行审查，这恰是精于处理民事纠纷的司法所擅长的；法官的知识背景也使其更擅长行使法律规定的自由裁量权，具有更为娴熟的法律适用技术；司法在处理民事纠纷的过程中，"同样可以积累经验，做到高度的专业性"。❸ 可见在注册商标无效的法律适用上，行政机关与司法机关相比并不必然具有专业优势，法院有能力直接审查认定注册商标是否违反了注册的积极要件和消极要件，❹ 即是否构成注册商标无效宣告的事由。

我国法院事实上享有注册商标无效事由的最终司法审查权，在此基础上直接作出注册商标无效判决切实可行。TRIPS 第 41 条强制要求各成员应当对最终行政决定提供司法救济。❺ 根据该项要求可以推定，注册商标无效宣告的权力归属并未限定为行政机关，法院应行使对行政机关作出行政决定的理由、法律依据进行司法审查的权力，事实上法院已经拥有了最终决定注册商标无效正当性的管辖权。为落实 TRIPS 的内容，我国在 2001 年修订了《商标法》，改变了注册商标无效宣告（原来称为撤销）的行政终审制，规定对注

---

❶ 周云川. 商标授权确权诉讼规则与判例 [M]. 北京：法律出版社，2014：11−12.

❷ 《最高人民法院关于全面加强知识产权审判工作，为建设创新型国家提供司法保障的意见》（法发〔2007〕1 号）提出，"在事实认定和法律适用上对行政行为进行全面的合法性审查"。《最高人民法院关于贯彻实施国家知识产权战略若干问题的意见》（法发〔2009〕16 号）再次提出："在事实认定和法律适用上对专利和商标等知识产权授权确权行政行为进行全面的合法性审查，……又要对相关的实质性授权条件进行独立审查判断，切实依法全面履行司法复审的基本职责。"

❸ 孔祥俊. 我国现行商标法律制度若干问题的探讨 [J]. 知识产权，2010 (1)：23.

❹ 张耕，李燕，张鹏飞. 商业标志法 [M]. 厦门：厦门大学出版社，2006：36−45.

❺ TRIPS 第三部分"知识产权执法"第 41 条第 4 款：对于行政的终局决定，以及（在符合国内法对有关案件重要性的司法管辖规定的前提下）至少对案件是非的初审司法判决中的法律问题，诉讼当事人应有机会提交司法当局复审。

册商标无效裁决不服的可依法提起诉讼，保障了当事人的诉权。2013 年《商标法》再次修改，明确无论依何种理由对注册商标无效宣告的裁定或决定不服的，当事人都可以到法院起诉，法院有权审查商标评审委员会作出注册商标无效或维持商标注册决定的事实和理由。所以，当事人对商标行政管理机关作出注册商标无效的决定、复审决定或裁定不服时，由法院对上述行政行为进行司法审判，或对商标行政管理机关的审核注册行为的效力进行判定，符合行政诉讼的基本形式。通过对商标行政机关宣告注册商标无效行为合法性的审查，以撤销或维持其决定并同时要求商标行政管理机关重新作出行政决定的判决为途径，法院间接行使了确定注册商标无效的权力。司法事实上主导了审查标准，这种主导并不体现在对大量案件的处理，而在于对法律标准的掌握和影响力的大小。从逻辑上推论，对当事人提出的注册商标无效请求，法院在查明相关的事实、理由、证据及相关法律规则的基础上，直接对注册商标效力作出判决不外乎是从判决撤销商标评审委员会的裁定改变为判决注册商标无效而已，并不存在法律适用能力方面的障碍。

由法院直接判决行政行为无效，在我国目前的法律制度上已经不存任何障碍。在行政诉讼中，确认无效判决是指"人民法院根据原告提出的申请确认行政行为无效的诉讼请求，对行政行为是否存在实施主体不具有行政主体资格或者没有依据等重大且明显违法情形进行审查，认为行政行为无效而作出的否认其效力的判决形式"。❶ 确认行政行为无效判决的最早规定出现在 2000 年的最高人民法院的司法解释里，2014 年《行政诉讼法》增设了确认无效判决的规定，❷ 并规

---

❶ 潘昌锋，孔令媛. 行政诉讼确认无效判决的适用——基于修正后的行政诉讼法第七十五条展开 [J]. 人民司法（应用），2015（7）：98.

❷《最高人民法院关于执行〈中华人民共和国行政诉讼法〉若干问题的解释》（法释〔2000〕8 号）第 57 条第 2 款。《行政诉讼法》（2014 年）第 75 条：行政行为有实施主体不具有行政主体资格或者没有依据等重大且明显违法情形，原告申请确认行政行为无效的，人民法院判决确认无效。

定了无效行政行为的司法确认途径，无效行政行为已经从学术理论成为制度现实。商标注册的审核是羁束性具体行政行为，商标局应严格按照法律的规定进行审核。若其中存在重大违法情形，法院可依法判决该行政行为无效从而使已经注册的商标无效。所以从理论上讲，当事人可以直接到法院提起诉讼，要求判决商标行政机关的注册行为无效。

国外的立法及司法实践表明由司法机关判决注册商标无效是主流模式。我国的法院对注册商标无效宣告事由享有最终的司法管辖权，享有判决行政行为无效的权力，因而在民事诉讼程序或行政诉讼程序中，直接由法院判决商标审核注册行为无效或注册商标专用权无效并不存在法理与制度上的障碍。这是一种"彻底的改革"方式。在我国已经开始建立专门知识产权法院，积极探索知识产权的民事、行政和刑事诉讼程序合一的制度，并且最高人民法院开始在全国各地设立巡回法庭的司法实践背景下，无论是法官的职业素养还是法院的管辖、判决、审理级别等方面，我国均已具备由法院直接审理注册商标无效案件的条件。属于注册商标无效绝对事由的注册商标无效案，商标注册人不服商标评审委员会裁定的，法院有权在行政诉讼中直接判决商标行政管理机关的审核注册行为无效。属于注册商标无效相对事由的，当事人可直接到法院提起民事诉讼，在先法益人或利害关系人向法院起诉后，有充分证据证明注册商标侵犯在先法益的，在法律规范层面上已经具备了注册商标无效的充分条件，可由法院行使司法变更权直接认定注册商标专用权无效或注册商标无效。法院作出注册商标无效判决后，可借鉴巴西商标法的做法，❶ 由商标局对司法判决的结果进行备案、公示，以便公众了解注册商标无效的事实。

---

❶ 巴西知识产权法第175条规定：当事人应向联邦法院主张注册行为无效，司法裁决生效后由国家工业产权机构备案。

# 结　语

　　法律权利的创设是一项神圣的活动，权利的灭失也同样神圣。权利创设的合法性决定其参与社会经济活动的正当性，已存在权利的合法的灭失乃法律正义的彰显。法律人期望孕育权利的各要素公平、正义，否则就应当剥除已存在权利及其客体的市场参与者的法律地位。注册商标无效制度以正义价值和秩序价值作为法律追求，成为实现这一法律目的的有效途径。思考注册商标无效制度的价值基础，梳理该制度体系的内在逻辑，在注册商标无效制度的宏观视野下探析我国注册商标无效宣告制度的不足并提出相应的改良或改革建议，这是本书的出发点和初心。

　　注册商标无效制度与商标注册制度结伴而生，伴随着注册商标财产地位的确立、扩张及其价值提升而不断发展、成长。注册商标的无形性财产地位影响着社会公众的权利和义务，打上公权烙印的私权必然应以更谨慎的态度地对待公序良俗、公共领域及他人的合法权益，并努力弥补因商标注册制度带来的缺陷。确认注册商标无效的每一项事由都应在正义价值和秩序价值的检测下才能导入，注册商标无效的每一项程序实施及模式的选择都应满足正义价值与秩序价值的要求。同样的法律价值追求会催生实质相同的法律制度，但各国的政治、经济、文化、法律实践等的影响会使注册商标无效制度呈现出制度构造方面的差异，比如决定注册商标无效的权力机关不同，决定注册商标无效的程序不同，注册商标无效事由的具体内容亦体现一定的差别。

　　制度研究要素的复杂性以及研究者必然无法回避的主观价值选择性，都决定了研究内容的片面性。关于注册商标无效制度的研究，本书仍有太多的相关问题未及讨论。比如注册商标无效后，商

标注册人对自始无效的注册商标尚有哪些权益，该标志重新参与商
业活动的可能性及其与市场上相同或近似的注册商标之间的利益如
何平衡；注册商标专用权无效和注册行为无效的双重法律后果，能
否决定注册商标无效司法审判应当采用民事诉讼程序、行政诉讼程
序，抑或是采用一种知识产权审判特有的程序才能实现逻辑自洽
等。这些未及的实践或理论问题，有待将来继续思考。

# 参考文献

一、中文类参考文献

（一）图书、论文集

［1］郑成思. 知识产权论［M］. 3 版. 北京：法律出版社，2007.

［2］郑成思. 关贸总协定与世界贸易组织中的知识产权——关贸总协定乌拉圭回合最后文件《与贸易有关的知识产权协议》详解［M］. 北京：北京出版社，1994.

［3］郑成思. 知识产权——应用法学与基本理论［M］. 北京：人民出版社，2005.

［4］吴汉东. 知识产权多维度解读［M］. 北京：北京大学出版社，2008.

［5］吴汉东. 知识产权制度基础理论研究［M］. 北京：知识产权出版社，2009.

［6］吴汉东. 无形财产权基本问题研究［M］. 3 版. 北京：中国人民大学出版社，2013.

［7］刘春田. 知识产权法［M］. 5 版. 北京：中国人民大学出版社，2014.

［8］李明德. 美国知识产权法［M］. 2 版. 北京：法律出版社，2014.

［9］李明德，闫文军，黄晖，等. 欧盟知识产权法［M］. 北京：法律出版社，2010.

［10］冯晓青. 知识产权法哲学［M］. 北京：中国人民公安大学出版社，2003.

［11］冯晓青，杨利华. 中国商标法研究与立法实践——附百年商标法律规范［M］. 北京：中国政法大学出版社，2013.

［12］张玉敏. 知识产权法学［M］. 2 版. 北京：法律出版社，2011.

［13］张玉敏. 商标注册与确权程序改革研究——追求效率与公平的统一［M］. 北京：知识产权出版社，2016.

［14］王迁. 知识产权法教程［M］. 北京：中国人民大学出版社，2009.

［15］孔祥俊. 最高人民法院知识产权司法解释理解与适用［M］. 北京：中国法制出版社，2012.

［16］孔祥俊. 知识产权保护的新思维［M］. 北京：中国法制出版社，2013.

［17］孔祥俊. 商标法适用的基本问题［M］. 北京：中国法制出版社，2014.

［18］周云川. 商标授权确权诉讼规则与判例［M］. 北京：法律出版社，2014.

［19］陈锦川. 商标授权确权的司法审查［M］. 北京：中国法制出版社，2014.

［20］唐广良. 知识产权反观、妄议与臆测［M］. 北京：知识产权出版社，2014.

［21］李琛. 论知识产权法的体系化［M］. 北京：北京大学出版社，2005.

［22］李琛. 知识产权法关键词［M］. 北京：法律出版社，2005.

［23］曾陈明汝. 商标法原理［M］. 北京：中国政法大学出版社，2003.

［24］黄晖. 商标法［M］. 2 版. 北京：法律出版社，2016.

［25］张耕，李燕，陈鹏飞. 商业标志法［M］. 厦门：厦门大学出版社，2006.

［26］王莲峰. 商标法通论［M］. 郑州：郑州大学出版社，2003.

［27］王莲峰. 商业标志立法体系化研究［M］. 北京：北京大学出版社，2009.

［28］黄武双，刘维. 商标共存：原理与判例［M］. 北京：法律出版社，2013.

［29］杜颖. 社会进步与商标观念——商标法律制度的过去、现在和未来［M］. 北京：北京大学出版社，2012.

［30］杜颖. 商标法［M］. 2 版. 北京：北京大学出版社，2014.

［31］邓宏光. 商标法的理论基础——以商标显著性为中心［M］. 北京：法律出版社，2008.

［32］罗晓霞. 竞争政策视野下商标法理论研究——关系、协调及制度构建［M］. 北京：中国政法大学出版社，2013.

［33］彭学龙. 商标法的符号学分析［M］. 北京：法律出版社，2007.

［34］郑其斌. 论商标权的本质［M］. 北京：人民法院出版社，2009.

［35］国家工商行政管理总局. 商标注册与管理［M］. 北京：中国工商出版社，2012.

［36］郎胜. 中华人民共和国商标法释义［M］. 北京：法律出版社，2013.

［37］余俊. 商标法律进化论［M］. 武汉：华中科技大学出版社，2011.

［38］张体锐. 商标法上混淆可能性［M］. 北京：知识产权出版社，2014.

［39］南振兴，温芽清. 知识产权法经济学论［M］. 北京：中国社会科学出版社，2010.

［40］罗传伟. 商业外观保护的法律制度研究［M］. 北京：知识产权出版社，2011.

［41］北京市高级人民法院知识产权庭. 知识产权诉讼实务研究［M］. 北京：知识产权出版社，2008.

［42］徐聪颖. 论商标的符号表彰功能［M］. 北京：法律出版社，2011.

［43］叶若思. 商业外观权研究［M］. 北京：法律出版社，2010.

［44］陈健. 知识产权权利制度研究［M］. 北京：中国政法大学出版社，2015.

［45］于金葵. 知识产权制度的本质［M］. 北京：知识产权出版社，2011.

［46］关永宏. 知识产权一般效力研究［M］. 北京：知识产权出版社，2013.

［47］张广良. 知识产权实务及案例探析［M］. 北京：法律出版社，1999.

［48］黄海峰. 知识产权的话语与现实——版权、专利与商标史论［M］. 武汉：华中科技大学出版社，2011.

［49］熊文聪. 事实与价值的二分：知识产权法的逻辑与修辞［M］. 武汉：华中科技大学出版社，2016.

［50］孙山. 知识产权的私法救济体系研究［M］. 武汉：华中科技大学出版社，2016.

［51］谢铭洋. 智慧财产权之基础理论［M］. 台北：台湾翰芦图书出版有限公司，1997.

［52］颜次青. 商标与商标法［M］. 北京：中国经济出版社，1986.

［53］强赤华. 商标国际惯例［M］. 贵阳：贵州人民出版社，1994.

［54］欧万雄，董保霖. 企业商标的战略和策略——中法商标法律讲座选编［M］. 北京：经济管理出版社，1991.

［55］李继忠，董保霖. 外国专家商标法律讲座［M］. 北京：工商出版社，1991.

［56］季啸风，李文博. 商标法与赔偿法（特辑）——台港及海外中文报刊资料专辑（1987）［G］. 北京：书目文献出版社，1987.

［57］黄茂荣. 法学方法论与现代民法［M］. 北京：中国政法大学出版社，2011.

［58］梁慧星. 民法总论［M］. 4 版. 北京：法律出版社，2011.

［59］李开国. 民法总则研究［M］. 北京：法律出版社，2003.

［60］张玉敏. 民法［M］. 北京：高等教育出版社，2007.

［61］赵万一. 民法的伦理分析［M］. 北京：法律出版社，2003.

［62］王泽鉴. 民法总则［M］. 北京：北京大学出版社，2009.

［63］刘星. 法律是什么［M］. 北京：中国政法大学出版社，1998.

［64］李锡鹤. 民法基本理论若干问题［M］. 北京：人民出版社，2007.

［65］姜明安. 行政许可法条文精释与案例解析［M］. 北京：人民法院出版
社，2003.

［66］王清云，迟玉收. 行政法律行为［M］. 北京：群众出版社，1992.

［67］吴庚. 行政法之理论与实用［M］. 台北：三民书局，1999.

［68］田村善之. 日本知识产权法［M］. 4 版. 周超，李雨峰，李希同，译.
北京：知识产权出版社，2011.

［69］中山信弘. 多媒体与著作权［M］. 张玉瑞，译. 北京：专利与文献出
版社，1997.

［70］纹谷畅男. 商标法 50 讲［M］. 魏启学，译. 北京：法律出版社，1987.

［71］森智香子，广濑文彦，森康晃. 日本商标法实务［M］. 北京林达刘知识
产权代理事务所，译. 北京：知识产权出版社，2012.

［72］室井力. 日本现代行政法［M］. 吴微，译. 北京：中国政法大学出版
社，1995.

［73］博登海默. 法理学：法律哲学和法律方法［M］. 邓正来，译. 北京：
中国政法大学出版社，2004.

［74］安守廉. 窃书为雅罪：中华文化中的知识产权法［M］. 李琛，译. 北
京：法律出版社，2010.

［75］庞德. 通过法律的社会控制［M］. 沈宗灵，译. 北京：商务印书
馆，2010.

［76］克里贝特，约翰逊，芬德利. 财产法：案例与材料［M］. 7 版. 齐东
祥，陈刚，译. 北京：中国政法大学出版社，2003.

［77］马太. 比较法律经济学［M］. 沈宗灵，译. 北京：北京大学出版
社，2005.

［78］卡西尔. 人论［M］. 甘阳，译. 上海：上海译文出版社，1985.

［79］韦伯. 社会学基本概念［M］. 杭聪，译. 北京：北京出版社，2010.

[80] 康德. 法的形而上学原理 [M]. 沈叔平, 译. 北京: 商务印书馆, 1991.

[81] 拉伦茨. 法学方法论 [M]. 陈爱娥, 译. 北京: 商务印书馆, 2003.

[82] 拉伦茨. 德国民法通论 (上册) [M]. 王晓晔, 谢怀栻, 等, 译. 北京: 法律出版社, 2003.

[83] 洛克. 政府论 (下篇) [M]. 叶启芳, 翟菊农, 译. 北京: 商务印书馆, 1964.

[84] 普拉斯罗. 商标的选择、保护和管理 [M]. 何婉心, 译. 北京: 工商出版社, 1986.

[85] 孟德斯鸠. 论法的精神 (上册) [M]. 张雁深, 译. 北京: 商务印书馆, 1961.

[86] 德霍斯. 知识产权财产法哲学 [M]. 周林, 译. 北京: 商务印书馆, 2008.

[87] 谢尔曼, 本特利. 现代知识产权法的演进: 英国的历程 (1760—1911) [M]. 金海军, 译. 北京: 北京大学出版社, 2012.

[88] 博登浩森. 保护工业产权巴黎公约指南 [M]. 汤宗舜, 段瑞林, 译. 北京: 中国人民大学出版社, 2003.

[89] 中国社会科学院知识产权中心, 中国知识产权培训中心.《商标法》修订中的若干问题 [G]. 北京: 知识产权出版社, 2011.

[90] 李顺德, 郭修申. 商业标识权利冲突及其解决对策理论研讨会 [G] // 郑成思.《知识产权文丛》第10卷. 北京: 中国方正出版社, 2004.

**(二) 期刊报纸、学位论文类**

[91] 郑成思. 商标与商标保护的历史 [J]. 中国工商管理研究, 1998 (2).

[92] 刘春田. 知识财产权解析 [J]. 中国社会科学, 2013 (4).

[93] 刘春田. 知识产权作为第一财产权利是民法学上的一个发现 [J]. 知识产权, 2015 (10).

[94] 刘春田. 民法原则与商标立法 [J]. 知识产权, 2010 (1).

[95] 刘春田. 商标与商标权辨析 [J]. 知识产权, 1998 (1).

[96] 刘春田. 在先权利与工业产权——武松打虎案引起的法律思考 [J]. 中华商标, 1997 (4).

[97] 李明德. 商标注册在商标保护中的地位与作用 [J]. 知识产权, 2014 (5).

［98］李明德. 专利权与商标权确权机制的改革思路［J］. 华中科技大学学报（社会科学版），2007（5）.

［99］吴汉东. 关于知识产权本质的多维度解读［J］. 中国法学，2006（5）.

［100］吴汉东. 知识产权法律构造与移植的文化解释［J］. 中国法学，2007（6）.

［101］吴汉东. 知识产权法价值的中国语境解读［J］. 中国法学，2013（4）.

［102］吴汉东，闵锋. 简论知识产品的特点［J］. 政治与法律，1987（2）.

［103］张玉敏. 注册商标三年不使用撤销制度体系化解读［J］. 中国法学，2015（1）.

［104］张玉敏. 知识产权概念和法律特征［J］. 现代法学，2001（5）.

［105］张玉敏. 在先使用商标的保护［J］. 中华商标，2002（2）.

［106］孔祥俊. 我国现行商标法律制度若干问题的探讨［J］. 知识产权，2010（4）.

［107］孔祥俊. 论撤销注册商标的公权与私权事由——对《商标法》第四十一条的理解［J］. 人民司法（应用），2007（15）.

［108］孔祥俊. 任何人不能通过形式合法而获利——知识产权审判中民事处理与行政程序的关系［J］. 法律适用，2009（5）.

［109］孔祥俊，夏君丽，周云川. 《关于审理商标授权确权行政案件若干问题的意见》的理解与适用［J］. 人民司法，2010（10）.

［110］张耕. 试论第二含义商标［J］. 现代法学，1997（6）.

［111］徐瑄. 知识产权的正当性——论知识产权法中的对价与衡平［J］. 中国社会科学，2003（4）.

［112］冯晓青. 知识产权法的价值构造：知识产权法利益平衡机制研究［J］. 中国法学，2007（1）.

［113］冯晓青. 知识产权法的公平正义价值取向［J］. 电子知识产权，2006（7）.

［114］冯晓青，王艳秋. 我国商标法律规范体系的构建与完善——以1993—2011年颁行的法律规范为视角［J］. 甘肃政法学院学报，2013（3）.

［115］冯晓青，罗晓霞. 在先使用有一定影响的未注册商标的保护研究［J］. 学海，2012（5）.

［116］李扬. 商标侵权诉讼中的懈怠抗辩——美国法的评析及其启示［J］. 清华法学，2015（2）.

[117] 李扬. 商标法中在先权利的知识产权法解释 [J]. 法律科学（西北政法学院学报），2006（5）.

[118] 李扬. 我国商标抢注法律界限之重新划定 [J]. 法商研究，2012（9）.

[119] 李琛. 商标权救济与符号圈地 [J]. 河南社会科学，2006（1）.

[120] 李琛. 对"商标俗称"恶意注册案的程序法思考 [J]. 知识产权，2010（5）.

[121] 李琛，汪泽. 论侵害他人商标权的不当得利 [J]. 河南社会科学，2005（2）.

[122] 李雨峰. 重塑侵害商标权的认定标准 [J]. 现代法学，2010（6）.

[123] 李雨峰，曹世海. 商标权注册取得制度的改造——兼论我国《商标法》的第三次修改 [J]. 现代法学，2014（3）.

[124] 李雨峰，倪朱亮. 寻求公平与秩序：商标法上的共存制度研究 [J]. 知识产权，2012（6）.

[125] 汪泽. 商标专用权与商标权辨析 [J]. 中华商标，2015（4）.

[126] 汪泽. 中德商标法国际研讨会综述 [J]. 中华商标，2005（12）.

[127] 汪泽. 商标权撤销和无效制度之区分及其意义 [J]. 中华商标，2007（10）.

[128] 汪泽. 对"以其他不正当手段取得注册"的理解与适用——"Haupt"商标争议案评析 [J]. 中华商标，2007（5）.

[129] 汪泽，徐琳. 商标异议制度比较研究 [J]. 中华商标，2011（2）.

[130] 冯术杰. 论注册商标的权利产生机制 [J]. 知识产权，2013（5）.

[131] 冯术杰. 未注册商标的权利产生机制与保护模式 [J]. 法学，2013（7）.

[132] 崔立红. 对商标权无效抗辩的思考 [J]. 电子知识产权，2003（6）.

[133] 崔立红. 商标无效宣告制度比较研究 [J]. 知识产权，2014（7）.

[134] 孙英伟. 商标权保护正当性的历史分析——基于第三次商标法修改 [J]. 河北大学学报（哲学社会科学版），2011（5）.

[135] 邓宏光. 从公法到私法：我国《商标法》的应然转向——以我国《商标法》第三次修订为背景 [J]. 知识产权，2010（3）.

[136] 邓宏光. 我国商标反淡化的现实与理想 [J]. 电子知识产权，2007（5）.

[137] 邓宏光. 商标授权确权程序中的公共利益与不良影响——以"微信"案为例 [J]. 知识产权，2015（4）.

［138］邓宏光.《商标法》亟需解决的实体问题：从"符号保护"到"防止混淆"［J］. 学术论坛，2007（11）.

［139］杜颖. 通用名称的商标权问题研究［J］. 法学家，2007（3）.

［140］杜颖. 在先使用的未注册商标保护论纲［J］. 法学家，2009（3）.

［141］杜颖. 商标法中的功能性原则——以美国法为中心的初步分析［J］. 比较法研究，2009（1）.

［142］杜颖，王国立. 知识产权行政授权确权行为的性质解析［J］. 法学，2011（8）.

［143］孙海龙，姚建军. 贴牌加工中的商标权问题［J］. 知识产权，2010（4）.

［144］郑胜利，袁泳. 从知识产权到信息产权——经济时代财产性信息的保护［J］. 知识产权，1999（4）.

［145］张德芬. 香港与内地注册商标撤销制度比较研究［J］. 公民与法，2010（5）.

［146］臧宝清. 商标争议期限的法律性质［J］. 中华商标，2006（9）.

［147］徐春成. 再议商标争议期限的法律性质［J］. 中华商标，2006（12）.

［148］徐琳. 2014 年商标评审案件行政诉讼情况汇总分析［J］. 中华商标，2015（9）.

［149］史新章. 商标争议制度的反思与完善［J］. 政治与法律，2010（1）.

［150］耿健. 对注册商标无效和可撤销制度的重新厘定［J］. 中华商标，2008（4）.

［151］周泰山. 商标注册无效制度［J］. 中华商标，2006（7）.

［152］赵丰华，谢焕斌. 论商标注册的无效制度［J］. 辽宁行政学院学报，2009（3）.

［153］赵永慧，刘云. 论商标注册无效审定制度的完善［J］. 中华商标，1996（4）.

［154］华国庆. 建立我国商标注册无效审定制度刍议［J］. 知识产权，1995（2）.

［155］李阁霞. 加拿大商标法律制度简介［J］. 知识产权，2013（3）.

［156］金多才. 中德注册商标无效制度比较研究［J］. 公民与法，2014（9）.

［157］金多才. 中法意注册商标无效制度比较研究［J］. 中原工学院学报，2015（2）.

［158］文学. 德国商标异议制度［J］. 中华商标，2006（11）.

[159] 钟立国. 法国注册商标的争议制度及其借鉴意义 [J]. 中华商标, 2000 (12).

[160] 彭学龙. 商标显著性新探 [J]. 法律科学, 2006 (2).

[161] 程永顺. 第三次《商标法》修正案亟待澄清与完善的若干问题 [J]. 知识产权, 2013 (9).

[162] 陈锦川. 法国工业产权授权、无效的诉讼制度对我国的启示 [J]. 电子知识产权, 2004 (9).

[163] 袁博. 商标俗称的法律保护途径——"索爱"商标争议案评析 [J]. 中华商标, 2012 (5).

[164] 周波. 商标申请权作为合法权益应当予以保护 [J]. 人民司法, 2012 (16).

[165] 李艳. 论英国商标法与反不正当竞争法的关系 [J]. 知识产权, 2011 (1).

[166] 姚秀兰, 张洪林. 近代中国商标立法论 [J]. 法治论丛, 2006 (2).

[167] 左旭初. 民国时期的商标管理（上）——北洋政府时期 [J]. 中华商标, 2011 (12).

[168] 宋红松. 飞利浦诉雷明顿案述评 [J]. 知识产权, 2003 (3).

[169] 国家工商总局商标局. 商标注册与管理工作的曲折道路 [J]. 中华商标, 2003 (3).

[170] 国家工商总局商标评审委员会. 商标司法审查制度——赴欧洲考察团考察报告 [J]. 中华商标, 2005 (1).

[171] 江苏省高级人民法院民三庭. 依法保护在先权利 [J]. 人民司法, 2005 (1).

[172] 陈贤凯. 商标通用性的数字证成 [J]. 知识产权, 2013 (7).

[173] 冉昊. 制定法对财产权的影响 [J]. 现代法学, 2004 (5).

[174] 彭学龙. 寻求注册与使用在商标确权中的合理平衡 [J]. 法学研究, 2010 (3).

[175] 彭学龙. 商标显著性传统理论评析 [J]. 电子知识产权, 2006 (2).

[176] 马强. 论商标的基础显著性 [J]. 知识产权, 2011 (8).

[177] 余俊. 商标注册制度功能的体系化思考 [J]. 知识产权, 2011 (8).

[178] 沈俊杰. 行政法视角下商标局核准注册商标行为定性之争：是商标授权，还是商标确权 [J]. 电子知识产权, 2012 (7).

[179] 董炳和. 商标在先使用的法律意义 [J]. 法学, 1999 (5).

[180] 魏大海, 李高雅. 私权视野下在先使用未注册商标权益的合理保护 [J]. 知识产权, 2013 (11).

[181] 刘贤. 未注册商标的法律地位 [J]. 西南政法大学学报, 2005 (3).

[182] 李萍. 商标注册申请权初探——写在《商标法》第三次修改之际 [J]. 河北法学, 2013 (2).

[183] 曹博. 权利失效规则与诚实信用原则在商标法中的冲突及协调 [J]. 知识产权, 2014 (3).

[184] 曹博. 商标注册无效制度的体系化研究 [J]. 知识产权, 2015 (4).

[185] 韩景峰. 商标法中在先权利的法理分析 [J]. 知识产权, 2010 (10).

[186] 应振芳. 商标法中"在先权利"条款的解释适用问题 [J]. 政治与法律, 2008 (5).

[187] 曹新明. 论知识产权冲突协调原则 [J]. 法学研究, 1999 (3).

[188] 邱平荣, 张大成. 试论商标法中在先权的保护与限制 [J]. 法制与社会发展, 2002 (3).

[189] 赵凤梅, 胡远明. 商标法在先权利保护的理论探讨 [J]. 山东科技大学学报 (社会科学版), 2004 (3).

[190] 张俊琴. 英国商标审查制度面临变革 [J]. 中华商标, 2007 (5).

[191] 陈飞. 欧盟商标"第三方意见"程序 [J]. 中华商标, 2014 (2).

[192] 尚清锋, 赵晖. 私法视角下我国商标注册制度的价值回归——以我国《商标法》第三次修订为背景 [J]. 知识产权, 2012 (11).

[193] 沈世娟. 商标注册的行政法规研究 [J]. 人民论坛, 2013 (23).

[194] 李士林. 我国驰名商标效力制度的问题及矫正——以商标工具论和商标符号论为视角 [J]. 华侨大学学报 (哲学社会科学版), 2010 (3).

[195] 付继存. 形式主义视角下我国商标注册制度价值研究 [J]. 知识产权, 2011 (5).

[196] 付继存. 商标权规范的完善: 一个比较法的视角 [J]. 内蒙古社会科学 (汉文版), 2012 (5).

[197] 罗宗奎. "知识共有"理论下商标权取得的本质解读 [J]. 知识产权, 2013 (5).

[198] 田晓玲. 商标法修改应贯彻公平和诚信原则 [J]. 西南民族大学学报 (人文社会科学版), 2010 (4).

[199] 赵加兵. 论商标共存协议在商标注册中的地位——以《商标法》第30条为视角 [J]. 郑州大学学报（哲学社会科学版），2016（1）.

[200] 刘梦玲. 当共存遭遇混淆——行政授权确权案件中共存协议的效力思考 [J]. 中华商标，2016（1）.

[201] 黄汇. 商标法中的公共利益及其保护——以"微信"商标案为对象的逻辑分析与法理展开 [J]. 法学，2015（10）.

[202] 黄晖. 论诚实信用原则在商标注册、使用和共存中的适用 [J]. 中国工商管理研究，2013（2）.

[203] 黄晖. 如何解决注册商标与在先权利及其他注册商标的冲突 [J]. 中华商标，2003（3）.

[204] 黄晖. 商标与其他在先权利的冲突及解决程序 [J]. 工商行政管理，2001（23）.

[205] 李宗辉. 商标权知识产权化的影响因素 [J]. 知识产权，2013（8）.

[206] 郭伟. 论"已形成稳定的市场秩序"在商标授权确权行政案件中的认定 [J]. 电子知识产权，2012（12）.

[207] 任军民. 我国专利权权利用尽原则的理论体系 [J]. 法学研究，2006（6）.

[208] 周旺生. 论法律的秩序价值 [J]. 法学家，2003（5）.

[209] 富兰克·奥普顿. 美国的商标和商标法 [J]. 陈中绳，译. 政法论坛，1999（1）.

[210] 潘昌锋，孔令媛. 行政诉讼确认无效判决的适用——基于修正后的行政诉讼法第七十五条展开 [J]. 人民司法（应用），2015（7）.

[211] 黄宗智. 连接经验与理论：建立中国的现代学术 [J]. 开放时代，2007（4）.

[212] 赵万一. 对民法意思自治原则的伦理分析 [J]. 河南省政法管理干部学院学报，2003（5）.

[213] 赵万一. 商法的独立性与商事审判的独立化 [J]. 法律科学（西北政法大学学报），2012（1）.

[214] 赵万一. 知识产权法的立法目标及其制度实现——兼论知识产权法在民法典中的地位及其表达 [J]. 华东政法大学学报，2016（6）.

[215] 尹田. 论法人人格权 [J]. 法学研究，2004（4）.

[216] 程合红. 商事人格刍议 [J]. 中国法学，2000（5）.

[217] 刘杨. 正当性与合法性概念辨析 [J]. 法制与社会发展，2008（3）.

[218] 关保英. 社会变迁中行政授权的法理基础 [J]. 中国社会科学，2013（10）.

[219] 卢山冰，黄孟芳，杨宇立. 论行政监督的有效性问题 [J]. 西安电子科技大学学报（社会科学版），2004（1）.

[220] 章嵘. 行政监督的研究 [J]. 法学杂志，2004（1）.

[221] 文正邦. 论行政司法行为 [J]. 政法论丛，1997（1）.

[222] 张韶华. 我国行政司法理论之批判与重构 [J]. 行政法学研究，1999（3）.

[223] 杨寅. 行政法学中"行政诉讼"与"司法审查"的关系 [J]. 华东政法学院学报，1999（1）.

[224] 姜明安. 论行政自由裁量权及其法律控制 [J]. 法学研究，1993（1）.

[225] 崔卓兰，刘福元. 论行政自由裁量权的内部控制 [J]. 中国法学，2009（4）.

[226] 毕可志. 论对行政自由裁量权的司法监督 [J]. 法学杂志，2000（6）.

[227] 袁曙宏，沙奇志. 自由裁量与司法审查合理空间的界定 [J]. 中南政法学院学报，1990（1）.

[228] 胡雪梅，俞丽. 略论要式法律行为的"要式" [J]. 企业经济，2004（12）.

[229] 孙录见. 行政许可性质探究 [J]. 西北大学学报（哲学社会科学版），2006（6）.

[230] 江必新. 行政程序正当性的司法审查 [J]. 中国社会科学，2012（7）.

[231] 胡鸿高. 论公共利益的法律界定——从要素解释的路径 [J]. 中国法学，2008（4）.

[232] 杨通进. 爱尔维修与霍尔巴赫论个人利益与社会利益 [J]. 中国青年政治学院学报，1998（4）.

[233] 李浩. 民事程序选择权：法理分析与制度完善 [J]. 中国法学，2007（6）.

[234] 左卫民，谢鸿飞. 论程序选择权 [J]. 法律科学，1998（6）.

[235] 彭世忠. 程序选择权及其经济学思考 [J]. 西南政法大学学报，2003（6）.

[236] 易涛. 日本知识产权高等法院 [J]. 科技与法律，2015（1）.

［237］王庆功. 和谐社会视野中的公平与效率［J］. 山东社会科学，2007
（10）.

［238］梅夏英. 权利冲突：制度意义上的解释［J］. 法学论坛，2006（1）.

［239］冯翔. 商事登记行为的法律性质［J］. 国家检察官学院学报，2010
（6）.

［240］康添雄. 乔丹诉"乔丹"：绕不过姓名的商标［N］. 中国社会科学报，
2012－03－21（A07）.

［241］刘晓洁. 注册商标无效制度研究［D］. 上海：华东政法大学，2011.

［242］魏爱霞. 论商标注册无效的法律责任［D］. 长沙：湖南师范大
学，2011.

［243］谢申文. 商标确权制度研究——以注册取得模式为中心［D］. 重庆：
西南政法大学，2013.

［244］戴斌. 论注册商标权的取得与消灭［D］. 上海：华东政法大学，2013.

［245］张惠彬. 商标财产化研究［D］. 重庆：西南政法大学，2014.

［246］曹世海. 商标权注册取得制度研究［D］. 重庆：西南政法大学，2016.

［247］赵克. 注册商标撤销制度研究［D］. 重庆：西南政法大学，2016.

（三）案例类

［248］最高人民法院（2016）最高法行再27号行政判决书。

［249］最高人民法院（2016）最高法行申483号行政裁定书。

［250］最高人民法院（2015）行提字第3号行政判决书。

［251］最高人民法院（2014）民提字第168号民事判决书。

［252］最高人民法院（2014）民申字第1234号民事裁定书。

［253］最高人民法院（2013）知行字第41号、42号行政裁定书。

［254］最高人民法院（2011）民提字第55号民事判决书。

［255］最高人民法院（2011）知行字第50号行政判决书。

［256］最高人民法院（2010）民提字第16号民事裁定书。

［257］最高人民法院（2009）民三终字第3号民事判决书。

［258］最高人民法院（2009）行提字第1号行政判决书。

［259］最高人民法院（2005）民三监字第15－1号民事裁定书。

［260］北京市第一中级人民法院（2013）一中知行初字第1477号行政判决书。

［261］北京市第一中级人民法院（2012）一中知行初字第2490号行政判决书。

［262］北京市第一中级人民法院（2012）一中知行初字第1174号行政判决书。

［263］北京市第一中级人民法院（2011）一中知行初字第 1083 号行政判决书。

［264］北京市第一中级人民法院（2005）一中民初字第 11350 号民事判决书。

［265］北京市第一中级人民法院（2004）一中行初字第 814 号行政判决书。

［266］北京知识产权法院（2015）京知行初字第 6058 号行政判决书。

［267］北京知识产权法院（2015）京知行初字第 4711 号行政判决书。

［268］北京知识产权法院（2015）京知行初字第 4711 号行政判决书。

［269］北京知识产权法院（2015）京知行初字第 5604 号行政判决书。

［270］北京知识产权法院（2015）京知行初字第 4765 号行政判决书。

［271］北京知识产权法院（2014）京知行初字第 67 号行政判决书。

［272］北京市高级人民法院（2016）高行终字第 2164 号行政判决书。

［273］北京市高级人民法院（2015）高行（知）终字第 918 号行政判决书。

［274］北京市高级人民法院（2014）高行（知）终字第 3024 号行政判决书。

［275］北京市高级人民法院（2014）高行（知）终字第 3567 号行政判决书。

［276］北京市高级人民法院（2014）高行（知）终字第 3439 号行政判决书。

［277］北京市高级人民法院（2012）高行（知）终字第 1043 号行政判决书。

［278］北京市高级人民法院（2014）高行终字第 2072 号行政判决书。

［279］北京市高级人民法院（2013）高行终字第 958 号行政判决书。

［280］北京市高级人民法院（2013）高行终字第 268 号行政判决书。

［281］北京市高级人民法院（2013）高行终字第 281 号行政判决书。

［282］北京市高级人民法院（2012）高行终字第 887 号行政判决书。

［283］北京市高级人民法院（2011）高行终字第 893 号行政判决书。

［284］北京市高级人民法院（2006）高行终字第 188 号行政判决书。

［285］北京市高级人民法院（2006）高行终字第 94 号行政判决书。

［286］北京市高级人民法院（2006）高行终字第 445 号行政判决书。

［287］北京市高级人民法院（2005）高行终字第 82 号行政判决书。

［288］北京市高级人民法院（2003）高行终字第 65 号行政判决书。

［289］北京市高级人民法院（2003）高民终字第 543 号行政判决书。

［290］广东省高级人民法院（2015）粤高法民三终字第 104 号民事判决书。

［291］江苏省高级人民法院（2015）苏知民终字第 00098 号民事判决书。

［292］江苏省高级人民法院（2015）苏知民终字第 00205 号民事判决书。

## 二、英文类参考文献

### （一）著作类

[293] CORNISH W R. Intellectual Property：Patent，Copyright，Trade Marks and Allied Rights ［M］. London：Sweet&Maxwell，1996.

[294] MCCARTHY J T. McCarthy on Trademarks and Unfair Competition ［M］. 4th ed. Thomson Reuters/West，2008.

[295] WOOD J B The Law of Trade Marks ［M］. London：Stevens and Sons Ltd.，Chancery Lane，Law Publishers and Booksellers，1876.

[296] 斯蒂芬·R. 芒法. 财产的法律和政治理论新作集（影印本）［M］. 北京：中国政法大学出版社，2003.

[297] 阿瑟·R. 米勒，迈克·H. 戴维斯. 知识产权法：专利、商标和著作权（第3版）（影印本）［M］. 北京：法律出版社，2004.

[298] SHERMAN B，BENTLY L. The Making of Modern Intellectual Property Law ［M］. Cambridge：Cambridge University Press，1999.

[299] LEMLEY M，MENELL P S，MERGES R P. Intellectual Property in the New Technological Age ［M］. 4 th ed. New York：Aspen Publishers，2007.

[300] SCHECHTER F I. The historical Foundations of the Law Relating to Trademarks ［M］. Columbia：Columbia University Press，1925.

[301] WRÓBLEWSKI J. The Judicial Application of Law ［M］. Boston：Kluwer Academic Publishers，1992.

[302] SMITH L S，GIBBONS L J. Mastering Trademark and Unfair Competition Law ［M］. New York：Carolina Academic Press，2013.

### （二）期刊论文类

[303] DUFT B J. There Is No Such Thing as "Invalid Trademark" ［J］. Patent Office Society，1982，1（1）：40 – 47.

[304] CURRAN P D. Diluting the Commercial Speech Doctrine – Noncommercial Use and the Federal Trademark Dilution Act ［J］. Chicago Law Review，2004，71（3）：1078.

[305] RUSTON G. On the Origin of Trademark ［J］. The Trademark Reporter，1955（45）：127.

[306] PASTER B G. Trademarks – Their Early History ［J］. The Trademark Reporter，1969（59）：551.

[307] DIAMOND S A. The Historical Development of Trademarks [J]. The Trademark Reporter, 1975 (65): 265.

[308] RDGERS E S. The Social Value of Trade – Marks and Brands [J]. The Trademark Reporter, 1947 (37): 249.

[309] SCHECHTER E. The Rational Basis of Trade Mark Protection [J]. Havard L. R., 1927 (40): 813, 831.

[310] PETRIN M. Cancellation of Fraudulent Trademark Registrations under the Lanham Act and the European Community Trade Mark Regulation [J]. Intellectual Property Law Bulletin, 2007, 11 (2).

[311] NASER M A. Rething the Foundations of Trademarks [J]. Buff. Intell. Prop. L. J., 2007 (5): 1.

[312] PALLADIND V N. Secondary Meaning Surveys in Light of Lund [J]. The Trademark Reporter, 2001 (91): 571, 574.

[313] RICE J E. Concurrent Use Application and Proceedings [J]. The Trademark Reporter, 2007 (72): 408.

**（三）案例类**

[314] Hanover Star Milling Co. v. Metcalf, 240 U. S. 90 (1916).

[315] Cartier v. Carlile (1862) 31 Bea 292.

[316] Edelsten v. Edelsten (1863) 1 De G. J. &S. 185.

[317] Morehouse Manufacturing Cop. v. Strickland and co., 407 F. 2d 881 (CCPA 1969).

[318] Torres v. Cantine Torresella, 808 F. 2d 1483 (Fed. Cir. 1986).

[319] U. S. Department of the Interior, 142 USPQ 506, 507 (TTAB 1964).

[320] National Van Lines, Inc., 123 USPQ 510 (TTAB 1959).

[321] Huang v. Tzu Wei Chen Food Co. Ltd., 849 F. 2d 1458.

[322] American Forests v. Sanders, 54 U. S. P. Q. 2d (BNA) 1860, (TTAB 1999).

[323] Soweco, Inc, v. Shell Oil Co., 617 F. 2d 1178, 1183 (5th Cir. 1980).

[324] Blue Bell, Inc. v. Farah Mfg. Co., 508 f. 2d 1260 (5th Cir. 1975).

[325] Keebler Co. v. Rovira Biscuit Corp. 624 F. 2d 366, 374 (1st Cir. 1980).

[326] Rubber & Woolen Mfg. Co. v. S. S. Kresge Co., 316 U. S. 203, 205 (1942).

［327］ H. Marvin Ginn Corp. v. Int' l Ass'n of fire Chiefs, Inc. 782 F. 2d 987, 990（Fed. Cir. 1986）.

［328］ Qualites Co. v. Jacobson Products Co. , INC. 514 U. S. 159, 165（1995）.

［329］ Marvel Co. v. Pearl, 133 F. 160, 161（2d Cir. 1904）.

［330］ Deere & Co, v. Farmlan, Inc. 721 F. 2d 253（C. A. 8 1983）.

［331］ Abercrombie & Fitch Co. v. Hunting, Inc. , 537 F 2d 4, 9（2d Cir 1976）.

［332］ Zatarain's Inc. v. Oak Grove Smokehouse, Inc. , 698 F. 2d 786（5th Cir. 1983）, 217 U. S. P. Q. 988.

［333］ Libertel Groep BV v. Benelux – Merkenbureau, Case C – 104/01 ［2004］ FSR（4）65（para. 54, 55）.

［334］ Smith, Kling & French Laboratories v Clark & Clark et al. , 157 F. 2d 725（3d Cir 1946）.

［335］ Omega SA v. Omega Engineering Inc. （R 337/2002）.

［336］ Precision Instrument Mfg. Co. v. Automotive Maintenance Mach. Co. , 324 U. S. 806, 814（1945）.

［337］ Jackson v. Axton, 25 F. 3d 884（9th Cir. 1994）.

［338］ La Societe Anonyme des Parfums le Galion v. Jean Patou, Inc. , 495 F. 2d 1265, 181 U. S. P. Q 545（2d Cir. 1974）.

［339］ Lucent Information Management Inc. v. Lucent Technologies Inc. , 186 F. 3d 311, 51 U. S. P. Q. 2d 1865（6th cir. 1998）

# 后　记

本书是在博士论文的基础上修改补充而成。与博士论文相比主要补充了 2019 年《商标法》修改后的第 4 条和第 19 条的内容。后记，是我博士论完成后的内心感言，仍就附后吧。

本以为会满怀兴奋地抒发一下几年积攒下来的感慨，但电脑打开，敲下"后记"二字的时候却发觉不知从何说起。漫漫的文字征程已经告一段落，面对着已经定稿的文字，心里在不断地反问：就这样了？

写作是一个漫长而艰辛的思辨过程，自己的思想和眼界在不断的跌跌撞撞中曲折前行。从初始的题目到现在的题目，从资料的收集、整理、阅读、摘抄、分析、思考和提炼，到提纲的初成、修改、确定、再修改，从野心勃勃地追求深刻、全面，到最后写成现在的面目，才真正地体会到了才疏学浅意味着什么。本书虽已成稿，但其中不少观点都缺乏深入的思考或论证，希望未来有机会弥补这些不足。

春去春又回，校园春花绽放。或许，感谢、感恩才是最应该表达的。的确，若没有众多可亲可敬的老师和同事的帮助，就不会有本书的问世；若没有来自家人和朋友的支持，或许本书的完成会变得更为困难。

感谢赵万一教授，带我走进西南政法大学；感谢张玉敏先生，引我走向知识产权之路；感谢李雨峰教授，无论在学业还是在生活上，都给了我莫大的帮助。几位老师为人、为学的风采令人钦佩，他们的教诲、提携之恩我将铭记于心！感谢张耕教授、黄汇教授、易健雄老师、康添雄老师，不厌我理论知识浅薄，在我求学、写作之路上给予的无私指导和帮助。

本书最终能够顺利完成，主要得益于导师们的悉心指导。李雨峰教授学识渊博，学术视野开阔，他以敏锐的洞察力和深邃的思考力为我捕捉到了值得研究的问题，从论文选题到各章节的布局，李老师都花费了相当的精力。孙海龙教授理论与实务并重，为人谦逊幽默，对论文给予了高屋建瓴的建议。邓宏光教授于百忙之中，反复思考，指导我拟定了本书的写作提纲，提出了创新点，多次叮嘱我要沉下心来读书、思考，并在写作方式、方法上给予了诸多指点。邓教授还在知识产权实务中不断开拓创新，其追求事业之心令人敬佩。

感谢张惠彬、杨晓玲、邓恒、倪朱亮、赵建良、陈瑜、车红蕾、周园、黄细江、何莹、谢兰芳、陈选同学等一起为博士而拼搏的兄弟姐妹，我们学业上相互交流、互相鼓励，他们给我提出了许多有见地的观点，或不辞辛苦帮我收集相关资料。永记与韩文博士共居一室的日子，一起分享写作心得，或者感慨一下或喜或忧的未来或学术。感谢李云飞博士的批评指正，感谢冯静副教授对英文摘要的悉心修改。感谢所有关心、帮助我的同事、同学、亲友们！

感谢夫人徐伟平女士！从我读硕士到博士，断断续续的多年时间里，给了我最大的精神支持，并毫无怨言地承担了家里家外的生活重任。有了她的默默付出，才有了我今天的些许收获。感谢我的女儿，我们相互陪伴着共同学习，一起进步，那一幅伏案写作的速写令我感动不已！感谢我的父母，从黑发到白头，一直支持他们的儿子不停地前行！感谢我的兄妹，陪我分享生活的喜忧！并以此书，献给远在另一个世界又一直关爱着我的爷爷！

直到此时才发现，原来这些一直就在我的脑海，已经无数次地出现。

未来的路，我愿以一颗赤子之心，守望朴素的生活和遥远的梦想，追寻诗与远方，即使明天天寒地冻，路遥马亡……